« ON NE MEURT QU'UNE FOIS »
CHARLOTTE CORDAY

DU MÊME AUTEUR

La République de Monsieur Pompidou, Fayard, 1974.
Les Français au pouvoir, Grasset, 1977.
Éclats (en collaboration avec Jack Lang), Simoën, 1978.
L'Affaire, Julliard, 1983.
Joseph Caillaux, Hachette Littératures, 1980 ; « Folio Histoire »,
    1985.
Un coupable (roman), Gallimard, 1985 ; « Folio », 1987.
L'Absence (roman), Gallimard, 1986 ; « Folio », 1988.
La Tache (nouvelles), Gallimard, 1988.
Sieyès. La clé de la Révolution française, Éditions de Fallois,
    1988 ; « Le Livre de poche », 1990.
Un enfant sage (roman), Gallimard, 1990 ; « Folio », 1996.
Battements de cœur (nouvelles), Fayard, 1991 ; « Le Livre de
    poche », 1993.
Bernard Lazare – De l'anarchiste au prophète, Éditions de Fal-
    lois, 1992 ; « Le Livre de poche », 1994.
L'Affaire, Fayard-Julliard, 1993.
Comédie des apparences (nouvelles), Odile Jacob, 1994.
Encore un peu de temps (roman), Gallimard, 1996 ; « Folio »,
    1997.
Convaincre. Dialogues sur l'éloquence, en collaboration avec
    Thierry Lévy, Odile Jacob, 1997.
*Une singulière famille. Jacques Necker, Suzanne Necker et
    Germaine de Staël*, Fayard, 1999.
Rien ne va plus... (nouvelles), Fayard, 2000.
Lettre à Dieu le fils, Grasset, 2001.
Un tribunal au garde-à-vous. Le procès de Pierre Mendès France,
    Fayard, 2002.
Et des amours desquelles nous parlons..., Fayard, 2004.
Mots et pas perdus, Plon, 2005.

Jean-Denis BREDIN
de l'Académie française

« *On ne meurt*
qu'une fois »

Charlotte Corday

Fayard

CHAPITRE PREMIER

Le doux apprentissage de la liberté

Marie-Anne-Charlotte de Corday d'Armont, entrée dans l'histoire sous le nom de Charlotte Corday, fut normande par son père et par sa mère, si loin que l'on remonte dans leurs origines. Sur la carte de Normandie se rassemblent tous les lieux où vécut sa famille, aux confins de ce que seront les départements de l'Orne et du Calvados. Des chartes du xie et du xiie siècle font état des titres de noblesse. Les armoiries des Corday étaient d'« azur à trois chevrons d'Or » avec pour devise *Corde et Ore*, « Par le cœur et par la parole ». Les Corday tiraient leur nom d'un village des environs de Falaise – le village de Cordey – dont ils avaient été les seigneurs dès le xie siècle. La branche aînée, fondée par Robert de Corday en 1077, s'éteignit au début du xviiie. Mais les autres branches se ramifièrent : l'une d'elles se fixa dans la généralité d'Alençon. Issu de la branche de Glatigny, nom du château familial, Guillaume, seigneur de Launay et de Cauvigny, capitaine des

7

gardes du duc de Bourgogne, eut un fils, Adrien de Corday, qui épousa, le 25 octobre 1701, Françoise de Farcy, fille de Marie Corneille, elle-même fille aînée du grand Corneille. Du mariage d'Adrien naquit à Alençon, en 1704, Jacques Adrien de Corday, seigneur de Launay-Cauvigny, qui épousa Marie de Belleau, dame de La Motte. Ils eurent quatre fils et quatre filles. Leur avant-dernier fils, Jacques-François-Alexis de Corday, né en 1737 au Mesnil-Imbert, et qui prendra le titre de « seigneur d'Armont », sera le père de Charlotte. Ainsi Charlotte était-elle l'arrière-petite-fille de Pierre Corneille[*][1].

Née le 27 juillet 1768, Marie-Anne-Charlotte fut baptisée, le lendemain, dans l'église paroissiale de Saint-Saturnin des Lignerits[2].

« Ce vingt-huit de juillet mil sept cent soixante-huit par nous soussigné Curé, a été baptisée Marie-Anne-Charlotte, née d'hier du légitime mariage de Messire

---

[*] Et non son arrière-petite-nièce comme il fut dit souvent. De nombreux ouvrages écrits sur Charlotte Corday développent fort utilement la généalogie de la famille. Les remarquables travaux effectués par l'avocat Charles Vatel (1816-1885), qui fut à la recherche de toute documentation pouvant exister sur Charlotte Corday, aujourd'hui assemblés dans le Fonds Vatel de la bibliothèque municipale de Versailles, sont évidemment essentiels. De même est-il nécessaire, pour connaître l'histoire de la famille, de mentionner le livre de Xavier Rousseau, *Les de Corday au Pays d'Argentan*, édité à Argentan en 1938.

Jacques-François de Corday, Écuyer Seigneur d'Armont et de noble Dame Marie-Jacqueline de Gautier, son épouse, le parain Messire Jean-Baptiste Alexis de Gautier, Écuyer Seigneur de Mesnival, la maraine noble Dame Françoise-Marie-Anne Levaillant de Corday, le père présent.

Ont signés : Levaillant de Corday, Gautier de Mesnival, Corday d'Armont, J.-L. Pollard, curé de cette paroisse des Lignerits*. »

Le grand-père de Charlotte, M. de Corday de Cauvigny, habitait le domaine du Mesnil-Imbert, volontiers qualifié de « seigneurial » dans les actes de mariage. Sa femme et lui ne cesseront de vivre, jusqu'à leur mort, enracinés dans le terroir. Les épreuves familiales les frapperont souvent : du moins réussiront-ils à rester en dehors de la tourmente révolutionnaire**. M. de Corday de Cauvigny n'était pas riche. Il n'avait pas pu – ou n'avait pas voulu – constituer de dot en faveur de son troisième fils, Jacques-François. Celui-ci souffrira toujours d'être sans fortune, sans revenus, et d'avoir été ainsi désavantagé par son père. « Comme tous les hommes de la famille qui ne se destinaient pas aux ordres[3] »,

---

* Annexe III, pièce n° 19. La commune des Lignerits a été supprimée en 1813 et rattachée pour partie à Écouché. L'église, qui fut conservée et restaurée, n'a pas changé en deux siècles, écrivait Jean Gourhand en 1976.

** Ils mourront au Mesnil-Imbert, M. de Cauvigny le 21 janvier 1795, sa veuve le 12 janvier 1800.

il avait choisi la carrière des armes. Ayant servi à Collioure, au Mont Saint-Louis, « très loin des champs de bataille[4] », il avait douté de sa vocation militaire, et il était revenu au Mesnil-Imbert. Vite il avait épousé, en février 1764, Mlle Charlotte-Marie Gautier des Authieux, lointaine parente.

La famille Gautier était une vieille famille du pays d'Auge : le père de Mme de Corday habitait à une demi-lieue du Mesnil-Imbert, au Mesnil-Val. Mais les Gautier n'étaient pas riches. En dot la jeune épouse n'apportait que dix mille livres qui devaient être payées par ses deux frères : ceux-ci devaient en outre lui servir, chacun, cinq cents livres de rente. Ces engagements ne seront que très partiellement tenus. Quant aux parents du mari, ils avaient seulement pris l'engagement de le loger. Ce pourquoi ils offrirent aux jeunes époux asile dans la Ferme-des-Bois, solide maison, isolée dans un vaste plant de pommiers, sans autre étage qu'un grenier[*][5], à une lieue et demie du Mesnil-Imbert. Sans doute ne plaisait-il guère à Jacques de Corday, devenu de Corday d'Armont, d'être ainsi logé, et mal logé, par son père. Dès 1765 il achètera, pour une rente de cinq cent cinquante livres, une petite ferme voisine, dénommée « Le Ronceray[**] »

---

* Cf. la description de la Ferme-des-Bois, par Xavier Rousseau.

** La ferme, composée d'un herbage et d'un pré planté d'arbres fruitiers, couvrait environ huit hectares. Le Ronceray a été classé monument historique en 1989.

ou « Le Taillis », sur la paroisse de Saint-Saturnin des Lignerits, et il s'y installera.

C'est là qu'il vivra avec sa jeune épouse, c'est là que naîtront ses premiers enfants, Jacques-François-Alexis en 1765, puis Marie-Charlotte-Jacqueline en 1766. C'est là que naîtra Marie-Anne-Charlotte le 27 juillet 1768, puis Jacqueline-Jeanne-Éléonore en 1770. C'est là que M. d'Armont exercera le dur métier d'agriculteur, entretenant les prés, soignant les arbres fruitiers, sur plus de quatre hectares. Mais bientôt, les enfants grandissant, la maison du Ronceray deviendra trop étroite, et la famille devra retourner vivre au Mesnil-Imbert dans la demeure familiale. Charles-Jacques-François y naîtra en 1774.

Tout près de la Ferme-des-Bois et du domaine de Cauvigny se trouvait le château de Glatigny, sur la paroisse de Saint-Gervais, qui appartenait à une autre branche des Corday*[6]. Les cousins s'entendaient bien. Ainsi M. de Corday d'Armont partageait-il son temps entre les domaines du Mesnil-Imbert, de Cauvigny et de Glatigny, et les terres du Ronceray qui lui appartenaient. Il cultivait les champs, s'occupait du bétail, regardait grandir ses enfants. « Il souffrait d'un système qui l'obligeait à vivre en gentilhomme avec les revenus d'un fermier[7]. » Déjà il réfléchissait au procès qu'il pourrait faire, un jour,

---

* Ancien pavillon de chasse édifié au XVIIIe siècle. Le château de Glatigny fut visité par Charles Vatel vers 1860, avant qu'il ne fût détruit.

à ses beaux-frères – qui s'obstinaient à ne tenir
qu'une partie de leurs engagements – pour tenter de
réparer les injustices dont sa femme et lui étaient
les victimes. Les enfants ne lui causaient pas trop de
soucis. Vite les fils furent envoyés à l'école militaire
« pour s'y préparer à l'unique carrière convenant à
leur naissance et à leur pauvreté[8] ». Charlotte et sa
sœur Éléonore, née deux ans après elle, menaient
une vie qui semblait leur plaire. Elles se promenaient
librement, allant d'un domaine à l'autre. Charlotte
veillait sur Éléonore, née bossue et fragile. Elles
vivaient toutes deux au rythme de la nature et des
saisons. Elles apprenaient à coudre, à faire le pain,
le beurre et le fromage, à donner à manger aux
poules, à découvrir les œufs frais. Elles priaient souvent. L'hiver, leur mère, qui veillait sur elles avec
attention, leur enseignait les légendes normandes et
la vie des saints. L'oncle de Charlotte, Amédée de
Corday, curé de Vicques, lui fit connaître et comprendre des textes sacrés, il lui apprit aussi à lire les
beaux vers de l'aïeul Pierre Corneille et, comme il
avait une bibliothèque, il lui prêta des livres pour
qu'elle y découvrît des modèles d'héroïsme et de
sainteté. Chez son oncle, elle étudia aussi le latin,
l'histoire et la géographie. Mais cela n'empêchait pas
Charlotte d'accomplir les tâches de la maison, d'aider
son père, et surtout sa mère dont les forces semblaient décliner.

L'enfance de Charlotte se déroulait dans la gaieté
et la liberté. « Elle aimait la joie et le plaisir. Elle

chantait souvent[*][9]. » Mais le 17 août 1774 meurt sa sœur aînée, âgée de huit ans. Leur mère, désespérée, ne peut s'en remettre. Quant à M. d'Armont, qui supporte de plus en plus mal d'être privé d'argent, il décide d'intenter un procès à deux de ses beaux-frères, de ne plus rencontrer la famille de sa femme, et d'aller habiter Caen pour consacrer à son procès son temps et son énergie[**][10]. Il deviendra très fort en droit normand et ne vivra plus que d'un espoir : faire triompher ses demandes, corriger l'inégalité dont il était la victime[***]. À Caen il loua une très petite maison, sur la Butte-Saint-Gilles[****][11], à deux pas de la célèbre Abbaye-aux-Dames qu'avait fait construire la reine Mathilde, femme de Guillaume le Conquérant. La famille d'Armont y vécut dans la plus stricte économie, fréquentant fort peu de monde[12]. « Le seul changement dans lequel j'espérais, dira Charlotte, était la fin du procès de mon père et notre retour à Cauvigny[13]. »

---

* Témoignage donné à Charles Vatel... en 1860... par une ancienne voisine des Corday.

** Vers 1781, selon plusieurs biographes de Charlotte Corday. Mais Catherine Decours situe le départ pour Caen en 1776.

*** Le 3 août 1785 il perdra son procès devant le bailliage d'Exmes, et décidera de faire appel. La procédure se poursuivra devant le parlement de Normandie. Il publiera en 1787 plusieurs mémoires relatifs à ce procès de famille.

**** Au numéro 11 de la rue Basse. Martial Debriffe nous décrit cette très modeste maison « aux multiples fenêtres » mais aux pièces étriquées.

Vint le drame. À la fin de l'année 1781, la mère de Charlotte, enceinte d'un sixième enfant alors qu'elle avait passé ses quarante-six ans, fut chaque jour plus malade. Charlotte se dévoua pour la soutenir, la distraire, l'aider de tout son amour, mais rien n'y fit. Le père Gombault, curé de la paroisse, vint visiter Mme de Corday de plus en plus souvent. Dans la nuit tragique du 7 au 8 avril 1782, il administra la mère et baptisa l'enfant. Tous deux moururent dans les heures qui suivirent. Le mardi 9 avril 1782, la mère de Charlotte fut enterrée dans le cimetière Saint-Gilles, et l'enfant mort couché dans le cercueil. Bouleversé, M. de Corday d'Armont semble s'être alors laissé persuader par sa fille Charlotte qui avait près de quatorze ans : il emmènerait Charlotte, Éléonore, et son fils Charles à Cauvigny, chez les grands-parents. Mais à peine arrivé, le voici désemparé. Il ne supporte pas cette vie nouvelle. Il décide de partir avec Charlotte pour aller loger à Vicques, chez son frère Amédée, le curé de la paroisse, toujours accueillant. Il laisse à Cauvigny Éléonore et Charles.

Privé de sa femme, de plus en plus pauvre et solitaire, il ne sait que faire de ses enfants. Charles sera sans doute accueilli à l'école de Beaumont-en-Auge, où l'excellente conduite de son frère aîné lui a préparé la voie [14]. La carrière militaire s'ouvrira à lui. Mais où M. de Corday pourrait-il placer ses filles ? Devrait-il les mettre en pension ? Les pensions connues de lui étaient beaucoup trop chères.

L'entrée à la maison de Saint-Cyr, créée par Mme de Maintenon pour les jeunes filles nobles et pauvres du royaume, lui fut refusée. Le père Gombault rappela fort opportunément à M. de Corday qu'à l'abbaye royale de la Sainte-Trinité, à Caen, alors même que les Dames bénédictines ne tenaient pas pension, le roi avait le privilège de placer cinq jeunes filles nobles et sans fortune comme pensionnaires « extra-ordinaires », élevées aux frais de la Couronne. Fasciné par cette solution, M. de Corday s'appliqua à multiplier les démarches. Une tante, cousine des Corday, était religieuse dans l'établissement. Mme de Pontécoulant, alliée de la famille, coadjutrice de madame l'abbesse, voulut bien soutenir ses efforts. Charlotte avait quatorze ans, Éléonore en avait douze, quand elles furent admises toutes deux comme pensionnaires extraordinaires à l'abbaye royale.

CHAPITRE II

À la Sainte-Trinité

La très imposante abbaye de la Sainte-Trinité – l'Abbaye-aux-Dames de la reine Mathilde – était dirigée, assure Joseph Shearing, « avec une sainte décence et un ordre admirable. Aucun commérage, aucun scandale ne s'était jamais produit parmi ces femmes dévouées qui continuaient la piété de la femme de Guillaume le Conquérant. Elles vivaient en communauté, mais n'étaient pas cloîtrées [1] ». La règle des religieuses était celle de saint Benoît. Elles portaient un vêtement noir : seuls le bandeau et la guimpe étaient de couleur blanche. L'abbesse, Cécile-Geneviève-Émilie de Belsunce, personne de grande allure disait-on, dirigeait la communauté avec diplomatie et délicatesse. Elle mourra en janvier 1787, âgée de soixante-huit ans, et Mme de Pontécoulant, qui l'assistait dans sa mission, lui succédera alors. Quand les deux filles de M. de Corday sont admises à l'abbaye, elles y rejoignent deux pensionnaires, Mlle de Précorbin, et Alexandrine de

Forbin d'Oppède, alliée à la famille de Fontenelle, vague cousine de Charlotte qui deviendra sa très chère amie[2]. « C'est à la détention qu'on condamne les petites d'Armont », écrit Xavier Rousseau[3], jetant un regard peut-être trop pessimiste sur l'abbaye :

> « Quel cadre sera maintenant celui de leur existence ! L'abbaye est noyée dans les brumes et dans les marécages. Dès l'aube ce sera l'appel maigrelet des cloches, puis le défilé rigide et silencieux des moniales vers l'église sombre et froide ; les longs et lents offices toujours solennels, et qu'en toute occasion on corse d'oraisons et de versets supplémentaires, on rehausse d'un cérémonial de circonstance. Surtout pour Charlotte, être indépendant, capricieux, quasi sauvage, habituée à l'espace, à la liberté, à l'air pur des collines d'Auge [...] on imagine quel sera le supplice de chaque jour. »

L'éducation de Charlotte va se poursuivre dans les directions qu'exige une noble famille. L'abbaye n'est pas pourvue de professeurs, et les pensionnaires sont formées par les religieuses qui leur enseignent ce qu'elles croient nécessaire : la littérature qu'enseigne Mme de Pontécoulant, l'histoire, de l'Antiquité à la fin du règne de Louis XII, qu'enseigne Mme de Vrigny, la géographie que, semble-t-il, n'aimait pas Charlotte[4], et encore le latin, l'italien et l'espagnol. En revanche, l'orthographe ne fut pas apprise à Charlotte, et jusqu'à sa mort la sienne sera détestable, il est vrai fréquente à l'époque. On leur inculque tous les rituels religieux, et encore tous les devoirs envers les pauvres et les malades[5]. On leur apprend la musique, le dessin, et aussi à faire de la dentelle. Surtout leur sont transmises les bonnes manières, et encore les usages du savoir-vivre, de la parfaite dignité, et ceux de la générosité.

Charlotte est sans doute la plus brillante mais aussi la plus difficile des quatre pensionnaires. Il faut, pour elle, tout discuter, tout prouver. Elle discute même avec le prêtre qui lui enseigne le catéchisme. Elle croit en Dieu et en l'Église dont elle suit pieusement les rites, mais elle voudrait comprendre chaque dogme avant de l'accepter. Elle aime écrire, si même elle sait que son orthographe est mauvaise : comme son fameux aïeul, elle écrit de nombreux vers qu'elle offre volontiers à ses proches[*][6]. Elle a

---

* Charles Vatel a transcrit, et corrigé, cette épître en vers que Charlotte aurait envoyée à son frère aîné, Jacques-François-Alexis :

« Je t'ai revu, mon frère, et dans mon hermitage,
Je ne pouvais rien faire qui me plût davantage.
Crois-moi, tenons-nous serrés jusqu'à la sépulture
Les nœuds pour nous unir que forma la nature.
De nos doux entretiens la fidèle amitié
De ce que je pensais t'a bien dit la moitié ;
Mais le plus important me reste encore à dire.
Je t'ai quitté, Corday, je m'en vais donc t'écrire.
Tu remplis tes devoirs avec fidélité,
Ton esprit avec soin cherche en tout l'équité.
Le sordide intérêt n'a sur toi nul empire,

emporté à l'abbaye les livres que lui avait confiés l'abbé de Corday, *Les Vies parallèles* de Plutarque et bien sûr quelques-unes des œuvres dramatiques de l'aïeul Pierre Corneille*[7]. Elle lira aussi Jean-Jacques Rousseau – essentiellement le *Contrat social* – et des morceaux du pesant ouvrage de l'abbé Guillaume Raynal sur *L'Histoire des Deux Indes* qui la passionneront**. En revanche, les romans ne l'intéresseront guère : ce qu'elle veut c'est apprendre, et comprendre. Cela ne l'empêche pas d'avoir l'esprit volontiers moqueur et d'aimer jouer[8]. L'ironie ne cessera de la séduire.

Tu sais en chaque lieu bien penser et bien dire ;
Enfin de tes talents il ne m'échappe rien.
Mais le monde a son compte et Dieu n'a pas le sien.
[...]
Offre-lui tout : ton temps, ton travail, ta parole ;
Hors de là, cher ami, crois que tout est frivole.
Fuis de mille beautés les appâts séducteurs :
Dieu, mon frère, Dieu seul est digne de nos cœurs...
Veuille ce Dieu si doux qui m'éclaire et m'inspire
Te faire exécuter ce qu'il me fait t'écrire.
Puissent mes tendres vœux, au plus tôt exaucés,
Être par tes vertus encore surpassés. »

* On lui prêtera lors de son procès une éducation licencieuse et des lectures « immorales », sans aucun fondement.
** *L'Histoire philosophique et politique des établissements et du commerce des Européens dans les Deux Indes*, écrite par l'abbé Thomas-Guillaume Raynal, fut publiée en douze volumes, à partir de 1770. Elle connut un grand succès.

Chaque été, Charlotte et Éléonore retournaient passer le mois de septembre dans leur famille, à Cauvigny, au Mesnil-Imbert, à Glatigny, au Ronceray, à Vicques, où elles retrouvaient leurs proches, leurs voisins, et les souvenirs de leur enfance. Elles aimaient les mille distractions de leur campagne. Plusieurs témoignages, recueillis par Charles Vatel, mais après 1860, disent combien Charlotte aimait se distraire, et se souciait des autres[9].

Sans doute Charlotte était-elle belle*[10] et ne l'ignorait-elle pas. Grande, forte de taille diront plusieurs témoignages, peut-être un peu grasse, elle avait une stature imposante, un beau visage, pâle, mais toute discussion animait aussitôt son teint. Ses cheveux, châtains ou blonds selon les souvenirs gardés d'elle, semblaient souvent changer de couleur. « Elle avait de belles mains, une belle gorge, les cheveux longs tombant sur le dos suivant la mode du temps[11]. » Peut-être pouvait-elle incarner cette rare alliance « de volupté et de décence » que l'abbé Raynal avait exaltée, faisant le portrait de la jeune Anglaise Eliza Draper, l'héroïne des *Deux Indes*, femme admirable, femme idéale[12] morte phtisique à trente-trois ans[13]. C'était souvent sa voix qui frappait le plus ceux qui rencontraient Charlotte, « à cause de

---

* Belle, elle ne l'était pas, assure trop vite Édouard Herriot. De nombreux témoignages le contredisent. Georges Lenotre a consacré plusieurs pages à discuter de la beauté de Charlotte Corday.

son irréalité même, mi-enfantine, mi-angélique, et de quelque chose de décisif dans la diction [14] ». Elle n'oubliera jamais, même pendant son procès, puis allant au supplice, le charme mystérieux de sa voix.

Quels furent ses héros ? Ceux que lui révélèrent Corneille, et Plutarque, et l'abbé Raynal. « La plupart n'avaient jamais existé ; c'était des demi-dieux de la fable, écrit Joseph Shearing [15], [...] faux Grecs, faux Romains [...]. De sa longue méditation sur l'étrange assortiment de livres qui composait sa petite bibliothèque elle ne tirait que liberté, bonté, force, courage, sacrifice. » Les héros de Corneille n'étaient-ils pas des membres de sa famille ? Son admiration va d'un héros antique à l'autre, du jeune Marcus Junius Brutus qui assassina César, son père adoptif, son bienfaiteur, pour tenter de sauver la liberté [16], à Horace qui égorgea sa sœur pour servir l'intérêt supérieur de son pays. « Une Spartiate selon la légende, nous dit encore Édouard Herriot, énergique mais non sans gaieté [17]. »

Au début de l'année 1787 mourut Mme de Belsunce. Les pensionnaires étaient venues dans la chambre de l'abbesse, où celle-ci reposait, agonisante, sur un lit tendu de blanc ; son grand habit de chœur était étendu à ses pieds. Une dernière fois, avant de fermer les yeux, l'abbesse bénit tour à tour chacune de ses sœurs [18].

Mme de Pontécoulant succéda à Mme de Belsunce comme il était prévu. La nouvelle abbesse se préoccupa aussitôt de l'avenir des pensionnaires qui avaient grandi près d'elle. Que deviendraient-elles ? Alexandrine de Forbin devait être admise au chapitre des chanoinesses nobles que le roi installait dans la vieille abbaye Saint-Martin-de-Troarn abandonnée par les moines de l'ordre de Saint-Benoît. Son avenir semblait assuré. Mais Charlotte de Corday avait dix-huit ans, sa sœur Éléonore, moins de dix-sept. Charlotte devrait-elle être mariée ? Elle semblait hostile à un tel projet[19]. Mme de Cosnard, fille de Mme Gautier de Villiers, écrira à Charles Vatel en 1861 que lorsqu'on plaisantait Mlle de Corday sur la question du mariage, elle répondait gaiement « qu'elle ne se marierait jamais parce que aucun homme n'était fait pour devenir son maître ». Peut-être songeait-elle à se faire religieuse : « Je trouvais plus doux de me soumettre à une règle que j'aurais choisie plutôt qu'aux volontés d'une personne à laquelle on m'aurait donnée[20]. » Mais elle n'était pas du tout pressée... Dans le moment Mme de Pontécoulant lui confia des tâches d'écriture et de rédaction. Charlotte devint peu à peu sa secrétaire. Elle fut en outre chargée d'initier les enfants de la paroisse aux métiers de la dentelle. Ce double travail lui plaisait bien.

Vinrent les années qui devaient bouleverser le destin de la France, et tant agiter la Normandie. À la fin de l'année 1787 fut réunie à l'hôtel de ville de Caen, selon le vœu de l'Assemblée des Notables convoquée par Louis XVI, une grande « Assemblée provinciale » composée des trois ordres, qui consentit les « abonnements » proposés par le Roi*. Le père de Charlotte, nommé syndic de la paroisse du Mesnil-Imbert par l'assemblée municipale réunie pour préparer les élections, rédigea un vigoureux mémoire s'élevant contre l'inégalité des impôts. Il voulait que chacun payât l'impôt à proportion de sa fortune, ce qui rejoignait son vieux combat personnel [21].

« Il faut que les impôts, qui profitent à tous, soient acquittés par tous.

Il faut qu'ils soient proportionnés aux fortunes.

Il faut enfin qu'ils soient établis par des hommes compétents, qui sachent calculer nos intérêts, nos besoins, juger de la nécessité de nos contributions, de leur étendue, des moyens de les faire rentrer et surtout de s'assurer qu'elles ne seront pas détournées de leur destination. »

Durant l'année 1788, une campagne se développa à Caen afin que fussent rétablis les états de Normandie supprimés depuis Mazarin. Mais quand vint l'été, la décision prise par le Roi de convoquer les états généraux modifia l'horizon : le problème était désormais de savoir si le Roi consentirait le « doublement » des députés du Tiers État, ce qu'il accordera

---

* Le Roi avait offert aux assemblées provinciales la faculté de répartir elles-mêmes l'impôt des « vingtièmes » et de verser annuellement au Trésor une somme fixe dite « abonnement ».

« en cadeau de Noël[22] », et s'il accepterait que les députés des trois ordres votent « par tête » et non plus « par ordre ». Cette revendication du Tiers État, le Roi ne la consentira pas. Elle devra être conquise.

Les débuts de l'année 1789 ne furent pas heureux pour Charlotte, constate Catherine Decours[23]. Il faisait un froid terrible, et la neige ne cessait de tomber. Charlotte dut renoncer à donner ses leçons de dentelle, car les doigts des enfants restaient engourdis. Les duretés de l'hiver provoquèrent de nombreux décès et beaucoup de misère. On vit souvent des loups près d'Alençon et de Falaise. Le pain devint si cher que les troubles et les pillages se multiplièrent, et aussi les rassemblements à la porte des boulangers, qui devenaient chaque jour plus impopulaires. Quand le régiment de « Bourbon-infanterie » arriva enfin de Caen pour rétablir l'ordre, tenter de mettre fin aux pillages, il se heurta à des obstacles croissants. La population normande attribuait volontiers la crise à des « accapareurs » venus de l'étranger, probablement soutenus par la reine autrichienne, ou par Necker, ce ministre suisse. Au mois d'avril, la foule se porta vers les couvents et jusqu'à l'Abbaye-aux-Dames. L'abbesse fit fermer les portes ; les grains dont elle était comptable, et qu'elle eût volontiers donnés aux malheureux, ne lui appartenaient pas[24] !

Vinrent en mars 1789 les Assemblées qui se tinrent pour élire les représentants des trois ordres aux États

Généraux réunis par décision du Roi. À Caen, l'Assemblée du clergé fut fort agitée, et l'évêque de Bayeux, monseigneur de Cheylus, fut éliminé. L'Assemblée de la noblesse se prononça, dans le calme, pour le vote « par ordre » et non « par tête ». L'Assemblée du Tiers État, nous dit Catherine Decours, « s'entendit à peine », mais les tumultes et les pillages reprirent de plus belle. Quand, en juin, la ville de Caen apprit la réunion et la délibération en commun des trois ordres, l'heureux événement fut soudain fêté. Une pyramide de bois décorée de guirlandes de chêne ornées de roses fut édifiée par des jeunes gens pour recevoir des inscriptions – Vive le roi !... Vive Necker !... Vive le Tiers État ! – et pouvoir être, le soir, illuminée de fusées.

Mais au mois de juillet se succédèrent à Versailles et à Paris de graves événements : le brutal renvoi du ministre Necker fit circuler la rumeur d'un complot de la Cour pour écraser le peuple, puis ce furent la prise de la Bastille, le massacre de son gouverneur, le retour de Necker cédant à l'invitation du Roi. Toutes ces nouvelles, venues de Paris, ne cessèrent d'accroître l'émotion. Partout à Caen, et autour de Caen, les cortèges se multiplièrent, et aussi les émeutes, et les manifestations, et les pillages. Quand on apprit que, dans sa séance du 4 août, l'Assemblée nationale avait soudain décidé d'abolir les droits seigneuriaux, un *Te Deum* très solennel fut organisé, comme il s'était fait à Paris, pour célébrer, en présence du duc d'Harcourt et du régiment de Bourbon, ce suprême événement. « Toutes les fanfares de la ville éclatèrent, les cloches sonnèrent, on lâcha des colombes [25]. » La concorde serait-elle enfin venue ?

C'était le pire qui venait ! Le vicomte Henry de Belsunce, neveu de l'abbesse morte en 1787, était major en second du régiment de Bourbon-infanterie de Rouen. Arrivé à Caen au mois de février, il était évidemment allé s'incliner sur la tombe de l'abbesse. Jeune, beau, très fier de lui, courageux à l'extrême, volontiers imprudent, il ne partageait aucune des opinions nouvelles qui se répandaient à Caen comme ailleurs, et les bourgeois de la milice locale ne le supportaient pas. Il avait l'insolente manie de troubler les réunions en y pénétrant armé. Le 11 août 1789, deux soldats du régiment d'Artois arrivèrent de Paris, arborant des médailles distribuées aux vainqueurs de la Bastille et des portraits de Necker. Le vicomte de Belsunce promit, dit-on, récompense à ceux qui arracheraient ces sinistres médailles. La foule, qui l'apprit, porta ses plaintes au Comité de l'Hôtel de ville : il fallait éloigner cet arrogant major. Celui-ci était tenu dans sa caserne, mais la foule ne cessait de croître devant les grilles du bâtiment. La chaleur devenait orageuse, il circulait, paraît-il, dans la ville, beaucoup de cidre et d'eau-de-vie [26]. Déjà les rues étaient bloquées, et la milice bourgeoise tenait des ponts.

À la nuit, un officier du régiment de Bourbon, le lieutenant de La Saussaye, sort de la caserne pour voir si le départ de Belsunce serait possible. Il lâche un coup de pistolet sur une sentinelle de la milice bourgeoise qui l'empêche de circuler, il la manque, mais il est tué aussitôt. Alors le régiment de Bourbon ouvre le feu, les bourgeois répondent, le tapage éveille la ville, le tocsin sonne, les cris s'élèvent de toutes parts [27]. Au matin du 12 août, les casernes sont envahies par les citoyens de Caen : des milliers de bourgeois armés sont maintenant prêts à entrer dans le combat. Le vicomte de Belsunce offre de se rendre à l'hôtel de ville. Il part, apparemment protégé par la Garde nationale, il est conduit au château devant lequel toute la nuit campera la foule. Au matin, on l'interroge, on l'attrape par son uniforme, on le tire sur la place Saint-Pierre, la foule se saisit de lui, on lui brûle la cervelle, et son corps est aussitôt dépecé [28]. On en trouvera les débris dans la ville. Certains citoyens se vanteront d'en avoir fait rôtir et brûler, puis d'en avoir mangé des morceaux [29]. Henry de Belsunce avait vingt et un ans. La mise à mort du lieutenant de Belsunce créa, à Caen, une vive commotion qui se prolongera longuement. « Un air de honte et de peur était sur la ville [30]. »

Le 19 février 1790 seront décrétées par la Constituante, sur le rapport de Jean-Baptiste Treilhard, avocat au Parlement de Paris, la fermeture et la suppression de tous les couvents. Mme de Pontécoulant et les religieuses qui l'entouraient devront organiser leur départ. Alexandrine de Forbin se prépara à rejoindre ses parents en Avignon. Ainsi Charlotte serait-elle séparée de son amie si chère. Quant à François de Corday, il était contraint de reprendre ses deux filles dans son étroit logis du Mesnil-Imbert*. Qu'allait-il devenir, alors qu'il était sans argent – l'émigration de son fils aîné l'avait obligé à de lourdes dépenses – et sans espoir, car ses procès n'avaient pas prospéré ? Quant à Charlotte, toujours agitée de ses lectures, passionnée par les événements, rêvant sans doute d'entrer dans l'action comme elle avait peut-être rêvé, un temps, d'entrer au couvent, que pouvait-elle attendre, quittant l'Abbaye-aux-Dames pour retrouver ce monde étroit où vivait son père ?

Ses deux filles le rejoignirent donc à la Ferme-des-Bois. Sans doute Charlotte se rendit-elle aussi, le plus souvent possible, au château familial où habitait toujours son grand-père. La vie de M. de Corday d'Armont semblait de plus en plus sombre et solitaire. « Il est alors, a écrit E. Albert-Clément, le type du mécontent de petite noblesse. Chargé de famille, peu fortuné, réduit à l'oisiveté parce que l'armée est la seule carrière ouverte à un noble, n'ayant que peu d'aptitude, aussi bien pour les armes que pour une autre fonction, chicanier, ergoteur, théoricien mais non dépourvu de bon sens [...], il est aigri de se sentir inutile dans un ordre social périmé[31]. » Il ne lui reste qu'à coucher ses idées par écrit. Il ne cesse de multiplier les doléances, les libelles qu'il répand

---

* Il semble que Charlotte n'ait quitté la Sainte-Trinité que dans les premiers mois de 1791.

autour de lui, rappelant sa pauvreté, son absence de ressources, et les inégalités dont il est, lui aussi, la victime. Sa marotte est évidemment l'héritage et son injuste répartition. En mars 1789, il avait adressé à « l'Assemblée des trois ordres du Bailliage d'Alençon » une protestation véhémente contre « toutes les lois et usages qui accordent aux aînés une plus forte part qu'à ceux puînés ou sœurs », et il avait adressé à Necker un double de sa doléance : « Nous avons gémi en silence, quelques années, quoique accablés sous le poids d'une multitude de lois, amas confus et inintelligible d'un reste de lois féodales, tant que nous les avons crues autorisées par le Roi, mais Sa Majesté nous permet, elle nous ordonne même, de verser nos doléances dans son sein[32]. » Certes la loi du 15 mars 1790, abolissant le droit d'aînesse, apportera à M. de Corday un apaisement. Élu maire du Mesnil-Imbert, il publiera une brochure sur *L'Égalité des partages, fille de la Justice*[33]. Il ne cessera de reprendre la plume en 1790 et en 1791. Mais ses procès, son véritable espoir, avaient fort mal tourné. Le 15 mai 1787, le Parlement de Rouen l'avait débouté de ses prétentions. Il avait alors tenté de négocier avec ses beaux-frères qui l'avaient éconduit[*][34]. Ainsi, Charlotte et Éléonore, tristement revenues chez leur père, ne trouvent près de lui que des

---

* Ce n'est qu'en juillet 1810 que se terminera, par une transaction, ce litige familial.

soucis : récriminations, procès, plaintes incessantes d'un homme de plus en plus aigri et inquiet[*][35].

Charlotte avait vingt-deux ans. La vie chez son père ne présentait pour elle que de sombres perspectives. Au reste, tenait-il vraiment à sa présence ? Il est en outre possible que les événements révolutionnaires les aient peu à peu séparés. M. de Corday restait fidèle au Roi et attendait vainement de lui les grandes réformes qu'il continuait d'espérer. Charlotte au contraire était de plus en plus sévère à l'égard de Louis XVI, redoutant tout de sa faiblesse. Si respectueuse de son père que fût Charlotte, chaque discussion aggravait leur désaccord. Elle voulait être indépendante, et supportait mal sans doute d'être à la charge d'un père auquel elle semblait compliquer la vie[36]. Un beau matin, elle lui annonça qu'elle souhaitait vivre quelque temps à Caen, chez une parente, Mme de Bretteville, et elle partit aussitôt, emportant ses bagages.

---

[*] En 1792 il retournera vivre à Caen et il s'installera à l'hôtel de La Coupe d'Or, mais il n'y passera que quelques mois. Il décidera ensuite d'aller se fixer à Argentan et prendra une maison en location, 4, rue du Bègle, en février 1793 semble-t-il. Charles Vatel visitera, vers 1865, l'immeuble où vécut M. d'Armont, et publiera en 1872 des documents inédits sur cette maison.

CHAPITRE III

Le docteur Jean-Paul Marat

Qui était-il ce Jean-Paul Marat, dont sans doute Charlotte, quand elle quitta l'Abbaye-aux-Dames, n'avait jamais entendu parler ? Il était né le 24 mai 1743 à Boudry, près de Neuchâtel, sous les sommets du Jura ; il n'était pas Suisse comme on le dira souvent, car le territoire de Neuchâtel avait été garanti au roi de Prusse par le traité d'Utrecht. Son père, d'origine sarde, qui avait quitté son pays natal, était dessinateur sur étoffes et parfois professeur de langues. L'acte de décès du père, daté du dimanche 26 janvier 1783, le désigne comme « maître de langues, âgé de soixante-dix-neuf ans et demi » mort de fièvre inflammatoire. La mère de Jean-Paul, Louise Cabrol, était suisse et descendait d'une famille de protestants français réfugiés à Genève. Jean-Paul Mara – car c'est lui qui ajoutera à son patronyme un « t » final, sans doute pour le franciser – était l'aîné d'une famille de six enfants. La famille Mara sera reçue au nombre des bourgeois en 1765. Jean-Paul fut élevé avec soin.

« Par un bonheur peu commun, écrira-t-il, j'ai eu l'avantage de recevoir une éducation très soignée dans la maison paternelle, d'échapper à toutes les habitudes vicieuses de l'enfance qui énervent et dégradent l'homme, d'éviter tous les écarts de la jeunesse et d'arriver à la virilité sans m'être jamais abandonné à la fougue des passions ; j'étais vierge à vingt et un ans et, déjà, j'étais depuis longtemps livré à la méditation du cabinet[1]. »

Sa mère s'efforça de développer en lui le sens moral, l'amour des humbles, l'idée du juste. Vite se révélèrent ses dons, son imagination enflammée, son ardeur au travail, mais aussi son amour de soi, son tempérament sombre et bilieux, sa violente hostilité à tout ce qui le contrariait. Il sut, très jeune, susciter la haine de nombreux condisciples.

« À cinq ans, écrira-t-il dans *L'Ami du peuple*, j'aurais voulu être maître d'école ; à quinze ans professeur ; auteur à dix-huit ans ; génie créateur à vingt, comme j'ambitionne aujourd'hui la gloire de m'immoler pour la patrie[*2]. »

Jean-Paul Marat semble fort doué pour les sciences, et il parle, de bonne heure, la plupart des langues européennes[3] : le français, l'anglais, l'italien,

---

* « Portrait de l'Ami du peuple tracé par lui-même » le 14 janvier 1793, cf. Annexe II.

l'espagnol, l'allemand, le néerlandais. Il lit avec assiduité tous les livres qui s'offrent à lui, notamment Montesquieu et surtout Rousseau qui lui fait découvrir un nouveau monde. Il rêve de voyager, en enseignant les langues, en gagnant sa vie. Jean-Paul a seize ans quand il quitte la maison paternelle et se rend en France. Le voici à Toulouse, puis à Bordeaux où il vient en 1759. Il y restera deux ans, précepteur des enfants de M. Paul Nairac, riche armateur, qui faisait partie de la haute bourgeoisie bordelaise. Connut-il alors quelques-uns de ceux qui fréquentaient le salon de M. Nairac, peut-être parents de futurs Girondins ? Il continue de lire tous les ouvrages qu'il rencontre, philosophiques, scientifiques, littéraires, il s'intéresse à la médecine, et voici que soudain il décide de quitter Bordeaux. Il passe trois années à Paris – on ne sait guère ce qu'il y fait – puis il décide d'aller s'installer à Londres.

> « J'ai vécu, écrira-t-il, deux années à Bordeaux, dix à Londres, une à Dublin, une à La Haye, à Utrecht, à Amsterdam, dix-neuf à Paris et j'ai parcouru la moitié de l'Europe[4]. »

À Londres[5], il découvrit peu à peu la « meilleure » société londonienne et surtout les durs problèmes qui secouaient l'Angleterre. Jean-Paul Marat fut le témoin de la crise que traversait l'Angleterre, et, nous dit le docteur Juskiewenski – qui lui consacra sa thèse de doctorat –, « sa mentalité devra beaucoup à ces années-là[6] ». La lutte est terrible entre la gloire à l'extérieur, la misère à l'intérieur, l'apparente souveraineté de l'aristocratie et la tutelle écrasante de l'argent. La lutte impitoyable des partis, les souffrances du peuple deviennent son enseignement quotidien. Marat observe aussi l'action extraordinaire de la presse, et la collaboration de toute l'opinion, entraînée par les journaux londoniens, aux affaires nationales[7]. Dans le même temps, il travaille à devenir médecin, médecin et savant, savant et philosophe.

Médecin, il tâcha de l'être à Londres, dès octobre 1769, quoiqu'il n'ait pu acquérir son diplôme que quelques années plus tard. Puis il ira exercer la médecine, humaine et vétérinaire, à Newcastle en 1770, et il y restera trois ans avant de revenir à Londres. Ce n'est que le 30 juin 1775 que l'université Saint-André-d'Écosse lui conférera le grade de docteur en médecine, sur la recommandation de deux médecins fort connus. Sans doute n'eut-il pas à se déplacer ni à passer d'examen : l'envoi du diplôme suivait le versement des droits. Peut-être reçut-il des diplômes d'autres universités, car il s'intitulera, plus tard, « docteur en médecine de plusieurs facultés d'Angleterre[8] ». Spécialiste de la médecine des yeux et des applications de l'électricité à la thérapeutique, il deviendra, en quelques années, un oculiste réputé[9].

Mais Jean-Paul Marat ne cesse d'écrire. En 1772 à Londres, il publie son premier ouvrage – d'abord anonyme –, *Essay on the Human Soul* écrit en anglais, qui, plus tard, sera incorporé dans une œuvre plus vaste, *Essay on Man* qui paraîtra en langue française, à Amsterdam, en trois volumes, en 1775 et 1776, sous le titre *De l'homme ou des principes et des lois de l'influence de l'âme sur le corps et du corps sur l'âme.* L'ouvrage semble avoir reçu, en Angleterre, un accueil honorable. Mais en France Voltaire publia une critique ironique et mordante : « Laissez faire à Dieu, croyez-moi. Lui seul a préparé son hôtellerie et ne vous a pas fait son maréchal des logis. » Le livre n'était, selon Voltaire, qu'une « longue déclamation[10] ». Diderot fut moins sévère, et consentit que Marat était « clair, ferme et précis » lorsqu'il étudiait l'action du corps sur l'âme. Marat prétendait en effet traiter de l'influence de l'âme sur le corps, et du corps sur l'âme. Il recherchait le siège de celle-ci, et voulait lui découvrir une localisation anatomique. Il avait cru trouver comme siège de l'âme les méninges. L'œuvre suscitera, avec le temps, chez les scientifiques, des réactions très hostiles. Marat aurait-il reculé les limites du ridicule ? Dans ce livre, assure Édouard Herriot, « le fatras ne manque pas [...] l'ouvrage est long, mal composé, rebutant de prolixité[11] ». Pourtant l'œuvre, nous dit le docteur Georges Juskiewenski, si même elle est très hasardeuse, nous révèle au moins chez son auteur une qualité : la méthode scientifique.

Tandis que l'Angleterre se prépare à la nouvelle élection du Parlement, en 1774, Marat, qui à beaucoup d'égards se tient pour un citoyen anglais, écrit son premier livre politique qu'il fait paraître sous le titre *The Chain of Slavery*[12]. Sans doute avait-il commencé cet ouvrage en France bien avant 1774 et déjà écrit plusieurs chapitres. « C'est un livre longuement médité, soigneusement travaillé, lentement et méthodiquement écrit », assure Gérard Walter*[13]. Marat dira qu'il avait travaillé trois mois sur ce projet, au moins vingt heures par jour, ne prenant que deux heures de sommeil, ne cessant de boire du café pour lutter contre la fatigue, ce qu'il fera jusqu'au bout de sa vie. Il tomba, racontera-t-il, dans « une espèce d'anéantissement qui tenait de la stupeur », dont il ne sortit que par le secours du repos et de la musique[14]. Si plusieurs chapitres avaient été écrits en français pour s'adresser aux Français, il lui avait fallu les « anglicaniser », les adapter à l'histoire de l'Angleterre, ce qui avait été un vaste travail.

L'ouvrage voulait être un « tableau historique et philosophique de tous les artifices, pièges, coups d'État et forfaits auxquels les princes ont recours pour détruire la liberté et enchaîner les peuples** ». Marat, qui veut se poser en citoyen du monde, décrit les affreuses pratiques du despotisme, l'ignominie des gouvernements des princes, il revendique un ardent courage pour combattre non seulement les abus des rois, mais la sottise ou la soumission des

---

* La première version aurait été ébauchée dès 1763.

** Ainsi Marat présentera-t-il la traduction française de cet ouvrage qu'il annoncera dans son journal, *L'Ami du peuple*, en 1793.

foules réduites à l'esclavage. Cette formule achève le livre : « La liberté a le sort de toutes les autres choses humaines ; elle cède au temps qui détruit tout. » Selon Marat, ce livre lui valut de terribles persécutions. En revanche, l'auteur fut admis, en juillet 1774, à la Grande Loge maçonnique de Londres.

Devenu docteur en médecine en 1775, il fait aussitôt paraître une petite brochure, *Essay on Gleets* (Essai sur la blennorrhée), par lui écrite en anglais. Le docteur Marat met en évidence les défauts des méthodes de l'époque pour soigner les maladies de l'urètre et propose des moyens nouveaux pour les traiter. Puis il publie, en 1776, à Londres, un second ouvrage médical sur une maladie des yeux « inconnue jusqu'ici et cependant fréquente », opuscule qui ne sera traduit en France qu'en 1891 sous le titre *De la presbytie accidentelle*[15]. Il y racontait avoir soigné une fillette âgée de onze ans environ, atteinte de troubles de la vue, et l'avoir guérie en ayant recours aux étincelles électriques. Il racontait également d'autres guérisons, elles aussi dues, selon lui, à l'électricité.

Pour quelle raison quitte-t-il précipitamment l'Angleterre en avril 1776 alors qu'il semble y être un médecin réputé ? Se croit-il déjà persécuté, entouré d'espions ou de traîtres ? Est-il sollicité, comme il le dira, par des malades reconnaissants ? Ou veut-il retourner en France pour y préparer d'autres ouvrages ? Le 10 avril 1776, il se rend à Paris. Il semble que peu de temps après son arrivée il ait pris la décision d'y rester. Il soigne alors, comme il le dira, des malades « d'un rang distingué », dont la jeune et belle marquise de L'Aubespine, atteinte d'une « pulmonie avancée », très malade, condamnée par plusieurs médecins et que le docteur Marat aurait miraculeusement sauvée. Le récompense-t-elle en lui donnant son amour [16] ? Elle l'introduisit en tout cas dans l'aristocratie parisienne. Par elle il connaît le duc de Choiseul, il devient l'ami du comte de Nogent. Il obtient bientôt le poste très envié de médecin des gardes du corps du comte d'Artois, le futur Charles X. Sa fonction comporte deux mille livres d'appointements fixes, et lui donne la disposition d'un bel appartement rue de Bourgogne et d'un domestique attaché à sa personne. Ses relations vont en outre lui procurer une riche clientèle [17].

Mais le docteur Marat travaille sans relâche. En quelques années, il publiera un nombre considérable de mémoires académiques [18] et d'opuscules sur le feu, l'électricité, la lumière, l'optique, et bien d'autres sujets de recherche. Il vise à l'encyclopédisme. Son œuvre scientifique sera très contestée. Certains verront en lui l'un des précurseurs des grands physiologistes du XIXᵉ siècle [19]. Au contraire, Arago dénoncera, dans ces publications, des « jongleries » et des « élucubrations ». D'autres l'accuseront d'avoir falsifié certaines expériences, d'avoir fait et dit n'importe quoi pour servir sa folle vanité. Lamarck le félicitera. De nombreuses revues étrangères feront l'éloge de ses travaux[20]. Le savant américain Benjamin Franklin, de passage à Paris, assistera à ses expériences, et les jugera remarquables. En 1783, l'Académie des sciences de Rouen lui décernera un prix pour son mémoire sur « l'électricité médicale ». Brissot, le futur député girondin, qui le tenait à l'époque en grande amitié, ne cessait de le couvrir d'éloges. Goethe même vantera ses exceptionnelles qualités[21].

Est-ce la disparition du bienfaisant soutien de la marquise de L'Aubespine ? Serait-ce que les idées sociales que Marat a commencé de répandre semblent trop audacieuses ? Est-ce parce qu'il conduit une négociation secrète avec la cour d'Espagne pour obtenir une situation brillante de directeur de l'Académie des sciences ? Vers la fin de l'année 1783, ou au début de 1784, il est contraint d'abandonner sa charge de médecin des gardes du comte d'Artois. D'Espagne ne lui vient nulle promesse, et sa disgrâce auprès du frère du Roi fait le vide autour de lui. Marat doit quitter son bel appartement de la rue de Bourgogne et se contenter d'un modeste logis rue du Vieux-Colombier. En vain avait-il adressé, en 1779, pour un grand concours organisé à Berne dont Voltaire semblait l'animateur et Frédéric II le pourvoyeur de fonds, un *Plan de législation criminelle* où il affirmait que les pauvres devaient revendiquer « à main armée » contre les riches « les droits sacrés de la nature », et lançait un appel vibrant à la révolte immédiate.

« Assez et trop longtemps ces tyrans odieux ont désolé la terre : leur règne va finir... Osons donc approcher de l'enceinte sacrée où se retranche le pouvoir arbitraire ; osons déchirer le sombre voile dont il couvre ses attentats ; osons lui arracher ces armes redoutables, toujours funestes à l'innocence et à la vertu. Qu'à ces mots de stupides esclaves palissent d'effroi, ils ne blesseront point l'oreille des hommes libres : heureux peuples qui avez rompu le dur joug sous lequel vous gémissiez [22]. »

Déjà le discours de l'Ami du peuple est en marche... Son *Plan de législation criminelle* n'avait aucune chance d'obtenir le prix, qui fut décerné à un écrivain allemand. Quand Marat voudra éditer son ouvrage à Paris, le garde des Sceaux, M. de Miromesnil, sera informé que l'ouvrage comportait des passages subversifs. Les pages incriminées – et elles étaient nombreuses – seront arrachées, et l'auteur devra, dans le moment, renoncer à toute édition, ce qui le contrariera fort.

Mais il n'a cessé de poursuivre, avec acharnement, ses travaux de physique et d'anatomie. Par un boucher du quartier il a réussi à se procurer des animaux vivants. Il s'est fait aider par un ecclésiastique, l'abbé Filassier, qui devint son homme à tout faire. Ses *Recherches sur le feu, l'électricité et la lumière*, achevées en décembre 1778, il les a adressées aux principales académies d'Europe et s'est ensuite décidé à solliciter l'approbation de l'Académie des sciences de Paris. L'Académie voulut bien déléguer quelques-uns de ses membres pour assister aux expériences de Marat[23]. Mais le rapport se fit attendre. Marat adressa au marquis de Condorcet, secrétaire perpétuel de l'Académie des sciences, des lettres de plus en plus pressantes. Ce n'est qu'en mai 1780 que l'Académie fit savoir que les expériences de Marat ne « paraissaient pas prouver ce que l'auteur imagine qu'elles établissaient ». Humilié, furieux, Marat se souviendra de cet échec dans les tourmentes qui viendront. Plusieurs académiciens auront l'occasion de constater combien était vivante et violente sa rancune[24].

Encore essaiera-t-il de se tourner vers Frédéric le Grand. N'était-il pas né dans un territoire prussien ? Il adressera au souverain un exemplaire de ses *Recherches physiques*, accompagné d'un message suppliant : « Sa Majesté daignera le recevoir avec bonté. Elle se plaît à encourager les sciences et à protéger ceux qui les cultivent. Refusera-t-elle à un de ses sujets une grâce qu'Elle accorde si souvent à des étrangers[25] ? » L'envoi restera sans réponse.

Marat vit de plus en plus pauvre et proche du désespoir. De rares amis, tel Brissot, lui viennent en aide. En 1788, il est seul dans son triste logis, couché, malade assez gravement. « Quarante ans de vie honnête, écrit le docteur Georges Juskiewenski, toute remplie d'un labeur acharné l'ont conduit là[26]. » Il se sent très mal. Il croit souvent qu'il va mourir. Il rédige son testament et le confie à son ami l'opticien Bréguet, avec un paquet cacheté contenant ses notes et ses manuscrits, afin qu'il les remette, après sa mort, à l'Académie des sciences[27].

Malade, il l'a toujours été, dévoré par une affreuse « dartre » ou « lèpre »[28] de la région périnéo-scrotale qui ne cessait de le tourmenter *. Sans doute souffrait-il d'un « eczéma généralisé », comme l'expliquera le docteur Cabanès[29]. Ses incessantes démangeaisons le contraindront à des immersions prolongées dans sa baignoire. Il était sujet à de fréquentes migraines qui le faisaient beaucoup souffrir. Il vivait en outre dans des conditions d'hygiène déplorables, travaillant sans relâche, ne dormant guère, prenant des repas improvisés à n'importe quel moment, habitué depuis toujours à « une saleté répugnante dans ses habits et dans sa personne[30] ». Marat vivait dans un état de fièvre perpétuelle et d'irritation violente que sa plume ne parvenait pas à apaiser. Venait souvent la neurasthénie qui le tenait immobile, désespéré, sans cesse atteint dans son maladif orgueil. Tel il est en juillet 1788. Dans un monde si injuste, que peut-il encore attendre de la vie ?

---

* Le peintre David rapportera, après l'assassinat de Marat en 1793, avoir vu, de ses yeux, « la lèpre hideuse » qui dévorait son corps.

CHAPITRE IV

Le seul ami du peuple

Voici que Marat apprend, en août 1788, que
Louis XVI convoque les États Généraux pour le 1er mai
1789. « Cette nouvelle fit sur moi une vive sensation,
écrira-t-il plus tard. J'éprouvais une crise salutaire ;
mon courage se ranima. » Vite il se porte mieux : il imagine qu'il jouera un rôle déterminant dans les événements qui viendront. Il a connu les drames politiques
dans lesquels s'est débattue l'Angleterre, il a compris,
croit-il, tous les conflits des sociétés de son temps, et il
s'estime mieux armé qu'aucun autre. « La Révolution
surgit, il s'y jette à corps perdu, de toute sa pensée, de
toute sa fougue. Il l'affronte, il l'étreint [...] L'ouragan
se déchaîne. Marat s'y installe comme à son aise, et face
au vent[1]. » Il a l'impression d'être soudain entré dans la
voie de la guérison. En décembre, il reprend à Bréguet
le paquet cacheté qu'il lui avait confié, et il se met au
travail, comme il aime travailler, avec fureur*[2].

---

* Il n'a cessé, chaque jour, si malade qu'il fût, de consacrer
plusieurs heures à l'écriture. On publiera, au XIXe siècle, le

En février 1789, Marat publie son *Offrande à la patrie ou Discours au Tiers État de France*, « hymne d'espérance d'un homme revenant à la vie [3] ». Il y commence prudemment par quelques éloges distribués au Roi – « Béni soit le meilleur des Rois qui, soucieux du bien-être de son peuple, convoque les États » – et à Necker « le grand homme d'État que ses talents appelèrent à l'administration des finances, également distingué par la sagesse de ses vues et la pureté de ses mains [4] ». Ces précautions prises, Marat s'adresse au Tiers État, cette classe immense qui, selon lui, va des artisans aux cultivateurs, des marchands aux savants et qui englobe même les magistrats et les prêtres. Il dresse la liste des « lois fondamentales » qui devront assurer toutes les libertés – notamment la liberté de la presse – et mettre fin à toutes les formes de despotisme. Il attend du Tiers État la plus extrême fermeté, « quelque avantage qu'on vous propose, dussent nos ennemis se charger seuls du fardeau des impôts, refusez tout tant que vos droits n'auront pas été fixés d'une manière irrévocable... À quoi n'avez-vous pas droit à prétendre ? »

---

manuscrit d'un « roman de cœur », écrit par lui, acheté à sa sœur Albertine, qui l'avait conservé : *Les Aventures du jeune comte de Potowsky* disant l'influence de *La Nouvelle Héloïse*. Le roman de Marat rappelle aussi celui du Girondin Louvet, *Les Amours du chevalier de Faublas*. On a parfois soutenu que la haine de Marat contre les Girondins aurait été alimentée par la jalousie littéraire...

L'opuscule de Marat reçut un prix d'une société patriotique, mais ne connut aucun succès. L'auteur ne se décourage pas et au mois de mars il fait paraître un *Supplément à l'Offrande à la patrie* dans lequel il s'emporte contre les « gens raisonnables », les apathiques, les timorés « pleins de patience pour les maux du peuple qu'ils ne ressentent point ». Il se montre beaucoup moins respectueux du Roi : « Ah ! Sire, ce ne sont pas des doléances mais des griefs que nous porterons au pied du trône ; ce ne sont pas des plaintes mais des cris d'indignation que nous élèverons contre les auteurs de notre misère. » Cette fois-ci, le pamphlet trouve des lecteurs. Il est saisi et détruit. Mais Marat a attiré l'attention sur lui ; il est nommé membre du comité électoral du district des Carmes-Déchaussés. Il s'y fera entendre.

Marat a affirmé qu'il était resté en permanence au comité des Carmes du 14 au 17 juillet 1789. Sans doute assista-t-il, en spectateur, à la prise de la Bastille. D'un incident qui l'opposa, alors qu'il traversait le Pont-Neuf, à l'officier qui commandait un détachement de dragons, il tira une grande fierté, et il résolut d'exploiter l'incident pour sa publicité personnelle. Il rédigea un long communiqué, fort élogieux pour « la fermeté héroïque », « le civisme clairvoyant » de M. Marat, qu'accepta de publier *Le Publiciste de la République française*[*5] ». Jean-Paul

---

* En revanche, observe Gérard Walter, il garda rancune à Brissot de n'en avoir publié, dans *Le Patriote français*, qu'un très bref extrait.

Marat ne cesse de penser au rôle extraordinaire qu'a joué la presse en Angleterre, il est hanté par l'idée de fonder un journal, de devenir « l'écho de la conscience révolutionnaire [6] ». Il propose la création d'un journal au comité des Carmes, qui refuse froidement. Il s'adresse à la Commune de Paris, trouve le moyen de provoquer un violent incident avec le Comité de police – qui lui rappelle qu'il est libre de publier ce qui lui plaît sans permission – et il doit comparaître devant l'Assemblée de la Commune, lors de sa séance du 13 août, pour s'expliquer sur ses excès verbaux. L'Assemblée se montra, semble-t-il, indulgente à l'égard de « Monsieur Marie (*sic*), ancien médecin, demeurant 47, rue du Vieux-Colombier, inconnu de tous ». Toutefois le président de la Commune jugea bon d'adresser une courtoise admonestation à ce M. Marie :

> « Nous vous exhortons à ne pas vous laisser séduire par l'apparence du bien, à vous souvenir dans toutes vos démarches que le bonheur public repose sur les bases de la sagesse toujours modérée et sur la subordination de tout particulier à la volonté générale qui est la seule loi de tous les lieux et de tous les temps [7]. »

Marat poursuit ses démarches pour créer un journal, car il est convaincu, écrira Mona Ozouf étudiant les étrangetés de Marat [8], que le rôle auquel il est promu est « celui du journaliste redresseur et formateur de l'opinion », révélateur de toutes les vérités, prophète de tous les malheurs. Il adresse des lettres à de nombreux députés – dont Mirabeau et Barnave – qui ne lui répondent pas, et bien sûr il continue d'écrire. Aucun des projets de déclaration des droits dont on parle ne lui convient. Il rédige son propre *Projet de déclaration des Droits de l'homme et du citoyen* suivi d'un *Plan de Constitution juste, sage et libre* qui développe quelques-unes des idées déjà exprimées dans les *Chaînes de l'esclavage* et qui paraîtra le 23 août. Il déclare que le gouvernement monarchique « est la seule forme de gouvernement qui convient à la France », tout en concédant que « le caractère du peuple français permettrait un autre choix ». Le peuple est cependant « le véritable souverain », et il faut ramener les princes à leur juste proportion ; « ne leur demandez pas de faire le bien, mettez-les dans l'heureuse impuissance de faire le mal ». Le suffrage doit être universel quoique les femmes ne puissent évidemment disposer du droit de vote : « Les femmes et les enfants ne doivent prendre aucune part aux affaires parce qu'ils sont représentés par les chefs de famille[9]. » Mais ce sont les pauvres, les humiliés, qui occupent la pensée de Marat. L'homme qui manque de tout a le droit « d'arracher à l'autre le superflu dont il regorge ».

« Quand je pense qu'il y a actuellement dans le royaume quinze millions d'hommes qui languissent de misère, qui sont prêts à périr de faim [...], quand je pense qu'aucune voix ne s'est élevée en leur faveur [...]

mon cœur se serre de douleur, et se révolte d'indignation... Pour conserver ses jours, l'homme est en droit d'attenter à la propriété, à la liberté, à la vie même de ses semblables. Pour se soustraire à l'oppression, il est en droit d'opprimer, d'enchaîner, de massacrer. »

Sans doute Marat consent-il que le droit à l'assistance de la société doit être mérité par une bonne conduite et une assiduité au travail. Mais il ne peut supporter l'inégale répartition des biens. Le droit de posséder doit être limité, et le partage des biens, ordonné. Sinon c'est la révolte, la lutte, l'effusion du sang[10]. « L'honnête citoyen que la société abandonne à sa misère et à son désespoir rentre dans l'état de nature. » Le recours à la violence devient donc légitime et « toute autorité qui s'y oppose est tyrannique ». Qui vole pour vivre, tant qu'il ne peut faire autrement, ne fait qu'user de ses droits*[11].

Pas plus que ses précédents ouvrages, la déclaration des droits de l'homme de Jean-Paul Marat ne connaît le succès. Mais il éprouve une orgueilleuse satisfaction qui va croître de jour en jour. Il se croit désormais « en plein centre de la bataille révolutionnaire, entouré d'ores et déjà d'ennemis plus redoutables les uns que les autres, en proie à des dangers

---

* « Nous tenons ici, écrira Édouard Herriot, le vrai Marat, celui dont se réclamera le bolchevisme russe. » Selon Mathiez, « l'effort de Marat fut d'insuffler aux prolétaires une conscience de classe ».

de toute sorte[12] ». Il est devenu « un martyr de la cause révolutionnaire ».

> « La crainte n'arrêtera pas ma plume, écrira-t-il, j'ai renoncé plus d'une fois au soir de mes jours, pour servir la patrie, pour venger l'humanité ; je verserai, s'il le faut, jusqu'à la dernière goutte de mon sang[13]. »

Désormais le sang versé symbolisera son combat. La dénonciation sera pour lui un devoir, une vertu qui, observera Mona Ozouf, « à l'instant même arrache le bandeau, dissipe les sortilèges[14] ». Le seul remède aux injustices est la « purge », les têtes coupées pour sauver la foule des misérables. Marat multipliera les attaques contre la Commune, contre l'Assemblée nationale, il deviendra de plus en plus violent, car les Français sont hélas des « malvoyants ». « Entre les assoupis et les fripons, il n'y a que Marat [...], veilleur de la Révolution, inlassable montreur des coupables[15] ». À certains moments il devra se cacher[16] ; mais il se plaira dans ce rôle d'homme traqué, accumulant les ennemis. En même temps, il poursuit obstinément son dessein : il veut fonder son journal pour dénoncer sans ménagement les lâches, les traîtres, les hypocrites, pour défendre le peuple, servir la vérité contre toutes les forces du mal.

Dès la fin du mois de juin, Brissot a réussi à publier son *Patriote français*. Puis Gorsas a lancé *Le Courrier de Paris*, et Camille Desmoulins, les *Révolutions de*

France. Le voici devancé par plusieurs concurrents alors que c'est lui qui doit être le journaliste sauveur de l'opinion, inlassable défenseur du peuple[17] ! Il cherche des associés et doit se contenter, dans le moment, de Dufour, libraire de la rue des Cordeliers, qui consent à avancer les fonds nécessaires[18]. À la fin du mois d'août, Marat peut enfin annoncer la grande nouvelle : un journal « libre et impartial » va paraître, publié « sous les auspices d'une société de patriotes[19] ». Il assumera seul la rédaction, jetant dans ce journal toutes ses forces. Le 12 septembre 1789 est distribué le premier numéro du *Publiciste parisien* « journal politique libre et impartial » rédigé par M. Marat, « auteur de *L'Offrande à la patrie*, du *Moniteur* et du *Plan de Constitution* ». Au sixième numéro le journal prendra pour titre *L'Ami du peuple* « contre tous les ennemis du peuple[20] ». Jean-Paul Marat est désormais en guerre. Dès les premiers numéros il lance au peuple un vibrant appel :

« Peuple infortuné, seras-tu donc éternellement voué à la misère ? Toujours vexé, foulé, pillé, n'échapperas-tu des mains des déprédateurs royaux que pour tomber dans celles des lapidateurs populaires ? Seras-tu donc toujours victime de ton aveuglement ? Ouvre enfin les yeux, sors, sors de ta léthargie, purge les comités, conserves-en les membres sains, balayes-en les membres corrompus, ces pensionnaires royaux, ces aristocrates rusés, ces hommes flétris ou suspects, ces faux patriotes ; tu n'auras à attendre d'eux que servitude, misère et désolation[21]. »

Désormais Marat se donne tout entier à sa tâche. Il ne cessera de s'y épuiser davantage. Mais peu importe ! Le peuple a besoin de lui. Marat défend et incarne ce peuple aveuglé et souffrant dont seul le sang versé apaisera la soif.

CHAPITRE V

« Personne ne perdra en me perdant »

Mme de Bretteville-Gouville, chez qui Charlotte débarque à Caen, sans doute un jour de juin 1791, était sa tante « à la mode de Bretagne », cousine de son père au 7e degré, descendante elle aussi de Corneille. Mme de Bretteville avait connu un sombre destin. Elle était la fille d'Auguste Le Coustellier de Bonnebosq, seigneur de Gouberville, vieil avare qui ne voulut jamais doter sa fille. Elle avait épousé, en 1767, alors qu'elle atteignait ses quarante ans, un gentilhomme à peu près ruiné, trésorier de France à la Généralité de Caen, qu'encouragea peut-être l'espoir d'une belle succession. Les époux eurent une fille qui fut baptisée le 10 juillet 1768 et enterrée vingt ans après, jour pour jour, le 10 juillet 1788*[1].

---

* Quant au père de Mme de Bretteville, il se remaria à plus de quatre-vingt-six ans, à Paris, le 16 décembre 1789, épousant sa vieille maîtresse âgée de soixante-seize ans. Il mourut six mois après.

Le malheureux M. de Bretteville [*][2], père affligé, héritier si longtemps déçu, succomba quelques semaines plus tard. Mme de Bretteville vivait seule, entourée d'un chien et d'une chatte qui remplaçaient tant bien que mal la fille qu'elle avait perdue[3]. Elle s'épuisait dans les conflits successoraux provoqués par la mort de son père. Voûtée par l'âge, très petite, écrasée par les chagrins et les soucis, elle se sentait malade et fragile.

L'arrivée de Charlotte fut pour elle une surprise. « Il m'est tombé des nues une parente que je ne connais pas du tout », avait-elle dit alors à son amie intime Mme Loyer. « Elle est venue [...] descendre chez moi, accompagnée d'un porteur chargé d'une malle. Elle m'a dit qu'elle avait des affaires à Caen et qu'elle espérait que je voudrais bien la recevoir [**][4]. »

---

* On écrivait alors « Bretheville », nous dit E. Albert-Clément. Le vrai nom que prononçaient les paysans était Berthville, c'est-à-dire « villa de Boerth », le Viking.

** Ces textes viennent d'un article publié dans la *Revue des Deux Mondes*, le 1er avril 1862, par Casimir-Perier – le père du futur président de la République –, homme politique qui se retira de la vie publique sous le Second Empire mais y reviendra en 1871 dans le gouvernement de Thiers dont il soutiendra la politique. Casimir-Perier publia, en 1862, un manuscrit que lui avait remis, avant de mourir, une parente à lui, Mme de Maromme, qui avait été, quand elle était adolescente, une amie très chère de Charlotte Corday (elle s'appelait alors Armande Loyer), et qui avait presque chaque jour retrouvé Charlotte chez Mme de Bretteville. Lui remettant le manuscrit où elle avait fixé le souvenir de ses relations avec « l'amie de

Mme de Bretteville devait en réalité connaître Charlotte, car il est probable que celle-ci lui avait rendu visite, accompagnant sa mère quand elle était enfant, puis quand elle fut pensionnaire à l'Abbaye-aux-Dames.

Mais sans doute Mme de Bretteville ne soupçonnait-elle pas que Charlotte voudrait s'installer chez elle. Quoi qu'il en fût, elle lui offrit l'hospitalité. Celle-ci se prolongera quelques semaines, puis quelques mois.

La maison du 148 de la rue Saint-Jean était vieille et triste. L'appartement de Mme de Bretteville donnait sur la rue, mais Charlotte devait traverser une cour, par un étroit couloir, pour rejoindre la petite chambre où elle fut installée. Les meubles étaient souvent très abîmés, les fenêtres étroites, les poutres très atteintes par le temps. Pourtant Charlotte pourra, quand elle quittera sa chambre afin de se rendre dans l'appartement de sa tante, apercevoir par les fenêtres le portail de l'église Saint-Jean, et surtout la rue des Carmes où se passeront, à Caen, tant d'événements !

Mme de Bretteville avait, pour la servir, trois personnes, Anne Bosquaire et le ménage Leclerc. Mme Leclerc était cuisinière-gouvernante, mais

---

son enfance », Mme de Maromme avait demandé à Casimir-Perier de le publier « après elle ». Ce qu'il fit.

Augustin Leclerc, fils d'un tailleur de pierres de Verson, semblait être l'homme de confiance de Mme de Bretteville, secrétaire, intendant, tenant les clefs de la caisse, organisant toutes les dépenses. Il lisait beaucoup, voulait accumuler les connaissances, fréquentait les politiques, aimait le jeu et les courses, et ne cachait pas sa sympathie pour les idées nouvelles. Charlotte aura l'intelligence de lui manifester vite sa sympathie. « Elle sut amadouer le Cerbère grand argentier et s'en faire un allié après avoir obtenu droit de cité », écrira E. Albert-Clément[5]. Augustin Leclerc, qui se prenait volontiers pour un esprit philosophique, lui prêtera de nombreux livres, notamment de Voltaire et de Rousseau. Il lui parlera, de plus en plus souvent, des événements qui agitaient la France et la Normandie. C'est lui, Leclerc, qui devait remettre à Charlotte l'argent nécessaire à ses charités, car « la jeune fille était toujours prête à donner plus qu'elle n'avait ».

Mme de Bretteville recevait volontiers, quoique les repas chez elle fussent longs, médiocres et, disait-on, fort ennuyeux. Elle recevait les familles de la bourgeoisie bien-pensante, comme les Loyer, les Levaillant, qui étaient souvent de vrais amis à elle, et aussi des aristocrates qui habitaient les maisons voisines, tel le marquis de Faudoas, monarchiste résolu et combatif, qui mourra guillotiné en 1794*[6].

---

* Sa fille, Éléonore de Faudoas, grande amie de Mlle Loyer, sera guillotinée avec lui, à l'âge de dix-huit ans.

Mme de Bretteville accueillait aussi les familles de
jeunes gens qui pourraient peut-être, un jour,
demander la main de sa jeune parente : Charlotte
n'avait plus de mère, son père ne s'occupait guère
d'elle, elle avait vingt-trois ans. Mme de Bretteville
avait connu tous les tourments des mariages venus
trop tard. Elle recevait la famille de Tournélis* dont
le fils Charles, « jeune, d'excellente famille, fortuné[7] », pouvait sembler un bon parti « pour une
jeune fille pauvre, à charge d'une vieille parente ».
De même accueillit-elle Bougon-Longrais, fonction-
naire de l'administration départementale – c'est lui
qui était venu mettre les scellés en 1790 sur le char-
trier de l'Abbaye-aux-Dames –, jeune homme distingué et cultivé, fort doué, volontiers opportuniste, qui
allait devenir en 1792 procureur général-syndic du
département du Calvados. Bougon-Longrais, dont les
idées furent souvent proches de celles de Charlotte,
deviendra peu à peu son ami. Elle prendra l'habitude
d'aller soutenir devant lui, car il était influent, la
cause de ses protégés, elle lui demandera plusieurs
fois son appui. Sans doute Bougon-Longrais éprouva-
t-il pour elle un sentiment profond, qu'il exprimera
dans la lettre qu'il écrira à sa mère avant d'être
guillotiné, à Rennes, en 1794**. De même Mme de
Bretteville reçut-elle aussi Doulcet de Pontécoulant –
le neveu de l'abbesse de la Sainte-Trinité qui avait

---

* Ou de Tournely.
** *Infra*, Annexe I, 2.

enseigné la littérature à Charlotte –, jeune homme fort intelligent et habile, qui sera plus tard député à la Convention et poursuivra une longue carrière politique[*].

Charlotte, si même elle ne détestait pas plaire, si même elle se montrait volontiers gaie et spirituelle, tenait-elle à distance toute idée de mariage ? « Jamais le moindre indice de roman, jamais aucune coquetterie ou amitié sentimentale n'effleura sa vie », raconte Joseph Shearing[8]. Armande Loyer a affirmé, dans ses souvenirs que publiera Casimir-Perier en 1862, qu'« aucun homme ne fit la moindre impression sur elle ; ses pensées étaient ailleurs [...]. J'atteste que nul ne put jamais se vanter de lui avoir plu, d'avoir pris une place quelconque dans son cœur. "Jamais, me disait-elle quelquefois, je ne renoncerai à ma chère liberté ; jamais vous n'aurez, sur l'adresse de vos lettres, à me donner le titre de Madame"[**][9] ». « Son cœur héroïque, écrit-elle encore, n'était susceptible que d'un seul amour, le plus noble de tous, auquel elle a tout sacrifié, l'amour de la patrie. » Mais Mlle Loyer, devenue Mme de Maromme quand elle écrit ces lignes, défend devant l'histoire la mémoire de sa sublime amie qui s'était sacrifiée à sa patrie ! Elle sait alors que Charlotte

----

[*] *Infra,* Annexe I, 2.

[**] « Le cœur de la jeune fille, assurera Pierre-Théodore Chéron de Villiers, fermé à l'amour terrestre, ne battait plus que pour l'amour de la France. »

Corday fut accusée, très injustement, devant le Tribunal révolutionnaire et devant l'opinion publique, d'avoir été l'instrument d'amis, ou d'amants, qui l'avaient conduite au crime, elle sait que Fouquier-Tinville, l'accusateur public, n'avait cessé, pour l'accabler, de lui chercher des complices. Ces calomnies, souvent répétées, étaient insupportables à ceux qui avaient connu, admiré, aimé Charlotte. Telle Mme de Maromme.

Faut-il pour autant admettre qu'« aucune amitié sentimentale » n'ait « effleuré sa vie » ? S'il paraît certain que Charlotte ne fut jamais éprise de Belsunce, ni de Bougon-Longrais, ni de Pontécoulant, ni de Barbaroux*, Catherine Decours, reprenant une hypothèse déjà soutenue par Charles Vatel, estime que Charlotte vécut une rencontre amoureuse avec Émeric de Godefroy du Maingré, dont la famille s'était réfugiée à Caen en 1790, s'installant tout près de la maison de Mme de Bretteville, rue Saint-Jean, et dont les deux sœurs avaient été religieuses à l'Abbaye-aux-Dames alors que Charlotte y vivait. Très bel homme, le jeune officier se serait épris de Charlotte de Corday qui l'aurait aimé aussi. Ils se seraient secrètement promis le mariage, puis l'aristocrate, fermement convaincu qu'il devrait toujours servir le Roi, aurait annoncé à Charlotte que son devoir était d'émigrer. « Je suis soldat, les princes m'appellent, je n'ai pas à discuter mais à obéir[10]. » Il

---

* Ce qui lui sera pourtant reproché lors de son procès.

aurait alors demandé à Charlotte de le suivre. Un douloureux refus aurait mis fin à leur aventure. Catherine Decours précise que cette « idylle » rapportée par Charles Vatel lui paraît non seulement possible, mais fort vraisemblable, quoiqu'elle ne se fonde sur aucun document [11].

S'il ne peut donc être assuré que Charlotte Corday n'ait jamais éprouvé aucun sentiment amoureux, il semble en revanche certain qu'elle tenait obstinément à sa « précieuse indépendance ». Tous ceux qui ont tenté d'étudier ces années-là de sa vie, dont on ne sait pas grand-chose, s'accordent au moins pour observer qu'elle ne se voulait aucun maître. « Elle ne faisait que ce qu'elle voulait. On ne pouvait pas la contrarier, c'était inutile [12]. »

Comment occupait-elle ses journées ? Dans les très longues heures où elle ne voit personne, elle lit et relit beaucoup ses auteurs préférés, sans jamais ouvrir un seul roman, car le romanesque ne cessera de lui paraître dérisoire. Elle écrit des textes, qu'elle cache ou qu'elle détruit, et aussi des poèmes [13], imitant volontiers les modèles de son aïeul. Elle joue du clavecin, elle dessine. Son amie Armande Loyer – plus jeune qu'elle de sept années – s'applique à lui enseigner l'anglais et l'italien, « mais ses progrès, écrira-t-elle, ne répondirent point à mon attente ». À vingt-trois ans, « Charlotte est devenue très grande et très belle », racontera Mlle Loyer, devenue Mme de Maromme, qui ne cessera de décrire son amie avec une admiration passionnée :

« Sa taille parfaitement prise, quoiqu'un peu forte, ne manquait pas de noblesse. Elle s'occupait fort peu de sa parure et ne cherchait nullement à faire valoir ses avantages naturels. Ma mère se chargea de rectifier son goût, et je prenais souvent la peine de placer moi-même le ruban dans ses cheveux et de les arranger d'une manière un peu plus gracieuse. Mme de Bretteville, à notre instigation, lui fit présent de plusieurs jolies robes. Ma mère présida à leur coupe, et Mlle d'Armont devint une tout autre personne, malgré le peu de soin qu'elle donnait à sa toilette. Elle était d'une blancheur éblouissante et de la plus éclatante fraîcheur. Son teint avait la transparence du lait, l'incarnat de la rose et le velouté de la pêche ; le tissu de sa peau était d'une rare finesse. On croyait voir circuler le sang sous un pétale de lis. Elle rougissait avec une grande facilité et devenait alors vraiment ravissante. Ses yeux étaient bien fendus et très beaux, quoiqu'un peu voilés. Son menton avait quelque chose de ce qu'on appelle un "menton de galoche", mais l'ensemble était charmant et plein de distinction. L'expression de ce beau visage était d'une douceur ineffable, ainsi que le son de sa voix ; jamais on ne vit un regard plus angélique, plus pur, plus candide, ni un sourire plus attrayant [14]. »

Mme de Maromme n'exagérera-t-elle pas, venu le temps du chagrin et de la mémoire, la beauté de son amie disparue ? Ce qui est sûr, c'est que Charlotte plaît, et qu'elle ne l'ignore pas. Elle reste volontiers silencieuse, écoutant ou feignant d'écouter. Quand on lui pose une question, elle a l'air de sortir, comme en sursaut, de sa rêverie[15]. Elle a vite l'esprit railleur, moqueur, et les pires épreuves la retrouveront telle. Elle fait volontiers des citations, au risque de paraître pédante, elle invoque les héros antiques, parfois elle en invente. Elle aime se renseigner, le plus souvent qu'il se peut, sur les idées et les événements qui agitent son temps. Augustin Leclerc ne cesse de l'informer et de discuter avec elle. Elle rend visite à Bougon-Longrais, elle échange avec lui des émotions, des sentiments, et sans doute des correspondances, qui seront détruites.

A-t-elle gardé cette foi religieuse, qui parut si forte dans les années qu'elle passa à l'abbaye ? Ce qui est sûr, c'est qu'elle est demeurée fort pratiquante. Mais on ne saurait, estime E. Albert-Clément, en dire davantage. Dans ses rares écrits, ceux qui précéderont sa mort, on ne trouve jamais « un mot de piété, ni une invocation à Dieu, même à la dernière heure. Ce n'est pas du ciel chrétien qu'elle parle aux approches de la mort mais des "Champs Élysées" païens[16] ». Certains auteurs voudront d'elle, « à tout prix, dit encore E. Albert-Clément, qu'elle fût bigote, ou légitimiste, ou girondine... Or elle était une simple jeune fille, entière et indépendante dans ses idées, mais qui n'avait pas échappé aux influences de l'abbaye bénédictine, des traditions familiales, des idées de son père, et enfin du milieu qu'elle fréquenta rue Saint-Jean ».

Il est probable que Charlotte s'ennuie chez sa vieille tante. Leurs caractères ne pouvaient guère s'accorder. « La vieille dame prenait ombrage de Charlotte, qui, malgré elle, s'imposait par la supériorité de son intelligence[17]. » Leurs opinions les séparent de plus en plus souvent. Mme de Bretteville devient de plus en plus craintive, et Charlotte plus intransigeante. Charlotte se tait d'autant plus aisément qu'elle ressent souvent l'hostilité qui l'entoure, l'hostilité à ce qu'elle pense, et parfois à ce que, sortant du silence, elle ose dire. En vérité, selon Albert-Émile Sorel[18], elle n'a besoin de personne, « elle s'entretient avec elle seule ». Lamartine jettera, sur ces années-là de Charlotte Corday, un regard très exalté : « Elle était libre de toutes ses pensées et de toutes ses heures [...]. Elle passait ses jours à folâtrer dans la cour et dans le jardin, à rêver et à lire. On ne la gênait, on ne la dirigeait en rien [...]. Sa gaieté douce rayonnait sur la maison de sa tante, comme le rayon du matin d'un jour d'orage, d'autant plus éclatant que le soir sera plus ténébreux [...]. Ce cœur était trop vaste pour ne contenir que sa propre félicité. Elle voulait y contenir la félicité de tout un peuple[19]. »

Mais les incidents se multipliaient dans la ville de Caen, et commençaient d'inquiéter les gens tranquilles. La famille Loyer décida de quitter Caen pour se fixer à Rouen. « Les têtes chaudes et fanatisées de Caen ne promettaient aucune sécurité ; les Rouennais au contraire jouissaient d'une réputation de sagesse et de modération[20]. » Mme de Bretteville pensa à les accompagner, Charlotte l'y encouragea, mais il fallait, disait-on, traverser un pont de bateaux pour entrer dans la ville : frappée de la crainte que ce pont s'en allât à la dérive quand elle serait dessus, affolée par cette perspective, Mme de Bretteville renonça à partir. Elle donna « un dernier dîner » pour dire adieu à ses amis. Invité, le père de Charlotte consentit à venir, il amena sa fille cadette et le second de ses fils qui se préparait à émigrer, à rejoindre son frère aîné à Coblence. Le fils de M. de Tournélis, qui avait peut-être songé à épouser Mlle de Corday, était aussi invité : il voulait lui aussi émigrer, retrouver l'armée de Condé sur les bords du Rhin. C'était, en 1791, le jour de la Saint-Michel. « Mlle d'Armont », écrira la future Mme de Maromme [21], qui suivait ses parents à Rouen, « était éblouissante de beauté. J'avais présidé à sa toilette et à sa coiffure, afin que son père fût subjugué de toutes les manières. Je la vois encore devant mes yeux, vêtue d'une robe de taffetas rose rayée de blanc, ouverte sur un jupon de soie blanche. Sa taille se dessinait à ravir sous ce costume. Un ruban rose traversait ses cheveux et s'harmoniait avec la couleur de son teint, plus animé qu'à l'ordinaire par l'incertitude de l'accueil qu'elle recevrait de son père et par l'émotion de se retrouver au milieu de sa famille. C'était vraiment ce jour-là une créature idéale ».

M. d'Armont parut heureux de revoir sa fille. Il l'embrassa et « il n'y eut ni récriminations ni reproches ». Le dîner fut d'abord très gai [22]. Les futurs

émigrés croyaient ne faire qu'une courte promenade : ils reviendraient bientôt, triomphants,
reprendre à Paris leurs quartiers d'hiver. Charlotte se
moqua d'eux, les comparant à Don Quichotte. On
riait, on badinait, tout allait bien quand on proposa
soudain de boire « à la santé du Roi ». Tous se
levèrent, à l'exception de Charlotte qui resta assise,
son verre posé sur la table. M. d'Armont la regarda
avec sévérité. Mme Loyer lui dit doucement : « Comment mon enfant ! Vous refusez de boire à la santé
de ce roi si bon, si vertueux ! – Je le crois vertueux,
répondit Charlotte, mais un roi faible ne peut être
bon ; il ne peut empêcher les malheurs des
peuples[23]. » Elle s'obstina dans un silence glacé,
les yeux fixés sur son verre. Une expression de
malaise et de froideur se répandit sur tous les
visages.

Quelques instants plus tard vint de la rue un autre
incident qui eût pu fort mal tourner. L'abbé Fauchet,
élu évêque constitutionnel, faisait « une manière
d'entrée épiscopale » à Caen au milieu d'une foule
qui l'acclamait aux cris de « Vive la Nation ! Vive
l'évêque constitutionnel ! » Remarquable orateur,
Fauchet – qui avait été prédicateur du roi et avait en
1774 prononcé à l'Académie française un *Éloge de
Saint-Louis* – avait épousé les idées révolutionnaires,
et figuré, disait-on, parmi ceux qui avaient pris la
Bastille[24]. Il avait fondé un journal, *La Bouche de feu*,
et un club, le Cercle social. On disait qu'il avait une

concubine et un enfant, quoiqu'il se prononçât fermement contre le mariage des prêtres. Prêtre assermenté,
il avait été élu évêque de Bayeux, c'est-à-dire du Calvados, le 17 avril 1791, remplaçant monseigneur de
Cheylus expulsé. Son talent oratoire faisait impression,
il y mêlait habilement l'éloquence religieuse et le discours révolutionnaire, se créant autant d'ennemis que
d'amis. Il excitait, disait-on, les clubs contre le clergé
non assermenté[25]. Charlotte ne supportait pas celui
qu'elle tenait pour un intrigant, propre à jouer tous les
jeux, seulement conduit par l'ambition.

Le dîner s'achevant, les convives entendirent les
cris de la foule qui se déchaînait dans la rue. M. de
Tournélis et le jeune Corday allèrent à la fenêtre,
sous laquelle passait le cortège, ils l'ouvrirent pour
protester par leurs cris contre les acclamations qui
saluaient l'évêque constitutionnel. Les hôtes de
Mme de Bretteville comprirent les risques que ces
jeunes gens allaient prendre ; la foule risquait de les
écharper. On se précipita pour les retenir, mais déjà
ils criaient « Vive le Roi ! » pour se faire entendre de
la rue. M. d'Armont ordonna à son fils de se taire.
Quant à Charlotte, elle saisit M. de Tournélis par la
main, et l'entraîna au fond de la pièce. « Comment,
lui dit-elle, ne craignez-vous pas que la manifestation
de vos sentiments ne devienne fatale à ceux qui vous
entourent ? À quoi sert une pareille bravade ? – Et
comment, mademoiselle, répliqua Tournélis, n'avez-
vous pas tout à l'heure craint d'offenser les sentiments de votre père, de votre frère, et de tous vos

amis, en refusant de joindre votre vœu à un cri si français, et si cher à nos cœurs[26] ? – Mon refus, répondit-elle, ne pouvait nuire qu'à moi, et vous, sans aucun but utile, vous alliez risquer la vie de tous ceux qui sont avec vous. » M. de Tournélis baissa la tête et se tut. L'incident n'eut pas de suite.

La famille Loyer quitta Caen. M. d'Armont rentra chez lui, et Charlotte demeura avec sa vieille tante, de plus en plus sombre. Charlotte et son amie Armande Loyer s'étaient promis de souvent s'écrire. Ce qu'elles firent. Armande, devenue Mme de Maromme, raconte dans les souvenirs qu'elle a laissés à Casimir-Perier, qu'elle reçut de Charlotte une douzaine de lettres, dans les mois qui suivirent, « dont il ne me reste plus que deux, parce que ma mère les ayant trouvées dans la cachette où je les avais mises (à l'exception des deux dernières), jugea prudent de les brûler* ». On lisait dans ces correspondances détruites « le dégoût de la vie, la tristesse d'une existence sans utilité et sans but, enfin tout le désenchantement d'un esprit déçu dans ses espérances après s'être nourri de séduisantes illusions. Elle parlait peu de politique et ne le faisait qu'avec une teinte d'ironie. Elle se moquait des émigrés et

---

* La famille Loyer redoutera les visites domiciliaires et les interrogatoires quand elle apprendra l'assassinat de Marat par une jeune fille que l'on appelait « Corday de Saint-Armans », et dont ils comprirent vite qu'elle était leur amie Charlotte Corday.

de leurs projets chimériques, elle déplorait les scènes impies dont quelques églises étaient le théâtre [27] ». Elle s'affligeait de ne pouvoir décider sa tante à venir rejoindre ses amis à Rouen. « Si j'étais près de vous, écrivait-elle, je redeviendrais votre écolière et je vous promettrais plus d'attention à vos leçons. Peut-être alors trouverais-je dans votre amitié, dans celle de votre bonne mère, dans la littérature et l'étude des langues le dédommagement de tous les ennuis auxquels je suis en proie [28]. »

Les deux dernières lettres que reçut Armande Loyer de son amie Charlotte seront ici reproduites, car elles éclairent sa pensée, ses sentiments, mieux sans doute que tous les commentaires. Casimir-Perier a pris soin d'en corriger l'orthographe et la ponctuation.

Lettre de Charlotte Corday à son amie Armande Loyer, datée de mars 1792 [29] :

« Est-il possible, ma chère amie, que pendant que je murmurais contre votre paresse, vous fussiez la victime de cette cruelle petite vérole. Je crois que vous devez être contente d'en être quitte, et de ce qu'elle a respecté vos traits ; c'est une grâce qu'elle n'accorde pas à toutes les jolies personnes. Vous étiez malade, et je ne pouvais le savoir. Promettez-moi, ma très chère, que si cette fantaisie vous reprend, vous me le manderez d'avance, car je ne trouve rien de si cruel que d'ignorer le sort de ses amis. Vous me demandez des nouvelles ; à présent, mon cœur, il n'y en a plus dans

notre ville ; les âmes sensibles sont ressuscitées et parties ; les malédictions que vous avez proférées contre
notre ville font leur effet ; s'il n'y a pas encore d'herbe
dans les rues, c'est que la saison n'en est pas venue.
Les Faudoas sont partis, et même une partie de leurs
meubles. M. de Cussi a la garde des drapeaux ; il
épouse un peu Mlle Fleuriot. Avec cette désertion
générale, nous sommes fort tranquilles, et moins il y
aura de monde, moins il y aura de dangers d'insurrection. Si cela dépendait de moi, j'augmenterais le
nombre des réfugiés à Rouen, non par inquiétude,
mais, mon cœur, pour être avec vous, pour profiter de
vos leçons ; car je vous choisirais bien vite pour maîtresse de langue, anglaise ou italienne, et je suis sûre
que je profiterais avec vous de toute manière. Mme de
Bretteville, ma tante, vous remercie bien de votre souvenir et du désir que vous avez de contribuer à son
repos ; mais sa santé et son goût ne lui permettent
aucun soulagement ; elle attend avec confiance les
événements futurs, qui ne paraissent pas désespérés ;
elle vous prie de témoigner à Mme Loyer toute sa
reconnaissance de son souvenir, et de lui dire que personne ne peut lui être plus sincèrement attachée ; elle
vous regrette beaucoup l'une et l'autre, et se persuade
ainsi que moi, que vous n'êtes pas près de revenir dans
une ville que vous méprisez si justement. Mon frère est
parti, il y a quelques jours, pour augmenter le nombre
des chevaliers errants ; ils pourront rencontrer à leur
chemin des moulins à vent. Je ne saurais penser,
comme nos fameux aristocrates, qu'on fera une entrée
triomphante sans combattre, d'autant que l'armement
de la nation est formidable ; je veux bien que les gens

71

qui sont pour eux ne soient pas disciplinés, mais cette idée de liberté donne quelque chose qui ressemble au courage, et d'ailleurs le désespoir peut encore les servir ; je ne suis donc pas tranquille, et de plus quel est le sort qui nous attend ? Un despotisme épouvantable ; si l'on parvient à renchaîner le peuple, c'est tomber de Charybde en Scylla, il nous faudra toujours souffrir. Mais, ma belle, c'est un journal que je vous écris contre mon intention, car toutes ces lamentations-là ne nous guériront de rien ; pendant le carnaval, elles doivent être plus sévèrement proscrites. Je vous dirai une triste nouvelle pour moi, c'est que j'ai égaré votre lettre ; je ne sais plus votre adresse ; si celle-là vous parvient, je vous prie de me le mander tout de suite. Mme Malmonté est partie pour la campagne avec Mme Malherbe, et je ne sais à qui avoir recours ; c'est pourquoi je ne veux en rien faire connaître mon nom à ceux qui pourraient à votre place, et contre ma volonté, prendre lecture de mon griffonnage.

Je reprends ma lettre, qui a dormi plusieurs jours, ma très belle, parce qu'on nous annonçait de grands événements que je voulais vous mander, et rien n'est arrivé ; tout est en paix malgré le carnaval, dont on ne s'aperçoit pas ; les masques sont défendus ; vous trouverez cela juste. M. de Faudoas est de retour ; on ne sait pourquoi, personne ne comprend sa conduite. Servez-moi d'interprète auprès de Mme Loyer, et l'assurez de mon respectueux dévouement. Adieu, mon cœur. »

Lettre de Charlotte à son amie Armande, datée de mai 1792 [30] :

« Je reçois toujours avec un nouveau plaisir, ma belle amie, les témoignages de votre amitié ; mais ce qui m'afflige, c'est que vous soyez indisposée. Il paraîtrait que c'est une suite de la petite vérole. – Il faut vous ménager –. Vous me demandez, mon cœur, ce qui est arrivé à Verson – toutes les abominations qu'on peut commettre, une cinquantaine de personnes tondues, battues, des femmes outragées ; il paraît même qu'on n'en voulait qu'à elles. Trois sont mortes quelques jours après ; – les autres sont encore malades, au moins la plupart. – Ceux de Verson avaient le jour de Pâques insulté un national et même sa cocarde : c'est insulter un âne jusque dans sa bride. – Là-dessus délibérations tumultueuses : on force les corps administratifs à permettre le départ de Caen, dont les préparatifs durèrent jusqu'à deux heures et demie. Ceux de Verson, avertis le matin, crurent qu'on se moquait d'eux. Enfin le curé eut le temps de se sauver, en laissant dans le chemin une personne morte dont on faisait l'enterrement. Vous savez que ceux qui étaient là et qui ont été pris sont l'abbé Adam et de La Pallue, chanoine du Sépulcre, un curé étranger et un jeune abbé de la paroisse ; les femmes sont la nièce de l'abbé Adam, la sœur du curé, et puis le maire de la paroisse. Ils n'ont été que quatre jours en prison. – Un paysan, interrogé par les municipaux : "Êtes-vous patriote ? – Hélas ! oui, messieurs, je le suis ! Tout le monde sait que j'ai mis le premier à l'enchère sur les biens du clergé, et vous savez bien, messieurs, que les honnêtes gens n'en voulaient pas." Je ne sais si un homme d'esprit eût mieux répondu que cette pauvre bête, mais les juges mêmes, malgré leur gravité, eurent envie de sourire. – Que vous dirai-je enfin pour terminer en abrégé ce triste chapitre ? La paroisse a changé dans l'instant et a joué au club ; on a fêté les nouveaux convertis, qui eussent livré leur curé, s'il avait reparu chez eux.

Vous connaissez le peuple, on le change en un jour ;
Il prodigue aisément sa haine et son amour.

Ne parlons plus d'eux. Toutes les personnes dont vous me parlez sont à Paris. Aujourd'hui le reste de nos honnêtes gens partent pour Rouen, et nous restons presque seules – Que voulez-vous ? À l'impossible nul n'est tenu. J'aurais été charmée à tous égards que nous eussions pris domicile dans votre pays, d'autant qu'on nous menace d'une très prochaine insurrection. On ne meurt qu'une fois, et ce qui me rassure contre les horreurs de notre situation, c'est que personne ne perdra en me perdant, à moins que vous ne comptiez à quelque chose ma tendre amitié. Vous serez peut-être surprise, mon cœur, de voir mes craintes : vous les partageriez, j'en suis sûre, si vous étiez ici. On pourra vous dire en quel état est notre ville et comme les esprits fermentent. Adieu, ma belle, je vous quitte, car il m'est impossible d'écrire plus longtemps avec cette plume, et je crains d'avoir déjà trop tardé à vous envoyer cette lettre ; les marchands doivent partir aujourd'hui. Je vous prie de me servir d'interprète, de dire de ma part à Mme Loyer les choses les plus honnêtes et les plus respectueuses. Ma tante me charge de lui témoigner, ainsi qu'à vous, combien son souvenir lui est cher, et vous prie de compter sur son sincère attachement. Je ne vous dis rien de ma tendresse, je veux que vous en soyez persuadée sans que je radote toujours la même chose. »

« On ne meurt qu'une fois, et ce qui me rassure contre les horreurs de notre situation, c'est que personne ne perdra en me perdant. » Que voulait dire alors Charlotte Corday ? Disait-elle la tristesse d'une existence sans utilité et sans but, « le désenchantement d'un esprit déçu dans ses espérances après s'être longtemps nourri d'illusions », comme l'a cru son amie Armande de Maromme [31] ? Disait-elle son dégoût de la vie ? Ou exprimait-elle, déjà, comme l'approche d'une résolution ?

La correspondance des deux amies s'arrêta. « Je ne la juge pas », écrira Mme de Maromme achevant ses douloureux souvenirs. « Je ne la condamne ni ne l'absous [...]. L'histoire prononcera sur cette femme héroïque, et moi qui fus son amie, je me ferai gloire de cette amitié jusqu'à mon dernier soupir [32] ! »

CHAPITRE VI

Faire couler le sang

Marat a accompli son rêve : il a désormais son journal, une tribune à lui dont il est le seul maître. Il assume entièrement la rédaction du *Publiciste parisien* devenu *L'Ami du peuple*. Le journal, publié sous un petit format, imprimé sur du mauvais papier, rempli d'erreurs typographiques et de coquilles qui obligeront le journaliste à d'incessantes rectifications, est vendu à un prix fort bas – 12 livres pour trois mois de souscription –, car il est destiné au peuple français, non aux privilégiés. La vocation du journal est « pédagogique et dénonciatrice ». Il doit combattre tous les ennemis du peuple : les traîtres, les fripons, les lâches, les hypocrites[1]. La liberté de la presse, prévient Marat, « je la veux illimitée*[2] ». Le principal ennemi de Marat n'est pas, dans le

---

* En juin 1790 Marat lancera, pour être mieux armé contre ses calomniateurs, un nouveau journal, *Le Junius français*. Mais les difficultés financières seront insurmontables, et *Le Junius français* ne vivra que le temps de treize numéros.

77

moment, l'Assemblée constituante, quoiqu'elle fût composée, affirmait-il, de « prétendus patriotes » qui « manquaient de lumière et se souciaient peu d'être éclairés », de suppôts de la chicane, et de bourgeois timorés[3]. Mais il accuse aussitôt de multiples personnes, au risque de multiplier les plaintes et les poursuites – ce qu'il semble rechercher –, et il s'en prend violemment à la Commune de Paris, à la municipalité qu'il soupçonne de mille malhonnêtetés, dénonçant, alors que sévit la pénurie des grains, de sinistres collusions entre les meuniers, la municipalité et le gouvernement[4] : « Je vous requiers, messieurs, au nom de la Patrie, dont je suis l'avocat, de purger incessamment votre corps des membres en qui les vrais citoyens ne peuvent plus prendre aucune confiance », et il propose de dénoncer, en toute occasion, ces gens-là « à la première réquisition qui me sera faite[5] ».

La Commune porte plainte, et le Châtelet lance contre Marat un décret de prise de corps. Vite il est obligé de se cacher pour se soustraire aux poursuites des « suppôts de la chicane ». Il se réfugie d'abord à Versailles, où l'abbé Bassal, curé de Saint-Louis, lui accorde l'hospitalité. Puis il se cachera à Montmartre où il vivra « heureux », dira-t-il, une quinzaine de jours. Plusieurs fois il sera arrêté, libéré. Dès octobre 1789, il se tient pour un « homme traqué », dont l'obsession est de continuer à faire paraître son journal ; mais en novembre et décembre, il devra souvent en interrompre la publication. En vain il cherche à être reçu par l'Assemblée constituante qui fait éconduire cet agitateur. Bailly, le maire de Paris, fait l'objet d'attaques systématiques de *L'Ami du peuple*, et Marat multiplie ses pamphlets contre Necker, publiant, non sans peine, en janvier 1790, sa *Dénonciation contre Necker* où il accuse le ministre de Louis XVI de provoquer la disette, de vouloir exterminer le peuple parisien par une politique du blé destinée à servir son propre enrichissement, et celui d'amis malhonnêtes. Marat est conscient des risques qu'il prend. « J'en ai trop dit pour pouvoir échapper. » Il est prêt à « devenir la victime expia-toire, le martyr de la cause de la liberté[6] ». Heureuse-ment, il bénéficie maintenant du soutien de Danton qui l'accueille triomphalement le 22 janvier au dis-trict des Cordeliers dont il est président, et qui met à sa disposition un local pour aider à la fabrication du journal[7]. La presse se fait l'écho de cet événe-ment. Voici Marat influent et défendu. Mais il est assigné à comparaître devant le tribunal de police, jugé par défaut, déféré au Châtelet. Les poursuites ne cessent de se multiplier contre lui, et la police le traque. Ses presses sont saisies. Alors, après qu'il eut mené, durant trois semaines, une vie clandestine dans le Marais, puis à Passy, il se déguise et s'enfuit en février 1790 à Londres, où il publiera, en moins de trois mois, l'*Appel à la Nation*, en grande par-tie consacré à la glorification de son rôle, la *Lettre sur l'ordre judiciaire*, la *Seconde Dénonciation* *contre Necker* qui sera suivie d'une *Nouvelle Dénonciation* * [8].

Le 15 mai 1790, il reviendra à Paris, et il assistera bientôt à la chute de Necker. *L'Ami du peuple* reparaît le 18 mai. Ses ennemis sont désormais, selon lui, La Fayette qui a voulu le faire arrêter, Bailly et Mirabeau [9]. Marat ne cessera de les poursuivre de sa haine et de ses dénonciations. Il multiplie tout au long de l'année 1790 ses fameux placards et notamment le 26 juillet, le célèbre « C'en est fait de nous » qui peut être considéré, estime Gérard Walter, comme « le plus important des pamphlets révolutionnaires de Marat [10] ». Il exalte sa popularité de défenseur intraitable des opprimés, il multiplie les accusations de complot, pour affoler les foules, il ne cesse d'appeler au massacre des coupables : « Par une pitié barbare, le peuple s'est mis dans la nécessité de rétablir l'ordre en faisant couler le sang à grands flots. » « Courez, courez, s'il en est encore temps. » « Il y a onze mois cinq à six cents têtes abattues vous auraient assuré repos, liberté et bonheur ; une fausse humanité a retenu vos bras, et suspend vos coups ; elle va coûter la vie à des milliers de vos frères » ! Plus tard, il écrira, dans l'un de ses placards : « Aujourd'hui il faudra cinquante mille têtes,

---

* Necker réfléchira dans son ouvrage *De la Révolution française* (« Dernières réflexions qui me sont personnelles », Section III) sur les raisons qui portèrent l'opinion publique, notamment « l'infâme Marat », à le haïr et le persécuter.

et peut-être en tombera-t-il cent mille avant la fin de l'année [11]. »

Poursuivi de toutes parts, obligé à l'errance, souvent accusé de n'être qu'un malade ou un fou, Marat, dont les forces s'épuisent, envisage, quand vient l'année 1791, de quitter la France où la cause de la liberté paraît définitivement perdue [12], et de retourner en Angleterre pour y mourir en paix. Desmoulins, qui semblait encore son ami, annonça dans son journal la grande nouvelle : « L'intrépide Marat succombe au découragement et demande un passeport pour aller exercer l'apostolat de la liberté chez une nation moins corrompue [13]. » Les ennemis de Marat vont-ils donc triompher ? Alors il décide de rester en France, et de défier tous ceux qui veulent faire couler son sang. De nouveau il sera poursuivi et contraint à l'errance. À la veille des élections législatives – car la Constituante est arrivée au bout de son mandat –, il rêve d'une assemblée nouvelle, débarrassée « des vils courtisans, des prélats scandaleux, des agents ministériels, des satellites, des suppôts et des esclaves royaux, des robins, des académiciens, des juristes, des agioteurs [14] », de tous ceux qui veulent empêcher la Révolution.

Nul ne songe à faire élire Marat à la nouvelle assemblée, l'Assemblée nationale législative, qui devra se réunir le 1er octobre 1791. À nouveau Marat subit une forte crise de désespoir et se propose de renoncer « à la folle entreprise de s'immoler au salut public[15] ». Il veut quitter la France. Il s'arrête à Clermont où, dans une salle d'auberge, il écrit un article. Puis il s'arrête à Breteuil, écrit un nouvel article. Le voici à Amiens « où il croit reconnaître dans la foule venue à la rencontre de la diligence des visages suspects, des espions qui le guettent[16] ». Alors il s'enfuit dans les champs et se met à errer le long des bords de la Somme. Le courage lui revient. Il n'ira pas en Angleterre. Il va rentrer à Paris, et prendre soin de ne se montrer nulle part[17]. Du moins a-t-il trouvé un « havre de paix » chez les sœurs Évrard, Simonne et Catherine. À Simonne Évrard qui se consacrera à lui avec un dévouement sans défaillances, il promettra le mariage, prenant, le 1er janvier 1792, « l'engagement sacré de lui donner ma main ». « Si toute ma tendresse ne lui suffisait pas pour garant de ma fidélité, que l'oubli de cet engagement me couvre d'infamie*. » Simonne Évrard sera pour la postérité Mme Marat, puis la veuve Marat[18].

Dans les premiers mois de l'année 1792, Marat laisse volontiers entendre qu'il veut s'écarter de la vie publique. Parfois il se cache, quand il craint pour sa vie ou pour sa liberté. Il continue d'assumer son journal, mais au prix de difficultés financières qui ne cessent de s'aggraver. Avec Simonne Évrard et sa

---

* L'écrit contenant cet engagement « sacré » sera trouvé chez Marat lorsque les scellés seront apposés sur ses biens, après son assassinat. Alors qu'il était traqué, Marat s'était un temps réfugié rue Saint-Honoré chez les demoiselles Évrard.

sœur, il s'installe, en août 1792, dans un appartement du vieil hôtel de Cahors, au numéro 30 de la rue des Cordeliers. L'appartement est loué au nom de Simonne Évrard qui l'aide à vivre, à se cacher quand la police le recherche, et qui l'entoure de sa vigilante affection.

Marat a-t-il contribué à la fameuse journée du 10 août ? Après l'insurrection et les massacres de la nuit, la prise des Tuileries par les insurgés, le refuge de la famille royale à l'Assemblée, celle-ci décida, sous la pression du peuple, de suspendre le Roi, de l'emprisonner au Temple, de le remplacer par un Conseil exécutif, en attendant qu'une Convention élue au suffrage universel fixe et donne à la France une nouvelle Constitution. Sans doute Marat n'a-t-il joué aucun rôle dans les événements, mais ses idées y sont présentes. On sait qu'il considérait l'insurrection populaire comme le seul chemin de la Révolution. « Ces hommes qui nous oppriment et nous pillent depuis des siècles ne se résoudront jamais de bonne grâce à n'être que nos égaux [...]. Pour ne pas être massacrés par eux, il faut les exterminer tous, du premier au dernier[19]. » La guerre civile doit éclater, et il faut qu'elle éclate « le plus tôt possible ». L'Assemblée peut avoir proclamé la patrie en danger, la guerre avoir été déclarée « au roi de Bohême et de Hongrie », on peut chanter sans cesse *La Marseillaise*, tout n'est fait en réalité que pour détruire le peuple français. « Fasse le Ciel que nos généraux livrent nos barrières à l'ennemi en conduisant leurs troupes à la boucherie, que les soldats découvrent à temps la trahison et qu'ils noient enfin tous leurs chefs dans leur sang. » Si même Marat fut absent de cette terrible journée du 10 août, son discours révolutionnaire, symbolisé par l'appel au sang versé, paraît de mieux en mieux entendu.

Fut-il responsable des atroces massacres de septembre où « les vainqueurs du 10 août, constate François Furet[20], boutiquiers, artisans, gardes nationaux, fédérés, furent entraînés par la hantise de la trahison » ? L'idée de liquider les traîtres était une vieille rengaine de Marat, mais la foule n'avait besoin d'aucun leader visible pour organiser cette tuerie en forme de parodie de justice. On sait que, le 2 septembre, et encore le 3 et le 4 septembre, la foule en furie tua plus de mille trois cents prisonniers, détenus de droit commun, prêtres réfractaires, suspects, gardes du roi, hommes et femmes, et même des enfants ! Dans les rues encombrées de cadavres, le sang coulait partout[21]. Marat sera accusé d'avoir participé à une « réunion secrète » au cours de laquelle aurait été arrêté le plan des massacres, et d'avoir proposé des mesures d'une cruauté particulière, notamment la mise à mort des prêtres plutôt que leur « exportation ». Il sera ensuite accusé d'avoir participé à un « comité de surveillance » chargé d'organiser les tueries, et parfois même d'avoir présidé ce comité où auraient siégé Danton, Robespierre, Collot d'Herbois, Pétion, Billaud-Varenne, Fréron et quelques autres[22]. Mais ces accusations semblent légères. Se produisit, explique Édouard Herriot[23], « un de ces phénomènes de folie collective dont l'histoire des grandes guerres abonde ». Sans doute l'influence de Marat, dans cette page effrayante de l'histoire, ne peut être négligée, si même certains, pour se décharger, rejetteront sur lui toutes les responsabilités. Dès le dimanche 19 août – treize jours avant les massacres – *L'Ami du peuple* écrivait :

« Quel est le devoir du peuple ? Il n'a que deux partis à prendre. Le premier est de presser le jugement des traîtres détenus à l'Abbaye, d'envelopper les tribunaux criminels et l'Assemblée et, si les traîtres sont blanchis, de les massacrer sans balancer avec le nouveau tribunal et les scélérats faiseurs du perfide décret. Le dernier parti, qui est le plus sûr et le plus sage, est de se porter en armes à l'Abbaye, d'en arracher les traîtres, particulièrement les officiers suisses et leurs complices, et de les passer au fil de l'épée. Quelle folie de vouloir faire leur procès ! Il est tout fait ; vous les avez pris les armes à la main contre la patrie ; vous avez massacré les soldats ; pourquoi épargneriez-vous leurs officiers, incomparablement plus coupables[24] ? »

Marat publiera, dans le *Journal de la République française* du 23 janvier 1793, sous le titre « Supplice du tyran », un texte, justifiant la mise à mort de Louis XVI, qui évoquera les massacres de septembre : « Quant au massacre des 2 et 3 septembre, c'est une atrocité de vouloir les faire passer pour une opération de brigands [...]. C'est une insurrection générale, provoquée par l'indignation de voir les tribunaux protéger les traîtres à la nation et la crainte de voir les scélérats détenus dans les cachots relâchés au moment où les armées ennemies approcheraient de nos murs. »

C'est précisément ce 2 septembre 1792 que Marat est entré comme administrateur adjoint au Comité de surveillance de la Commune, appelé à participer aux décisions ; le jour même il a pris part à la séance du Comité, mais il ne paraît pas que la décision des massacres y fut prise. En revanche, estime Gérard Walter[25], la circulaire du 3 septembre, qui invitait tous les départements à procéder à des exécutions analogues, « est incontestablement son œuvre » :

« La Commune de Paris se hâte d'informer ses frères de tous les départements qu'une partie des conspirateurs féroces détenus dans ses prisons a été mise à mort par le peuple, actes de justice qui lui ont paru indispensables pour retenir par la terreur les milliers de traîtres cachés dans ses murs, au moment où il allait marcher à l'ennemi. *Et, sans doute, la Nation entière, après une longue suite de trahisons qui l'ont conduite sur les bords de l'abîme, s'empressera d'adopter ce moyen si nécessaire de salut public,* et tous les Français s'écrieront comme les Parisiens : "Nous marchons à l'ennemi, mais nous ne laisserons pas derrière nous les brigands pour égorger nos enfants et nos femmes." Frères et amis, nous nous attendons qu'une partie d'entre vous va voler à notre secours et nous aider à repousser les légions innombrables des satellites des despotes conjurés à la perte des Français. Nous allons ensemble sauver la patrie, et nous nous devrons la gloire de l'avoir retirée de l'abîme.

N.B. Nos frères sont invités à remettre cette lettre sous presse et à la faire passer à toutes les municipalités de leur arrondissement[26]. »

C'est son style, son langage, constate Gérard Walter, « on croit entendre sa voix ». Cette circulaire, l'a-t-il lui-même rédigée et imprimée, mettant le Comité devant le fait accompli, ou n'avait-il fait qu'exécuter une mission ? Brissot accusera Marat d'avoir été le seul véritable instigateur et l'organisateur des massacres. Le Girondin Buzot, qui, dans ses *Mémoires*, décrira Marat comme « une bête féroce, poltronne et sanguinaire qui ne prêchait que l'effusion de sang, ne se délectait que dans le sang[27] », accusera cependant Danton et Robespierre d'avoir été les vrais organisateurs des massacres, les « conducteurs et les chefs de l'entreprise ». D'autres dénonceront Camille Desmoulins et Chabot. Chabot accusera Manuel et Pétion. Les historiens ne cesseront de se partager, tant le poids sinistre des massacres de septembre a pesé sur la mémoire des grands acteurs de la Révolution[*28]. Marat, lui, semble avoir retrouvé ses forces.

---

* Édouard Herriot condamnera Marat sans hésitation. « Rien n'excuse de semblables horreurs [...]. Marat ne fit appel qu'aux instincts les plus immondes, et précisément parce que nous l'avons défendu contre des calomnies injustes, nous

L'audience et l'influence de *L'Ami du peuple* ne cessent de croître. Dès les derniers jours du mois d'août, le bruit s'est répandu à Paris qu'il ne suffisait plus à Marat d'être le plus courageux des journalistes, le seul ami de la vérité : il devrait être, aussi, le meilleur des représentants du peuple à la nouvelle Assemblée.

_____

l'abandonnons volontiers à la réprobation que lui mérite son attitude [...], à partir de ce jour il pue le sang. » La vérité et la justice, il ne les attend plus que du sang versé.

CHAPITRE VII

« Voulez-vous m'égorger ? Égorgez-moi ! »

Dès la fin du mois d'août, Marat avait commencé sa campagne électorale, s'indignant des listes de candidats « possibles » que répandaient ses adversaires, sur lesquelles son nom ne figurait jamais. Il proposait à son tour une « liste des hommes qui ont le mieux mérité de la patrie », où figuraient, dans une première catégorie, celle des « vrais apôtres de la liberté », Robespierre, Danton, Chabot, qui se dépensera beaucoup en faveur de sa candidature, et son ami Fréron et Billaud-Varenne. Dans une deuxième catégorie, moins vantée, il avait placé les « vrais défenseurs de la liberté », puis dans une troisième, les « excellents patriotes » dont Desmoulins et Tallien[1]. Le duc d'Orléans accepta, semble-t-il, d'avancer à Marat l'argent dont il avait besoin[2] : il venait de poser sa candidature à la Convention, et il devait accumuler les précautions.

Mais il fallait que la candidature de l'Ami du peuple fût soutenue aux Jacobins pour que lui fussent assurées des chances de succès. Le 7 septembre, Chabot monta à la tribune et soutint ardemment cette étrange candidature, répliquant à tous ceux qui redoutaient ou détestaient Marat. Après plusieurs débats où intervint Robespierre qui réussit à recommander cette candidature sans jamais prononcer le nom de Marat, celui-ci fut, le 9 septembre, élu député de Paris par 420 voix sur 758 votants. Le parti des Girondins – « ces mous, dira Marat, dont le seul projet était leur carrière » – avait la prépondérance dans la nouvelle Assemblée. Il voulut marquer aussitôt sa puissance révolutionnaire. Le premier acte de la Convention fut donc d'abolir la royauté, ce qui fut fait, dans un apparent enthousiasme, le 21 septembre. Le lendemain, la Convention décidait que tous les actes publiés seraient, à partir de ce jour, datés de « l'an Un de la République française ». Pour marquer sa satisfaction et sa victoire, Marat changea aussitôt le titre de *L'Ami du peuple*, qui devint le *Journal de la République française par Marat, l'ami du peuple, député à la Convention nationale*.* » Le numéro 1 paraîtra le 25 septembre.

Vient la fameuse journée du 25 septembre. Marat, le vrai représentant du peuple, se rend à l'Assemblée comme il est toujours : sale, débraillé, les pieds sans bas dans ses vieilles bottes ou ses sabots, la culotte de peau toujours graisseuse, le bonnet rouge sur les cheveux crépus. Que son aspect soit provoquant l'indiffère, et même

---

* À partir du numéro 144, le titre du journal deviendra *Le Publiciste de la République française.*

lui fait plaisir. La « Gironde » qui paraît dominer la Convention, estime qu'il faut très vite se débarrasser de cet agitateur. Elle a choisi ce jour – celui de la troisième séance – pour tenter de déshonorer Marat, et de l'écarter de l'Assemblée en le plaçant sous un décret d'accusation. Le principal grief lancé contre lui était qu'il aspirait à la dictature – ce que prouvaient notamment ses nombreux placards – et qu'il voulait remplacer la Convention par un triumvirat de dictateurs dotés de tous les pouvoirs, composé de lui-même, de Danton, et de Robespierre. Danton prend la parole, et prudemment se désolidarise de Marat. Robespierre vient ensuite et prononce un long discours mettant en valeur ses propres mérites, écartant tout soupçon. Vient le tour de Marat. À la tribune il tient tête à une majorité qui lui est irréductiblement hostile. On le bouscule. On le menace. On entend des cris : « À la guillotine [3] ! » Le débat se prolongera durant plusieurs séances, et Marat ne cessera de se défendre, de se défendre en accusant. Il s'en prendra à Roland qu'il accusera d'avoir organisé un complot contre lui, à Barbaroux qui a été son ami et qui maintenant le trahit. « Vous parlez d'une faction, oui, il en existe une : elle n'est que contre moi [4]. » « Je demande du silence, car on ne peut pas tenir un accusé sous le couteau comme vous faites. » « Voulez-vous m'égorger ? Égorgez-moi [5] ! »

La vie de Marat ne cesse de devenir plus insupportable. Souvent, quand il sort de chez lui, rue des Cordeliers, il est menacé, insulté. Il a peur, et il vient de moins en moins à la Convention où l'on ne cesse de réclamer son exclusion ou son arrestation. Louvet et Pétion adjurent leurs collègues de se débarrasser de ce monstrueux personnage. Un Girondin demande qu'il soit déclaré fou, et enfermé à Charenton. La Montagne ne le soutient guère, attendant que la tempête s'éloigne. Marat, lui, ne cesse d'accuser, de se défendre : les Girondins sont tous des traîtres et des lâches. Et s'ils veulent, pour se débarrasser de lui, un décret d'accusation, Marat se dit prêt à le voter. Ainsi seront-ils allés au bout de leur ignominie !

Mais, en novembre et décembre, l'Assemblée semble se désintéresser de Marat. Les victoires des armées françaises l'occupent et la réjouissent : en octobre les Prussiens ont évacué Longwy, l'armée française a occupé Francfort et Mayence. Après la victoire de Jemmapes, les Autrichiens ont évacué la Belgique où a pénétré l'armée du général Dumouriez. En novembre, la Convention vote la réunion de la Savoie à la France. Surtout vient en décembre le procès de Louis Capet. Marat prend, à plusieurs reprises, la parole, et c'est sur la proposition de l'Ami du peuple que la Convention décide, le 6 décembre, que tous les scrutins auront lieu par appel nominal et à voix haute. Condamné à mort les 17 et 18 janvier 1793, Louis Capet est guillotiné le 21 janvier.

La veille, le député Le Peletier de Saint-Fargeau, qui avait voté la mort, était assassiné. L'après-midi du 21 janvier, Robespierre fait à la Convention l'éloge de Le Peletier, devenu « un martyr de la

Révolution » : et Robespierre impute l'assassinat à Roland, ministre de l'Intérieur, qui donne sa démission le lendemain, aussitôt remplacé par Garat. Mais la Convention ne cesse d'être agitée par les victoires et aussi les défaites de la Révolution. Le 1er février, elle déclare la guerre au Roi d'Angleterre, le 7 mars la guerre au Roi d'Espagne. « Un ennemi de plus pour la France, s'écriera Barère, n'est qu'un triomphe de plus pour la Liberté ». Viendront, après ses victoires, la défaite du général Dumouriez battu à Neerwinden en mars 1793. Relevé de son commandement, Dumouriez décidera de traiter avec l'ennemi puis de rejoindre les Autrichiens. Le 3 avril, la Convention, après qu'elle l'eut en vain convoqué, le déclarera « hors la loi » et fera arrêter Philippe Égalité – le duc d'Orléans – tenu pour son complice. Ces événements, ces drames, ne cesseront d'aggraver le conflit qui opposait les Girondins et les Montagnards. Les Girondins n'ont-ils pas soutenu leur ami, le traître Dumouriez ? Les Montagnards ne croient-ils pas, comme ne cesse de le répéter Marat, qu'il faut terroriser les ennemis de la France, et si l'on peut, les mettre à mort ? Entre Girondins et Montagnards, la guerre semble maintenant implacable.

Le 5 avril Marat est élu, sans avoir rien demandé, président de la Société des Jacobins. Il réclame la destitution de tous les Girondins qui occupent des fonctions. Les Girondins décident de s'en débarrasser aussitôt : ils n'ont que trop attendu. Le 12 avril, après un long réquisitoire de Pétion, un décret « provisoire » d'arrestation est voté par la Convention. Marat passe dans la clandestinité. Le 13 au soir, après une intervention véhémente de Buzot, après que Robespierre eut admis que le député Marat, ce bon citoyen, avait commis « des erreurs, des fautes de style », le décret d'accusation – qui visait plusieurs extraits du journal de Marat présentant un tableau terrifiant de la Convention nationale – fut soumis à l'appel nominal. Seul Louis XVI, observera Marat, avait obtenu, grâce à lui, un pareil honneur. Le décret fut adopté par 226 voix contre 92, et 46 abstentions. Marat avait fait savoir qu'il se constituerait prisonnier, pour comparaître devant le Tribunal criminel* quand il serait convoqué. Ce qu'il fit. C'est le 24 avril 1793 qu'il fut jugé. Son journal l'apprit à tous dès le 23 avril : « Peuple, c'est demain que ton incorruptible défenseur se présente au Tribunal. Son innocence brillera ; tes ennemis seront confondus, il sortira de cette lutte plus digne de toi. » Le président Montané ne pouvait admettre que l'Ami du peuple passât même une nuit parmi les détenus de la Conciergerie ; on lui avait donc réservé une chambre dans les locaux du Tribunal[6].

Dès neuf heures du matin, les juges sont prêts, Fouquier-Tinville, l'accusateur public, et les jurés sont

* La Convention avait créé, le 10 mars 1793, le Tribunal criminel extraordinaire qui devait juger, sans appel, les auteurs de toute entreprise contre-révolutionnaire. Ce Tribu-

à leur poste[7]. Marat comparaît à dix heures et prend aussitôt la parole : « Citoyens, ce n'est pas un coupable qui paraît devant vous ; c'est l'ami du peuple, l'apôtre et le martyr de la liberté, depuis si longtemps persécuté par les implacables ennemis de la patrie et poursuivi aujourd'hui par l'infâme action des hommes d'État. » Les applaudissements éclatent. Marat va diriger les débats devant un accusateur fort attentif, qui manifeste aussitôt sa modération, et un président visiblement soucieux de ne jamais interrompre l'accusé. La défense de Marat est un résumé de sa vie :

> « Pendant trois années consécutives, je fis la triste expérience combien il est dangereux de vouloir sauver le peuple contre ses oppresseurs et combien c'est un cruel métier d'avoir raison dix-huit mois à l'avance. Jamais homme au monde n'essuya une persécution plus atroce : en butte aux traits empoisonnés de la calomnie, je l'étais encore à tous les attentats, livré à des travaux excessifs, aux veilles, aux privations, aux chagrins, aux souffrances, exposé à des périls de toutes espèces, aux poignards des assassins et au supplice le plus affreux si je tombais entre les mains du tyran[8]. »

Quatre témoins avaient été cités : le rédacteur en chef du *Patriote français*, Girey-Dupré, et trois

----

nal criminel prendra le nom de Tribunal révolutionnaire le 29 octobre 1793.

Anglais dont le Conventionnel Thomas Payne *. Thomas Payne devait mettre en cause Brissot, ce qu'il fit.
Fouquier-Tinville demanda alors l'audition de Brissot
par le Tribunal, car c'étaient, soutenait-il, Brissot et
ses acolytes qui avaient formé contre Marat cet
odieux complot. En vain on attendit Brissot qui ne
vint pas. Fouquier-Tinville résuma les chefs d'accusation et présenta Marat comme la victime d'une
affreuse machination. Marat dit encore quelques
mots : il n'aurait été toute sa vie que l'innocente victime des traîtres et des lâches. Les jurés délibérèrent
trois quarts d'heure. Tous convaincus de la parfaite
innocence de Marat, ils souhaitaient chacun « moti-
ver » leur verdict, afin d'exprimer leurs sentiments
civiques. Marat fut acquitté à l'unanimité, et aussitôt
rendu à la liberté. Il voulut féliciter le jury et l'encourager : « Citoyens, protégez les innocents, poursuivez
les coupables et sauvez la République [9]. »

Commence l'apothéose. Une foule immense se rue
vers lui, escaladant les barrières. Une femme pose
sur sa tête une couronne de roses ornée de rubans.
Porté sur une chaise, Marat se fait conduire, par les
patriotes, du palais de justice à la Convention. « Les
rues et les ponts, écrira-t-il, étaient couverts d'une

---

* Accusé de haute trahison en Angleterre, pour avoir osé
réfuter, en 1791, dans son écrit *Les Droits de l'Homme*, les
réflexions sur la Révolution de Burke, il était devenu citoyen
français et était entré à la Convention parmi les Girondins.
Robespierre le fera mettre en prison en 1794.

foule innombrable qui hurlait à l'envi et sans relâche :
"Vive la République, la Liberté, et Marat !" » Aux
fenêtres, des spectateurs sans nombre ne cessent de
crier leur enthousiasme. Le voici qui entre à l'Assemblée. La foule le suit. « Vive la République ! », « Vive
l'Ami du peuple ! » Il se fraie un passage vers les
bancs de la Montagne où ses amis l'attendent,
debout, les bras tendus. Sous les applaudissements,
il prend la parole :

> « Je vous présente, dans ce moment-ci, un citoyen
> qui avait été inculpé, et qui vient d'être complètement
> justifié. Il vous offre un cœur pur. »

Il descend de la tribune, mais la foule ne le lâche
pas. Le président de l'Assemblée, Lasource – Girondin qui a tant souhaité la perte de Marat –, se tait
obstinément. Aucun des Conventionnels ne semble
vouloir parler. « Marat, vous avez la parole », lui
répète le président, pour ne pas avoir à parler. « Je
n'ai plus rien à dire », réplique Marat. Mais voici que
Danton ose prendre la parole :

> « La Convention a décrété que les citoyens défilent
> [...]. Nous avons vu leur satisfaction, nous avons par-
> tagé leurs sentiments. Maintenant il faut que les
> citoyens évacuent le lieu de nos délibérations, et que
> nous reprenions nos travaux[10]. »

Il est écouté, applaudi. La foule quitte peu à peu la Convention. Beaucoup se dirigent chez les Jacobins pour y attendre l'Ami du peuple.

Ainsi Marat a-t-il triomphé, et grâce à lui les Jacobins sont, dans le moment, les vainqueurs. Mais plusieurs d'entre eux s'inquiètent de cette étrange victoire. « Il est fou, avouera Danton dans les jours qui suivront, mais il peut nous rendre de grands services. » « Il n'ira pas loin », prophétisera Robespierre. Le lendemain, Marat se rendra à nouveau chez les Jacobins et sera triomphalement accueilli. Il semble à l'apogée de sa puissance et de sa renommée. Est-il excédé par cet enthousiasme délirant ? « Laissons tous ces enfantillages, s'écrie-t-il, et ne pensons qu'à écraser nos ennemis. » Il présentera aux Jacobins une motion qui sera adoptée le 25 avril, après que Robespierre y eut ajouté un habile amendement[11]. Il faut épurer le gouvernement, car il est rempli d'incapables et de traîtres. Il faut multiplier les mesures sociales et notamment « réduire les riches à la classe des sans-culottes ». Il faut envoyer à l'échafaud tous ceux qui soutiennent le « fédéralisme » dans les départements et qui ne veulent que trahir leur patrie, la mettre au service des étrangers.

Quel fut le rôle de Marat dans le grand mouvement qui devait aboutir un mois plus tard à décréter les Girondins d'accusation ? Nombreux sont les historiens qui l'accusent d'avoir été l'animateur des événements[*][12]. D'autres au contraire l'en défendent.

---

* La tradition semble avoir été inaugurée par Michelet.

Étudiant son emploi du temps dans les journées décisives qui précédèrent le 2 juin, Gérard Walter estime qu'il ne fut, jour après jour, qu'un observateur attentif, mais qu'il ne joua pas, à la Convention, un rôle déterminant.

C'est sur la proposition du Girondin Barère, qui dénonça quelques scélérats soudoyés par la Commune de Paris, que fut désignée, le 18 mai, par l'Assemblée, une « commission des Douze », évidemment tous Girondins, chargée d'examiner les actes de la Commune de Paris et de rechercher les complots tramés contre la liberté et l'ordre public. Ce fut sans doute une grande maladresse. Le 25 mai, Marat montait à la tribune, niant l'existence d'un complot « chimérique » et demandant la suppression de la commission des Douze et la libération de ceux qu'elle avait déjà fait incarcérer ; mais il ne semble pas que son intervention ait eu un rôle essentiel*[13]. Il n'intervint guère les jours suivants. La commission des Douze avait pris la malheureuse initiative de faire arrêter Hébert, substitut du procureur de la Commune de Paris et éditeur du journal *Le Père Duchesne*, très aimé des Montagnards, ce qui avait provoqué, à la Convention, de violents incidents. Le 27 mai les Montagnards, profitant de l'absence de

---

* Marat réussit quand même à avoir, dans un vestibule, un incident avec des soldats et à sortir de sa ceinture son « inséparable pistolet », menaçant de brûler la cervelle à qui ferait un mouvement pour l'empêcher d'aller et venir.

nombreux Girondins, réussirent à faire supprimer la commission des Douze et libérer Hébert. Mais, dès le lendemain, Guadet faisait, grâce à l'appel nominal, rétablir la commission.

Le 31 mai, trente mille hommes des sections les plus populaires se réunissent aux Tuileries et cernent la Convention pour exiger d'elle la suppression de la commission des Douze. Le désordre s'intensifie dans la rue et à l'Assemblée où s'agite une foule de plus en plus nombreuse. Les Girondins protestent : on ne saurait délibérer dans une telle confusion[14]. Les Montagnards répondent par leurs rires et leurs insultes. Robespierre monte à la tribune et déclame longuement. « Concluez donc ! » s'écrie Vergniaud. « Oui, je vais conclure, et contre vous », lui répond Robespierre, et il conclut par une motion tendant à faire décréter la suppression de la commission des Douze et la mise en accusation de vingt-deux Girondins. Dans la nuit, la Convention vote la suppression de la commission des Douze. Elle ne va pas au-delà. « C'était déjà un coup terrible porté à la Gironde[15]. »

La matinée du 1er juin, Marat la passe à la Convention. Dès qu'il est dans la rue, la foule le supplie. Elle attend tout de lui. Mais il demande qu'on ne le suive pas. Peut-être souhaite-t-il éviter qu'on le considère comme le maître, ou le responsable de ces événements[16]. Le 2 juin, la Garde nationale et les sans-culottes cernent la Convention et réclament l'arrestation des principaux Girondins. Les propositions se multiplient à l'Assemblée, toutes sans succès.

Autour de l'Assemblée, les sections en armes occupent les issues. Le désordre est tel que Danton demande à la Convention de prouver qu'elle est libre. « Des esclaves ne peuvent faire des lois. » L'Assemblée se lève, sort de la salle, mais se promène dans les cours et les jardins des Tuileries sans trouver aucune issue. Est-ce Marat, comme on l'a dit parfois, qui, resté dans la salle avec quelques Montagnards, somma les mandataires du peuple de retourner à leur poste qu'ils avaient « lâchement abandonné » ? Alors le paralytique Couthon, porté à la tribune, prend la parole. Il demande l'arrestation et la mise en accusation des principaux Girondins, des membres de la commission des Douze, et des anciens ministres Clavière et Lebrun. Marat obtient sans difficulté que soient exclus de la liste des proscrits Ducos, son jeune ami qu'il protège, Dusaulx et Lanthenas, qui ne méritent pas, estime-t-il, un tel sort. La Montagne vote à l'unanimité, la Plaine s'abstient, et les propositions de Couthon sont votées. Chacun se retire. C'en est fini de la Gironde.

Marat ne se fait pas d'illusions. La plupart des mesures prises par les Assemblées qui se sont succédé ont été irréfléchies. Il critiquera de plus en plus sévèrement la représentation nationale. Il ne va plus à la Convention dans les jours qui suivent. Il a adressé à celle-ci une lettre par laquelle il se suspendait volontairement, adjurant ses « chers collègues de la Montagne » de « prendre enfin de grandes mesures » et de « faire cesser les malheurs qui désolent la patrie [17] ».

Marat est malade, sans doute de plus en plus malade. Cela peut expliquer son relatif silence dans ces jours qui décidèrent du cours de la Révolution. « La journée du 2 juin, qui vit la chute de la Gironde, écrit Georges Juskiewenski, marque pour lui, en même temps que l'apogée de sa popularité, celle de sa puissance de résistance physique [18]. » La Convention ne le verra presque plus ; il y reviendra le 17 juin, profitant d'une légère amélioration de son état, mais il ne sera présent que deux jours. Il prendra la parole, continuant de dénoncer les traîtres, intervenant sur le projet de Constitution. Mais il est épuisé [19]. Le numéro 227 du *Publiciste de la République française*, paru sous la date du 27 juin 1793, contient une lettre d'un citoyen qu'étonne l'inaction de Marat : « Dors-tu Marat ? Ou ta surveillance est-elle seulement en défaut [20] ? – Je ne dors pas mon concitoyen, répond Marat, mais je suis dans mon lit en proie à une cruelle maladie, dans l'impuissance de me rendre à ma porte. » Cela n'empêche pas Marat de poursuivre sa campagne de dénonciations et de menaces contre tous ceux qui veulent assassiner la patrie. Il pense à tous les bons citoyens que trompent les odieux ennemis du peuple :

« Peut-être viendront-ils voir le dictateur Marat et ils trouveront dans son lit un pauvre diable qui donnerait toute la dignité de la terre pour quelques jours de santé, mais toujours cent fois plus occupé des malheurs du peuple que de sa maladie. »

Marat est dévoré par cet eczéma généralisé[*] que décrira le docteur Cabanès[21], par d'incessantes démangeaisons, par tous les troubles physiques dont il est la victime, et aussi par sa soif insatiable de travail, son inquiétude permanente, son agitation, à certains moments sa neurasthénie[22]. En outre, l'absence de toute hygiène, l'absence de sommeil, aggravaient son déplorable état. À partir de 1789, il a dû, on le sait, très souvent se cacher, et vivre traqué, parfois rongé par la misère, l'angoisse et la maladie. Après la fameuse journée du 2 juin, observera le docteur Cabanès[23], « la rédaction de son journal semble son véritable bulletin de santé ». Les articles sont-ils plus étendus ? C'est que le malade va mieux. N'y lit-on que quelques lignes ? La prostration est totale. Ils disent au jour le jour la vigueur intellectuelle, ou au contraire l'épuisement et le désespoir[**][24]. Il semble qu'à partir du 20 juin Marat soit demeuré, à peu près tout le temps, dans son lit ou dans sa baignoire. Il boit de plus en plus de café, ce

---

[*] Cf. *supra*, p. 44.

[**] « Sa maladie n'est pas seulement, écrit Olivier Coquard, l'invention d'un hypocondriaque invétéré. Elle masque, comme souvent chez lui, une période "creuse" de sa vie. En même temps son état de santé devient sous sa plume celui de toute la Révolution [...]. Marat fait de son propre corps le reflet de celui de la patrie en danger. »

qui semble lui rendre quelque force, il travaille plongé dans son bain, le corps recouvert d'un drap. Seuls ses bras et sa tête sont libres, une planche placée sur la baignoire lui sert d'appuie-main et de table, car il n'est pas question qu'il cesse de travailler. Cette vie de souffrance peut-elle durer ?

CHAPITRE VIII

La France n'est pas dans Paris...

Dans ces années tumultueuses, la ville de Caen peut constater son étonnante complexité. Proche de Paris – et nombreux sont ceux qui vont et viennent de Caen à Paris –, elle vit les événements parisiens. Mais elle est aussi le chemin vers l'ouest, vers la Bretagne, vers la Vendée, vers le sud-ouest et le sud. Elle est sans cesse partagée entre ses traditions et ses humeurs. L'effervescence vient vite et retombe de même. La violence monte brusquement dans une cité où le calme est ordinaire, et elle s'en va comme elle était venue.

Le 20 avril 1792, la France révolutionnaire a déclaré la guerre à l'Autriche. La Gironde va désormais traquer toutes les formes de trahison, ce dont, a dit notamment Brissot, la France aurait grand besoin. Or que font les aristocrates sinon comploter avec l'ennemi ? Les émigrés seront donc condamnés et leurs biens confisqués : tel sera le destin des deux frères de Charlotte Corday*, de plusieurs de ses oncles, et de nombreux amis de sa famille[1]. Quant aux nobles, aux prêtres restés en France, ils sont vite devenus suspects, « on les dénonce, on les traque, on les moleste ». M. d'Armont en avait fait l'expérience, en mai 1792, alors qu'il était revenu au Mesnil-Imbert[2]. Il s'était pris de querelle avec un maréchal-ferrant, le sieur Bellaunay, qui venait tirer des lapins sur les terres de M. de Corday jusque devant sa porte. Bien que prêchant l'égalité, M. d'Armont était « fort jaloux de son droit de propriété ». Surgit un incident très violent. M. de Corday a-t-il sorti son sabre ? Le maréchal-ferrant lui arrache le fourreau et lève son bâton, terminé par une petite massue, sur le gentilhomme qui, pour se protéger, lui porte un coup de sabre, le blessant légèrement. Quelques instants plus tard, le maréchal-ferrant, « saoul comme un gueux », dira M. de Corday, reviendra, un fusil à la main, menaçant de tuer son ennemi. M. de Corday s'enfuira, déposera plainte**[3]. Mais il ne se croit plus en sûreté sur ses terres. Il se réfugiera donc

---

* Jacques-François-Alexis est passé en Espagne à la fin de l'année 1791, Charles-Jacques-François est parti pour le Brabant en février 1792. *Infra,* Annexe I, 1.

** Le 18 mai 1792, l'affaire sera portée devant le juge de paix de Notre-Dame-de-Fresnay. La loi punit de mort l'attaque « à dessein de tuer », observera le juge de paix, « mais il faut peser les circonstances ». Bellaunay, qui deviendra la « terreur » du Mesnil-Imbert, sera écroué en 1805 et condamné, en 1807, à deux ans de prison, pour plusieurs vols.

à Caen, à l'hôtel de La Coupe d'Or, où il restera jusqu'en janvier 1793. Puis il ira vivre à Argentan, rue du Bègle*[4].

À Caen, les massacres d'août et de septembre n'avaient pas été sans effet ; ils avaient donné l'exemple. Georges Bayeux, procureur général-syndic du département – qui a été un temps secrétaire de Necker –, avait été emprisonné, accusé de correspondances avec les émigrés. Mme Bayeux, qui devait bientôt être mère, était partie le 5 septembre pour Paris afin de solliciter sa libération, et elle était revenue rassurée. On lui avait dit que son mari serait libéré dès le 6 septembre. Mais les armées ennemies avançaient en France, Marat multipliait ses appels au meurtre, et sans doute les massacres de septembre excitaient-ils l'appétit de sang[5]. Quand Bayeux sortit de prison, une foule hurlante l'attendait. Il serra son fils âgé de dix ans dans ses bras, mais on le lui arracha. Georges Bayeux fut massacré à coups de sabre, en présence de la Garde nationale « consternée[6] ». Sa tête coupée fut promenée en triomphe. Peut-être Charlotte Corday la vit-elle passer, par la fenêtre de la rue Saint-Jean. Bougon-Longrais remplacera, le

---

* On peut voir, dans les documents inédits assemblés par Charles Vatel sur la maison de la rue du Bègle (ou rue du Beigle) à Argentan, deux plans et deux gravures éclairant les lieux où vécut M. d'Armont (*op. cit.,* p. 20 et s.). Celui-ci savait, quand il s'installa à Argentan, que la ville était composée de « partisans de l'ordre » et qu'elle semblait tranquille.

20 septembre, Georges Bayeux dans ses fonctions de procureur général-syndic.

La « guillotine », cette nouvelle machine qui devait remplacer les anciens supplices, avait été livrée à Caen, et beaucoup souhaitaient la voir très vite fonctionner. Au faubourg de Vauxcelles, un ivrogne avait été tué par un voisin qui l'injuriait, et la foule exigea que le coupable et sa femme fussent aussitôt guillotinés, ce qui fut fait. Le spectacle plut aux uns, épouvanta les autres[7]. Plusieurs détenus furent sortis de prison par la foule afin qu'elle pût assister à cette nouvelle forme de mise à mort.

Les émeutes se multiplièrent à Caen dans les jours de septembre qui précédèrent les élections à la Convention. La grande majorité des électeurs s'abstint de voter. Parmi les treize élus du Calvados se trouvèrent neuf Girondins – dont l'évêque Fauchet et Doulcet de Pontécoulant –, et quatre représentants du Marais. Pas un seul Montagnard ne fut élu. Sans doute Charlotte Corday détestait-elle l'abbé Fauchet, mais Doulcet de Pontécoulant lui était fort sympathique*. Après que la nouvelle Assemblée eut proclamé la république, qu'elle eut voté la mort du roi – et Vergniaud l'oracle des Girondins, président de

---

* Député girondin, parfois tenu pour proche des Montagnards, il votera, lors du procès de Louis XVI, en faveur... du bannissement. Charlotte Corday le désignera comme conseil quand elle comparaîtra devant le Tribunal criminel. *Infra*, p. 193.

l'Assemblée, la vota le premier, donnant l'exemple à ses amis –, après que Louis XVI eut été guillotiné, Charlotte Corday écrira, le 28 janvier, à son amie Rose Faugeron du Fayot, une lettre qui dit son horreur et son indignation :

« Vous savez l'affreuse nouvelle, ma bonne Rose, votre cœur comme mon cœur a tressailli d'indignation : voilà donc notre pauvre France livrée aux misérables qui nous ont déjà fait tant de mal. Dieu sait où cela s'arrêtera. Moi qui connés vos bons sentiments, je puis vous en dire ce que je pense.

Je frémis d'horreur et d'indignation. Tout ce qu'on peut rêver d'affreux se trouve dans l'avenir que nous prépare de tels événements. Il est bien manifeste que rien de plus malheureux ne pouvait nous arrivé. J'en suys presque réduite à envier le sort de ceux de nos parents qui ont quitté le sol de la patrie, tant je désespère pour nous de voir revenir cette tranquillité que j'avés espérée il n'y a pas encor lontemp. Tous ces hommes qui devaient nous donné la liberté l'ont assassinée ; ce ne sont que des bourreaux. Pleurons sur le sort de nôtre pauvre France.

Je vous says bien malheureuse et je ne voudrés pas faire couler encor vos larmes par le réçit de nos douleurs. Tous mes amis sont persécutés ; ma tante est l'objet de toute sorte de tracasseries depuis qu'on a sçu qu'elle avait donné asile à Delphin quand il a passé en Angleterre. J'en fairés autant que lui si je le pouvés, mais Dieu nous retient icy pour d'autres destinées.

Le capitaine * a passé par icy en retournant d'Evreux, C'est un homme aimable et qui vous est fort attaché ; je l'estime beaucoup pour l'affection qu'il vous porte. Je ne says où il est à présent. Si vous le revoyés bientôt, rappelés lui qu'il m'a promis une lettre de recommandation de M. de Veygoux votre parent, en faveur de mon frère. Je voudrés quelque jour lui revaloir ce bon office. Nous sommes icys en proye aux brigans, nous en voyons de toutes les couleurs ; ils ne laissent personne tranquille, ça en serait à prendre cette république en horreur si on ne savait que « les forfaits des humains n'atteignent pas les cieux.

Bref, après le coup horrible qui vient d'épouvanter l'univers, plaignés-moi, ma bonne Rose, comme je vous plains vous-mesme, parce qu'il n'y a pas un cœur sensible et généreux qui ne doivent répandre des larmes de sang. Je vous dys bien des choses de la part de tout le monde on vous aime toujours bien **[8]. »

Le 3 février, M. d'Armont subissait une nouvelle épreuve : on devait procéder à la vente des biens de son frère, le curé de Vicques, prêtre insermenté, émigré et proscrit. La guerre religieuse secouait le Calvados, séparant les prêtres, séparant les fidèles.

---

* Le « capitaine » désigne M. Riboulet, époux de Rose Faugeron.

** Certains des biographes de Charlotte Corday contestent l'authenticité de cette lettre. Elle est reprise ici, sous ces réserves, dans le texte publié par E. Albert-Clément, qui n'en a pas rectifié l'orthographe.

L'abbé Gombault, curé de la paroisse de Saint-Gilles, où Mme de Corday avait été inhumée, vieux prêtre qui avait beaucoup fait, à l'abbaye, pour l'éducation de Charlotte, qui avait assisté sa mère dans ses derniers moments, avait refusé de prêter serment. Caché, il fut poursuivi, traqué, découvert par des chiens. Il tombait sous le coup du décret qui condamnait à mort tout prêtre insermenté, et il fut guillotiné place Saint-Sauveur. La foule, intéressée par le spectacle de la guillotine, voulut que celui-ci fût prolongé. On sortit de la prison quatre condamnés à mort pour crimes de droit commun, et un autre prisonnier condamné seulement à vingt ans de galères. La foule les traîna jusqu'à la place Saint-Sauveur, et les cinq têtes furent coupées[9]. La mort atroce du curé Gombault, l'indignation que ressentit Charlotte joueront-elles un rôle dans sa détermination[*][10] ? Bougon-Longrais, devenu procureur général-syndic, exhorte les gardes nationaux à la discipline. Il se rend plusieurs fois à Paris, notamment le 7 avril, après l'exécution du curé Gombault. Il comparaît à la Convention, il demande de l'argent et des munitions pour maintenir l'ordre. Il insiste pour obtenir l'organisation d'une « Armée des Côtes » :

---

* Catherine Decours estime que l'on n'a pas suffisamment souligné « l'importance qu'a dû prendre la mort du curé Gombault dans la vie de Charlotte Corday ». Il fut guillotiné le 5 avril 1793. Dans les jours qui suivront, Charlotte se fera délivrer un passeport. *Infra,* p. 131.

« Représentants du Peuple,

Deux mois se sont écoulés depuis que je vins à cette barre proclamer les dangers qui menaçaient les contrées voisines de la Manche. Je vous disais, Législateurs, des hordes d'émigrés et de réfractaires se forment dans les Isles Anglaises et préparent une invasion prochaine.

Les cadavres encore sanglants qui couvrent les plaines de l'ancienne Bretagne, le drapeau blanc qui flotte encore dans ce pays et l'armée contre-révolution-naire qui, formée tout à coup et dirigée par ces traîtres, vient d'y porter le carnage et la désolation, n'ont que trop justifié mes alarmes[11]... »

Et il conclut par cette phrase :

« Au reste, Législateurs, recevez-en l'assurance, nos armes vigoureuses ne fléchiront sous le joug d'aucune tyrannie. À la liberté républicaine nous avons consacré notre existence et nos bras, et le dernier de nos poi-gnards est réservé à celui qui oserait tenter de relever ou d'établir un pouvoir suprême. »

Le discours de Bougon-Longrais ne lui vaut qu'un succès d'estime. Il retourne à Caen, découragé. Mais il devient, peu à peu, un ami de Charlotte Corday. Elle aime lui rendre visite. Elle lui parle des injustices dont elle a connaissance. Il l'informe de ce qu'il sait. Elle écoute ses conseils. Elle lui écrit[*][12].

---

* Il dira avoir reçu de Charlotte plus de vingt lettres qui auraient été plus tard détruites. *Infra,* p. 278.

Les massacres – notamment ceux de Georges Bayeux et de l'abbé Gombault –, les fureurs d'une foule hurlante expriment-ils certainement l'état de la ville de Caen ? Il y a en réalité deux partis dans la cité, écrit Albert-Émile Sorel [13] : l'un royaliste et l'autre girondin. Peut-être Sorel simplifie-t-il la réalité d'alors. À l'assemblée qui se tient le 17 avril, le Conseil général du département du Calvados vote une ferme motion qui prétend dire « aux représentants du peuple français » ce que pense le département. Bougon-Longrais n'est pas venu.

> « [...] Sauvez-nous, vous pouvez nous sauver ! Tel est le cri de la France. N'aurait-il pas été entendu ? [...] Vos divisions font tous nos malheurs. C'est un Marat, un Robespierre, un Danton qui toujours vous occupent et vous agitent, et vous oubliez que tout un peuple souffre.
>
> [...] Vous serez respectés, représentants du peuple ; voilà notre volonté : car aussi nous avons notre volonté et sans doute qu'on ne prétendra pas nous l'ôter... Il nous faut la Liberté... Il nous faut une Constitution, il nous faut de sages Lois... Élu du Peuple, tu le sais, la France n'est pas dans Paris, elle est formée de quatre-vingt-quatre départements.
>
> [...] Le Conseil général, ouï le suppléant du Procureur général-syndic, décide que l'adresse sera imprimée et envoyée aux quatre-vingt-quatre départements [14]... »

Le 30 mai 1793, le Conseil du département du Calvados vote une nouvelle motion décidant « qu'il va être formé dans le département, et notamment dans la ville de Caen, une force armée qui se tiendra prête à marcher à la première réquisition des corps administratifs du Calvados, ou de la Convention, pour protéger la liberté de ses délibérations et la sûreté individuelle de ses membres [15] ».

Les jours suivants, dans toute la Normandie, et surtout dans le Calvados et la Manche, les conseils locaux, les villes, les sociétés populaires votent des motions analogues. Marat y est souvent dénoncé comme le meneur de la Révolution [16]. Les Jacobins, prétendent plusieurs sociétés populaires, ne songent qu'à protéger « le cannibale Marat » et à se soumettre à « sa » Révolution. Du 7 au 10 juin, le principe d'un véritable soulèvement contre Paris semble progresser, et Bougon-Longrais – de plus en plus absent – paraît se laisser entraîner. On décide l'envoi de délégués aux départements voisins. Le 10 juin, « on bat la générale », on appelle les citoyens à lutter contre l'oppression, contre « le parti de Marat ». Le 11 juin, on coupe l'envoi de vivres sur Paris. Le 12, une proclamation contre Paris circule : « Oui, un grand attentat vient d'être commis contre la souveraineté nationale, mais c'est à Paris. Oui, l'unité et l'indivisibilité de la République ont été rompues, mais c'est par Paris, qui a voulu engloutir dans son groupe la suprématie des pouvoirs, comme il a déjà absorbé l'or et les subsistances de tous les départements [17]. »

La lutte des provinces contre l'emprise tyrannique d'une ville et d'un gouvernement central – ce que l'on a appelé le « fédéralisme » – est donc en marche. Il faut mettre en mouvement un comité insurrectionnel, agir avec les autres départements et notamment la Bretagne, et surtout constituer une force armée, trouver un chef militaire. Le nom du général de Wimpffen, qui s'était autrefois illustré au siège de Gibraltar et résidait dans sa propriété de Normandie, parut s'imposer. Député de la noblesse aux États Généraux, il s'était courageusement allié au Tiers État[18]. En septembre 1792, après qu'il eut défendu Thionville contre les émigrés, l'Assemblée législative avait proclamé qu'il avait bien mérité de la patrie. Puis il avait refusé de devenir ministre de la Guerre. Quoiqu'il fût réputé « brave mais faible » et que beaucoup de calomnies eussent circulé contre lui, il pouvait être le chef militaire de l'insurrection.

Mais à quel chef civil pouvait-on faire confiance ? Bougon-Longrais avait certes de belles qualités morales, mais il hésitait, il tâtonnait ; ce n'était pas lui qui serait capable d'affronter Paris. Pouvait-on compter sur certains des députés du Calvados ? Sur les treize députés du département, quatre seulement avaient voté la mort de Louis XVI[19]. L'évêque Fauchet semblait favorable à l'insurrection, mais s'en remettait aux autres du soin d'agir. Larivière, qui avait été membre de la commission des Douze, s'était réfugié à Caen, mais il en était vite parti, redoutant la vengeance de la Montagne. De Cussy songeait à entraîner les proscrits vers la Bretagne. La ville de Caen n'était-elle pas trop près de Paris ? Le 19 juin on ouvrit « le registre des volontaires » dans le chœur de l'église Saint-Étienne. Le curé de la paroisse, Chaix d'Estange, avait bien voulu donner l'exemple en s'inscrivant. Bougon-Longrais s'était résigné à s'inscrire, et, dans l'enthousiasme du moment, près de mille cinq cents signatures avaient été recueillies. Mais, dans les jours qui suivirent, la plupart vinrent rayer leur nom. Il ne resta bientôt que quarante-cinq noms sur le registre. Qu'allait-on faire ? Se mettre au service des Girondins vaincus ? Marcher avec d'odieux aristocrates et préparer leur revanche ? « Les Normands craignent un piège, écrit E. Albert-Clément[20], ils sont trop prudents. Ils ne feraient de sacrifices que si la chance était avec l'insurrection. » Les feuilles d'enrôlement demeuraient vierges. Le rappel fut battu. En vain.

Mais voici que les événements se bousculent : plusieurs des députés girondins placés sous mandat d'arrestation, ou menacés de l'être, obligés de fuir, se réfugient à Caen[21]. Ils espèrent y trouver un comité insurrectionnel, l'embryon d'une contre-révolution, aidé d'une petite armée. En outre, Caen est tout proche de Paris. De Caen les Girondins pourront organiser leur fuite vers l'ouest, ou vers le sud. Le Normand François Buzot, député de l'Eure – tant épris de Mme Roland –, est arrivé à Caen le 11 juin après qu'il eut passé quelques jours dans sa ville d'Évreux où il s'est acharné à encourager l'insurrection et la constitution d'une armée de Bretons et de Normands qui marcherait sur Paris [22]. Viennent aussi, dans les jours qui suivent, les Girondins entraînés par lui, Pétion et Guadet, Lanjuinais qui ne fera que passer, Louvet, Barbaroux, de Cussy, Duchastel, Gorsas, Larivière, Salle, Valady et en outre trois jeunes journalistes non députés, connus par leurs écrits, Girey-Dupré, Macherma et Rouffe, qui accompagnent les fugitifs. Le général de Wimpffen fut chargé de leur trouver un logement. Il les installa dans le bel hôtel de l'Intendance, au numéro 44 de la rue des Carmes, tous au même endroit afin qu'il pût mieux les surveiller. La rue des Carmes débouchait dans la rue Saint-Jean, juste en face de la maison de Mme de Bretteville. Charlotte Corday les verra chaque jour passer.

« Ils ne sont bons qu'à faire des discours », dira le général Wimpffen qui ne les aimait guère. Ils adressent aussitôt une proclamation aux habitants de Caen, les incitant à marcher sur Paris « pour remettre debout la statue de la liberté ». Ils écrivent, rédigent des manifestes, adressent des lettres aux femmes qu'ils aiment[* 23], à leurs parents et leurs amis. Député des Bouches-du-Rhône, Barbaroux qui a réussi à s'échapper, venu d'abord à Évreux puis à Caen le 15 juin, écrit à son ami cher, Lauze de Perret,

---

* Cf. notamment les lettres de Buzot à Mme Roland, citées par Pierre Cornut-Gentille, dans sa biographie de Mme Roland.

resté à Paris – car celui-ci n'a pas figuré sur la liste des proscrits –, plusieurs lettres pour le tenir au courant de ce qui se passe en Normandie et le supplier de le rejoindre : « Penses-tu sauver la liberté en restant à Paris ? » Il écrit aussi à ses amis de la municipalité de Marseille pour les persuader de marcher sur Paris : « Marchez à Paris [...]. Français, levez-vous et marchez à Paris. La racine du mal est à Paris. Marseillais le rendez-vous est à Paris * 24. » Il écrit à sa mère, « la citoyenne Barbaroux ** », et s'inquiète de ne recevoir aucune réponse. Il voudrait savoir ce que sont devenus Brissot ***, et Valazé et tous ceux qui sont en prison : « J'avais au milieu de mes malheurs conservé la gaieté qui constituait mon caractère. Je la perds par l'infortune de mes amis **** 25. » Salle rédige des pamphlets et des poèmes, Louvet des proclamations brûlantes appelant à la révolte les villes et les villages des départements voisins. Plusieurs se mettent à rédiger des libelles. Des couplets sont fabriqués, notamment par Girey-Dupré *****, pour être chantés sur l'air de *La Marseillaise*, pour exalter le courage des Normands et maudire les monstres de la Montagne :

---

* Lettre de Caen, 18 juin 1793.
** Lettre de Caen, 22 juin 1793.
*** Arrêté à Moulins le 10 juin, Brissot a été ramené à Paris.
**** Caen, 25 juin 1793, lettre à Lauze de Perret.
***** Il sera guillotiné à Paris le 21 novembre 1793.

« Républicains, votre énergie
A-t-elle triomphé des rois
Pour voir une autre tyrannie
Vous dicter des honteuses lois ?
Paris, ville longtemps superbe
Gémit sous le joug odieux,
Bientôt on chercherait sous l'herbe
Ses palais, ses murs orgueilleux.
Mais vous marchez, Paris respire,
Les brigands pâlissent d'effroi,
Sur eux le glaive de la loi
Brille et le despotisme expire.
Saintes lois, liberté, patrie,
Guidez nos bataillons vengeurs.
Nous marchons contre l'anarchie,
Certains de revenir vainqueurs.
De septembre, tristes victimes,
Vos bourreaux vont être punis ;
France, tes lâches ennemis
Vont enfin expier leurs crimes. »

Les Girondins proscrits parlent de plus en plus, déversant sur la foule normande, dira Albert-Émile Sorel, des « torrents d'éloquence ». Le 13 juin, les administrateurs du district de Bayeux adressent à tous les citoyens une proclamation qu'ont rédigée les Girondins :

« Citoyens,
Une faction désorganisatrice a formé le projet de rétablir la royauté que nous avons détruite, sous les

119

formes hideuses de la dictature et du triumvirat. La majorité vertueuse de vos représentants est forcée de délibérer sous la hache des assassins ; une municipalité séditieuse, secondée par des ministres corrompus et déprédateurs, qui s'est entourée d'un amas impie de brigands qu'elle soudoye avec les trésors de la République et qu'elle alimente du sang du peuple, ose enchaîner la volonté nationale.

C'est sur les ruines sanglantes de la Patrie que des conspirateurs insensés veulent élever cette tyrannie monstrueuse.

Ils ont juré de vous dominer ou de vous livrer aux despotes étrangers. Citoyens habitants des campagnes, vos administrateurs ont cru devoir vous éclairer sur la sainte insurrection qui de toutes parts se manifeste contre ce nouveau genre d'oppression. Tous les départements, par un mouvement spontané, se lèvent avec l'indignation et la majesté qui conviennent à un peuple libre pour renverser le système impie de sang et de désorganisation qui, par les longs malheurs de l'anarchie, amènerait infailliblement le retour honteux du despotisme [26]. »

Quelques jours plus tard, l'assemblée générale du Calvados lance une nouvelle proclamation :

« Citoyens,

En nous chargeant de pouvoirs extraordinaires et sacrés que nous exerçons en votre nom pour le salut de la République, vous avez juré de combattre toutes les tyrannies, de marcher contre les brigands domina-teurs qui ont outragé le peuple, envahi ses pouvoirs et dilapidé sa fortune. L'assemblée générale du Calvados, impatiente elle-même de répondre à vos vœux, vous ouvre la carrière, en commençant ses travaux. Soldats de la liberté, le moment est venu de faire retomber sur la tête des brigands tout le poids de leurs crimes. Couvrez-vous de vos armes : marchez. Un cri d'indi-gnation s'est fait entendre. Tous les républicains se lèvent à la fois. Citoyens, hâtez-vous : les hommes libres du Calvados ne doivent pas être au rendez-vous les derniers.

Les fiers Bretons vont vous suivre ; leurs bataillons s'ébranlent ; dans quelques jours, ils fraterniseront avec vous. Déjà beaucoup de vos frères marchent en avant-garde sous la bannière du Calvados, ils vous appellent[27]. »

Le 18 juin, une affiche est apposée sur les murs de Caen, signée de Charles Jean-Marie Barbaroux de Marseille, « député par le département des Bouches-du-Rhône, expulsé par la force du poste auquel la volonté du peuple l'avait élu », qui incite les Nor-mands à marcher sur Paris pour délivrer la capitale des bandits qui l'étranglent, et par-dessus tout pour détruire Marat. « Que celui-là périsse[28] ! »

Que fait, que pense Charlotte Corday ? Ces Giron-dins qui tant parlent et crient vengeance, elle les voit passer et repasser, rue des Carmes, sous la fenêtre de Mme de Bretteville. Elle lit leurs proclamations.

Sans doute en a-t-elle rencontré quelques-uns, tels Lanjuinais, Louvet, Pétion, Guadet et d'autres, mais elle ne leur a pas parlé de ce qui lui tenait à cœur *[29]. Dans ces mois de mai et de juin 1793, elle est sans doute très seule. Sa tante, que les événements ne cessent d'affoler, est fort loin d'elle. Ni son père ni sa sœur ne viennent la voir, et elle ne va pas les voir. Ses frères ont émigré. Son amie chère, Alexandrine de Forbin, sa complice de l'Abbaye-aux-Dames, est partie pour la Suisse, car le chapitre des chanoinesses de Troarn a été contraint de se disperser. Charlotte a cessé d'écrire à son amie Mlle Loyer. Elle passe son temps à lire, à relire, elle se tient au courant, chaque jour, des événements. Grâce à Augustin Leclerc, et à d'autres, les journaux de Paris sont connus d'elle.

Mais, dans tout ce tumulte, elle est solitaire, et silencieuse. « Dans la chaleur des soirs d'été elle restait assise auprès de sa fenêtre ouverte tandis que la brise lui caressait le visage [30] »... À quoi pense-t-elle ? Est-il vrai qu'elle aurait écrit plusieurs fois sur de petits papiers : « Le ferai-je ? Ne le ferai-je pas ? », et qu'elle aurait, dans ces jours de juin 1793, détruit le dernier de ces papiers hésitants [31] ? Nul ne sait rien d'elle, si ce n'est elle. Peut-être...

---

* Cf. notamment la préface de Charles Vatel au tome I de son ouvrage *Charlotte de Corday et les Girondins*. Elle sera accusée, pendant et après son procès, d'avoir été « endoctrinée par le directoire des traîtres de Caen ».

CHAPITRE IX

« Adieu, mon cher papa...
et ne m'oubliez pas »

En 1793, Charles Barbaroux a vingt-six ans. « On lui en aurait donné quarante à en juger sur son embonpoint[1]. » Né à Marseille le 6 mars 1767, il avait été élevé au collège des Oratoriens. Ses goûts l'avaient porté à des études scientifiques. Il s'était spécialement attaché aux problèmes de l'électricité ; il avait alors beaucoup correspondu avec Marat et il avait, en 1788, suivi à Paris des cours de Marat. À plusieurs reprises, Marat lui avait demandé, en vain, de l'emmener à Marseille[2]. Mais, sur la pression de sa famille, Charles était devenu avocat. Rallié à la Révolution, envoyé auprès de l'Assemblée législative en 1792, il avait d'abord été proche des Jacobins. Puis il avait correspondu avec Roland et, devenu familier des Girondins, il avait été élu député à la Convention. Brillant orateur, « enthousiasmé de poésie et de République », il conquit vite chez les Girondins un vrai prestige. Il était beau, séduisant, et entretenait la réputation d'un homme à femmes. Par ses longs cheveux noirs, ses yeux sombres et brillants, il ressemblait un peu à un héros de l'Antiquité[3]. Menacé d'arrestation il s'était évadé de son domicile où il était surveillé, dans la nuit du 11 au 12 juin. Le 13 juin il était à Évreux. « Il est dans la nature des choses que la vertu triomphe, ou la République n'existerait pas », avait-il écrit, ce jour-là, à son ami Lauze de Perret[4] resté à Paris. « Les proscriptions, les calomnies n'ont qu'un temps, la vérité seule est éternelle et le moment de la justice n'est pas loin. » Le 15, il était arrivé à Caen, et il n'avait cessé d'écrire à ses amis de Marseille et de Paris*. Crut-il vraiment à l'insurrection des Bretons et des Normands qu'encourageaient les Girondins par leurs discours et leurs manifestations ? Fit-il confiance au général Wimpffen ? Après l'assassinat de Marat, il quittera Caen pour se cacher en Bretagne, avant de s'embarquer pour Bordeaux**.

Charlotte décide d'aller lui rendre visite. Pourquoi choisit-elle ce proscrit girondin plutôt qu'un autre[5] ? Plusieurs fois on écrira qu'elle fut amoureuse de lui, ou en tout cas contente de rencontrer un si séduisant député. Rien ne soutient cette hypothèse. Mais Barbaroux jeune, vite enthousiaste, passe pour fort

---

* « Je suis à Caen comme à Marseille », a-t-il écrit le 15 juin 1793 à la municipalité de Marseille... « Le département du Calvados a toute l'énergie des départements méridionaux. »
** Cf. Annexe I, 3.

accueillant. Surtout la famille de Barbaroux était en relation avec la famille de Forbin qui était d'Avignon. Or la chère amie de Charlotte, Alexandrine de Forbin, avait grand besoin d'un appui. Contrainte par les révolutionnaires de quitter le chapitre des chanoinesses de Troarn, Alexandrine, réfugiée en Suisse, espérait être autorisée à recevoir la pension dont elle était privée. Elle avait déjà présenté plusieurs requêtes au ministre de l'Intérieur, mais ses démarches étaient demeurées vaines. Charlotte pouvait-elle tenter d'intéresser Barbaroux à l'amie de sa famille, obtenir qu'il veuille bien intervenir s'il avait encore quelque relation ? La pension d'Alexandrine de Forbin fut-elle, pour Charlotte de Corday, un juste motif, ou un chaleureux prétexte ?

Le 20 juin 1793, elle se présente à l'hôtel de l'Intendance, et demande à voir le député Barbaroux. Elle est accompagnée par Augustin Leclerc, toujours disposé à l'aider, et aussi à approcher ces députés célèbres. On les introduit dans le grand salon de l'hôtel où se croisent, toute la journée, les Girondins présents. Louvet, Meillan et Guadet, qui se tenaient là, se retirent, laissant Barbaroux avec cette belle jeune fille. « À l'Intendance où nous logions tous, écrira Louvet dans ses *Mémoires*, s'était présentée, pour parler à Barbaroux, une jeune personne grande et bien faite, de l'air le plus honnête et du maintien le plus décent. Il y avait dans sa figure, à la fois belle et jolie, et dans toute l'habitude de son corps, un mélange de douceur et de fierté qui annonçait bien

son âme céleste. Elle vint constamment accompagnée d'un domestique, et attendit toujours Barbaroux dans un salon par où chacun de nous passait à
chaque instant[6]. » Elle présente sa requête, et prie
Barbaroux de s'entremettre s'il le peut, s'il le veut
bien.

Barbaroux l'accueille aimablement, il remarque
que les papiers déjà adressés par la famille de Forbin
au ministère de l'Intérieur lui seraient nécessaires
pour qu'il tente une démarche. « Mais je crains fort,
dit-il à Mlle de Corday, que la recommandation d'un
proscrit ne soit plus nuisible qu'utile à votre proté-
gée[7]. – Peut-être avez-vous des amis à la Convention », lui répond-elle. Il lui promet d'écrire à son
ami Lauze de Perret, son collègue, député des
Bouches-du-Rhône, resté à Paris*. Ce qu'il fera. Mais
la lettre de Barbaroux, envoyée par la voie de Rouen,
paraît n'être jamais parvenue à son destinataire.

Charlotte Corday reviendra quelques jours plus
tard, le 28 ou le 30 juin, et Barbaroux la recevra à
nouveau. Il lui promet d'écrire encore à Duperret.
Mais Charlotte lui confie qu'elle envisage de se
rendre bientôt, elle-même, à Paris pour hâter la solution du problème qui préoccupe tant son amie. Elle
demande à Barbaroux une lettre d'introduction
auprès du ministre de l'Intérieur. De nouveau, il lui
objecte qu'une telle lettre n'aurait aucune autorité,

_____

* De Perret se faisait alors appeler Duperret, pour écarter
sa particule.

tout au contraire. Il ne pourrait que lui confier une lettre de recommandation à Duperret, qui ferait certainement son possible s'il avait encore une quelconque audience. Charlotte lui offre d'emporter, s'il le souhaite, les correspondances qu'il voudrait faire parvenir à Paris. Barbaroux confie à la jeune fille quelques brochures politiques, pour occuper ses loisirs. Il la prie de ne pas partir sans prendre congé de lui. Elle le lui promet. Barbaroux lui donne rendez-vous pour la semaine suivante, le 7 juillet.

Il semble que, dans les jours qui suivirent, Charlotte fit quelques visites à Caen, qu'elle alla voir notamment Mme de Pontécoulant à qui elle rapporta quelques livres que l'ancienne abbesse avait bien voulu lui confier. Elle dit à Mme de Pontécoulant qu'elle allait partir pour Paris afin de s'occuper d'Alexandrine de Forbin. Mme de Pontécoulant la mit en garde : à Paris, tous les malheurs risquaient de tomber sur elle. Le 5 ou le 6 juillet, Charlotte se rend à Vernon, elle vient voir Mme Gautier de Villiers, amie et parente de la famille de Corday, avec laquelle elle n'a cessé d'entretenir une affectueuse relation. « Je viens te dire adieu. J'ai un voyage à faire. Je n'ai pas voulu partir sans venir t'embrasser. » Mme Gautier de Villiers croira avoir perçu chez elle comme un trouble qu'elle ne pouvait dissimuler*[8]. « La pensée de Charlotte semblait ailleurs. »

---

* La rencontre est rapportée par Chéron de Villiers.

De retour à Caen, chez Mme de Bretteville, il semble que Charlotte ait occupé sa soirée à brûler des brochures, des proclamations venues des Girondins, qu'elle avait amassées, des paquets de journaux qu'elle avait lus et relus. Mme de Bretteville paraît intriguée par ce projet de voyage dont lui parle maintenant Charlotte, inquiète aussi. Elle croit voir les yeux de Charlotte mouillés de larmes. Charlotte commence à préparer sa malle* : elle y place des objets de toilette, un jupon de soie rose, un autre en coton blanc, des chemises marquées C.D. (Corday d'Armont), des bas de coton, des bonnets et des fichus, un paquet de rubans de différentes couleurs[9]. Quand le paquet sera achevé, elle le fera porter au bureau de la diligence qui, trois fois par semaine, assure le service de Caen à Paris. Déjà, par précaution, elle a retenu sa place dans la diligence : la voiture partira de Caen à midi, le 9 juillet[10].

Le dimanche 7, Charlotte assiste à la revue de la Garde nationale de Caen, passée par le général Wimpffen, sur le cours de la Reine, en présence des députés proscrits[11]. Un bataillon de volontaires doit être formé pour aller rejoindre à Évreux l'armée fédéraliste. « C'est un beau dimanche où quelques sons de cloches traînent paresseusement dans l'air

---

* Selon les biographes, elle a préparé sa malle le 6 juillet, ou le 8 juillet, ou durant les deux jours.

chaud[12]. » Mais la grande foule ne s'est pas dérangée. Quand on fera l'appel des volontaires, ne sortiront que dix-sept jeunes hommes*[13]. Qu'éprouve alors Charlotte ?

Elle ne dit mot. En fin d'après-midi elle se rend à nouveau à l'hôtel de l'Intendance, afin que Barbaroux lui remette la lettre promise. Il la reçoit, s'excuse de ne pas avoir encore rédigé sa lettre, et promet à Charlotte de la lui faire porter dès le lendemain matin. Elle croise Pétion qui la regarde et lui adresse des compliments moqueurs, saluant « la belle aristocrate venue pour voir les républicains[14] ». « Vous me jugez sans me connaître, lui aurait-elle répondu, mais bientôt vous saurez qui je suis. » Le lendemain, Barbaroux lui fera porter la lettre attendue destinée à Duperret**[15] et quelques ouvrages

---

* Michelet portera ce nombre à trente.

** La lettre adressée par Barbaroux à Duperret sera remise par Duperret au Tribunal criminel qui jugera Charlotte Corday. Le texte en est le suivant :

« Caen, le 7 juillet 1793, l'an II de la République une et indivisible.

« Je t'adresse, cher et bon ami, quelques ouvrages intéressants qu'il faut répandre.

« Je t'ai écrit par la voie de Rouen, pour t'intéresser à une affaire qui regarde une de nos concitoyennes ; il s'agit seulement de retirer du ministère de l'Intérieur des pièces que tu me renverras à Caen. La citoyenne qui porte ma lettre s'intéresse à cette même affaire, qui m'a paru tellement juste, que je n'ai pas hésité d'y prendre la plus vive part. Adieu, je t'embrasse et salue tes filles, Marion et les amis. Donne-moi

imprimés qu'il joignait dans un paquet cacheté afin qu'elle le remette à Duperret. Il y avait ajouté un mot personnel la priant de le tenir au courant, qu'elle brûla après en avoir pris connaissance. Mais peut-être remercia-t-elle alors, par écrit, Barbaroux de son intervention.

Un temps, elle avait envisagé d'aller voir son père à Argentan avant de partir pour Paris. Puis elle y renonça, et elle lui écrivit, sans doute le 8 juillet, sa lettre d'adieu qu'elle datera du 9 juillet, jour de son départ :

> « Je vous dois obéissance, mon cher Papa, cependant je pars sans votre permission, je pars sans vous voir parce que j'en aurais trop de douleur. Je vais en Angleterre parce que je ne crois pas qu'on puisse vivre en France heureux et tranquille de bien longtemps. En partant je mets cette lettre à la poste pour vous et quand vous la recevrez je ne serai plus en ce pays. Le ciel nous refuse le bonheur de vivre ensemble comme il nous en a refusé d'autres. Il sera peut-être plus clément pour notre patrie.
>
> Adieu, mon cher papa, embrassez ma sœur pour moi et ne m'oubliez pas.
>
> 9 juillet.
>
> Corday*. »

---

des nouvelles de ton fils. Ici tout va bien, nous ne tarderons pas à être sous les murs de Paris. »

* L'orthographe du texte est ici corrigée. Le texte figure, sans correction, dans plusieurs ouvrages, notamment dans la biographie de Chéron de Villiers, p. 154-155.

Dès le 8 avril, Charlotte avait pris, à la municipalité de Caen, un passeport pour Argentan, afin d'aller voir son père[*][16].

> « Département du Calvados (District de Caën)
>
> Laissez passer la citoyenne Marie Cordey, natif du Mesnil-Imbert, domicilié à Caën, municipalité de Caën, district de Caën, département du Calvados, âgé de 24 ans, taille de cinq pieds un pouce, cheveux et sourcils chatains, yeux gris, front élevé, nez longe, bouche moyenne, menton rond, fourchu, – visage oval.
>
> Prêtez lui aide et assistance en cas de besoin, dans la route quil va faire pour aller à Argentan.
>
> Délivré en la Maison Commune de Caën, le 8 avril 1793, l'an II de la République Française, par nous Fossey l'aîné, Officier Municipal.
>
> Expédié par nous, Greffier soussigné, et a le dit citoyenne Corday, signé :
>
> Marie Corday.
>
> Heni, greffier. »

---

* Le texte intégral du passeport figure dans les « pièces à conviction » des *Dossiers du procès criminel de Marie-Anne-Charlotte de Corday d'Armont devant le Tribunal révolutionnaire* publiés en 1861 par Charles Vatel. Celui-ci ajoute le commentaire suivant : « À la formule d'usage "Quels sont vos noms et prénoms ?", la réponse a dû être "Marie Corday" ». « La faute commise dans l'orthographe du nom (Cordey) prouve que c'est sur la déclaration verbale de mademoiselle de Corday que le passeport a été rédigé. » Mais, observe Charles Vatel, quand elle ne donnait qu'un prénom, c'était toujours « Marie ». Le texte du passeport est reproduit en Annexe III, pièce n° 20.

Le 23 du même mois, Marie Corday avait obtenu que son passeport fût étendu à Paris. La mention « Vu en la Maison Commune de Caën pour aller à Paris. Le 23 avril 1793 l'an II de la République » fut alors ajoutée au dos du passeport. Pourquoi envisageait-elle, dès la fin d'avril, de se rendre à Paris ? Pourquoi décida-t-elle de ne pas aller voir son père ? « Je pars sans vous voir parce que j'en aurai trop de douleur. » « Adieu, mon cher papa, et ne m'oubliez pas »... « Ce passage, nous dit E. Albert-Clément, révèle les souffrances de Charlotte, sa clairvoyance, et les craintes qu'elle pouvait avoir de l'échafaud menaçant [17]. » C'est peut-être trop en déduire à la lumière des événements qui suivront. Mais il est vrai que cette lettre semble une lettre d'adieu. Ce père qu'elle ne va pas voir, redoutant sans doute leur émotion à tous deux, elle paraît savoir qu'elle ne le reverra pas.

Ce 8 juillet qui précède son départ, elle achève ses ultimes préparatifs. Elle fait porter sa malle[*][18] au départ de la diligence. Elle a choisi la toilette de son voyage : elle mettra une longue robe brune, et emportera un chapeau à haute forme avec cocarde noire et trois cordons noirs, sur lequel elle passera un ruban vert. Ses boîtes de crayons, son carton à dessin, elle les donne à un jeune garçon d'une quinzaine d'années, le fils d'un menuisier, nommé Louis

---

* Selon Georges Lenotre, la malle aurait été portée, déposée à la diligence dès le 6 juillet, car Charlotte aurait voulu laisser croire qu'elle irait, avec des amies, en Angleterre chercher un refuge contre la Révolution.

Lunel, qui habitait tout à côté. « Tiens, Louis, lui aurait-elle dit, voilà pour toi ; sois bien sage et embrasse-moi, tu ne me reverras jamais [19]. » Elle range ses livres qui furent ses compagnons si fidèles. Lamartine racontera que, la nuit venue, alors qu'elle se préparait « à partir... et à mourir... » elle laissa, comme elle le faisait souvent, sa fenêtre ouverte, pour écouter les mélodies que jouait au piano un jeune musicien dans une maison voisine [20].

Au matin du 9 juillet, elle se lève et s'habille à l'aube, elle assemble dans son sac tout ce dont elle aura besoin, son passeport, son acte de baptême, son argent, le pli que lui a fait porter Barbaroux et quelques journaux qu'elle lira dans la diligence. Elle partage avec sa tante un dernier repas. Mme de Bretteville, qui ne quitte plus son fauteuil, est inquiète, presque désespérée. Demain elle sera seule. Et que deviendra Charlotte ? « Rassurez-vous, ma chère tante, je vais voir mon père, il n'y a pas de danger. » Une dernière fois, Charlotte l'embrasse longuement, tendrement. Elle dit adieu aux servantes. Augustin Leclerc est venu la chercher. Il va la conduire jusqu'à la diligence qui doit se mettre en route à midi [21], mais qui ne partira qu'à deux heures * [22].

Commence le voyage, sous l'écrasante chaleur de ce mois de juillet.

---

* Interrogatoire de Charlotte Corday par le président Montané. *Infra,* p. 176 et s.

« Ô ma patrie ! Tes infortunes déchirent mon cœur, je ne puis t'offrir que ma vie... »

Le voyage, de Caen à Paris, comptait seize relais. Le premier était à Vimont, à trois heures de Caen, le second à Saint-Aubin[1]. Huit passagers avaient pris place dans la « turgotine*». C'est à Lisieux qu'ils devaient passer la nuit. Si l'on en croit une certaine dame Lemaître, domiciliée à Lisieux, qui aurait vu Mlle de Corday et lui aurait parlé, celle-ci serait descendue à cinq heures du soir de la diligence et aurait été logée faubourg Saint-Désir à l'auberge du Dauphin[2] où elle trouva un repas et un lit, et put parler avec l'aubergiste et ses filles. Le lendemain matin, la voiture repartit à six heures pour rejoindre Évreux. À Évreux, Charlotte monta dans une autre voiture qui devait faire, de nuit, le trajet jusqu'à Paris. Autour d'elle les conversations ne cesseront pas,

---

* Nouveau type de diligence auquel Turgot avait donné son nom. Tirée par six à huit chevaux, la turgotine parcourait à peu près deux lieues par heure.

mais elle s'endormit. Elle arrivera le jeudi 11 juillet vers onze heures : la diligence d'Évreux la débarquera dans la cour des Messageries nationales, place de la Victoire-Nationale*.

Enfermée dans sa prison de l'Abbaye, quatre jours plus tard, Charlotte commencera d'écrire une longue lettre à Barbaroux**, auquel elle avait promis qu'elle le tiendrait au courant de son voyage. De cette lettre, saisie dans la prison, l'accusateur Fouquier-Tinville donnera lecture publique, lors du procès. Charlotte décrira ainsi, en quelques lignes, son voyage de Caen à Paris[3] :

> « Vous avez désiré, citoyen, le détail de mon voyage, je ne vous ferai point grâce de la moindre anecdote. J'étais avec de bons Montagnards, que j'ai laissés parler tout leur content, et leurs propos, aussi sots que leurs personnes, ne servirent qu'à m'endormir : je ne me réveillai pour ainsi dire qu'à Paris. Un de nos voyageurs, qui aime sans doute les femmes dormantes, me prit pour la fille d'un de ses anciens amis, me supposa une fortune que je n'ai pas, me donna un nom que je

---

* Aujourd'hui place des Victoires.

** Le texte de la lettre à Barbaroux, souvent reproduit, est ici donné dans une orthographe « rectifiée ». Mais plusieurs biographes ont conservé l'orthographe de Marie de Corday. Ainsi a fait notamment Chéron de Villiers. Cf., en Annexe V, la reproduction du manuscrit de cette lettre, donnée par Charles Vatel dans les *Dossiers du procès criminel de Marie-Anne-Charlotte de Corday d'Armont devant le Tribunal révolutionnaire.*

n'avais jamais entendu, et enfin m'offrit sa fortune et sa main. Quand je fus ennuyée de ses propos : « Nous jouons parfaitement la comédie, lui dis-je, il est malheureux, avec tant de talent, de n'avoir point de spectateurs, je vais chercher nos compagnons de voyage pour qu'ils prennent part du divertissement », je le laissai de bien mauvaise humeur. La nuit, il chanta des chansons plaintives, propres à exciter le sommeil. Je le quittai enfin à Paris, refusant de lui donner mon adresse, ni celle de mon père à qui il voulait me demander ; il me quitta de bien mauvaise humeur. »

Mais Charlotte saura, quand elle écrira ce bref récit, qu'il sera évidemment saisi, et sans doute lu au cours du procès. Elle saura aussi que ceux qui avaient fait, avec elle, le trajet de Caen à Paris, pourront être interrogés. Elle dira donc, de son voyage, ce qu'elle voudra bien dire...

Voici Charlotte à Paris. Dans la cour, se trouvait le bureau des Messageries nationales tenu par un certain M. Noël. Charlotte lui demanda s'il pouvait lui indiquer un hôtel convenable mais qui ne fût pas cher. M. Noël, lui tendant une carte-adresse, lui conseilla « La Providence », tout proche, au numéro 19 de la rue des Vieux-Augustins [*4], hôtel tenu par Mme Grollier. Elle s'y rendit aussitôt. La patronne reçut cette

---

* Devenue la rue Hérold. Sur les confusions commises entre l'hôtel de La Providence et l'hôtel de Francfort, voisin, cf. Georges Lenotre, *Paris révolutionnaire*.

jeune voyageuse qui venait de Caen, lui posa plusieurs questions et lui demanda combien de jours elle passerait à l'hôtel. Charlotte répondit : « Cinq jours. » On lui donna la chambre n° 7, située au premier étage, et on appela le garçon de service, François Feuillard, afin qu'il accompagnât la voyageuse dans sa chambre et qu'il montât sa malle. La chaleur était écrasante, et Charlotte était certainement fatiguée. Elle voulut se coucher, dormir un peu, puis elle y renonça. Elle n'a pas de temps à perdre. Elle veut vite se renseigner : elle converse avec la patronne, avec Feuillard, avec l'un et l'autre. Elle leur parle de Marat : que devient-il ? Que dit-on de lui ? A-t-elle appris, à ce moment, que Marat, trop souffrant, ne pouvait plus sortir de chez lui ? Elle se renseigne aussi sur l'itinéraire qui la conduira rue Saint-Thomas-du-Louvre, où habite Duperret.

Il lui faut en effet aller voir le plus tôt possible ce député auquel l'a envoyée Barbaroux, afin de lui remettre le pli que celui-ci lui a confié, et de l'entretenir d'Alexandrine. Elle déjeune très rapidement, elle sort pour aller au 41 rue Saint-Thomas-du-Louvre – dont Feuillard lui a indiqué le chemin – afin de porter au député des Bouches-du-Rhône le pli qui lui est destiné. Mais Duperret est absent. Ses filles reçoivent la jeune femme et prennent l'envoi qui devra être remis à leur père : retenu à la Convention, celui-ci ne rentrera sans doute qu'à l'heure du dîner.

Quand Charlotte revint, vers six heures du soir, Duperret était en train de dîner avec quelques amis.

Il consentit pourtant à recevoir la messagère de Barbaroux, dans une pièce voisine de la salle à manger, et il lui avoua qu'il n'avait pas encore eu le temps d'ouvrir le pli de son ami Barbaroux, ce qu'il fit alors. Charlotte lui expliqua la démarche conseillée par Barbaroux auprès de Garat, ministre de l'Intérieur, pour secourir Alexandrine de Forbin. Duperret lui confia qu'il doutait de pouvoir obtenir quoi que ce fût dans les circonstances actuelles, mais il lui promit de venir la chercher, le lendemain matin, à son hôtel, pour l'emmener au ministère. Elle lui remit la carte de l'hôtel de La Providence. « Cette femme m'a paru une intrigante, aurait-il dit à ses amis, reprenant le dîner avec eux. J'ai vu dans son attitude, dans sa contenance, quelque chose qui m'a paru singulier. Demain je saurai ce qu'il en est[5]. »

Charlotte rentre à l'hôtel, dîne dans sa chambre, range ses affaires, et s'applique à dormir. Elle se lève au petit matin, ce vendredi 12 juillet. Il fait déjà très chaud, elle va flâner dans les ruelles[*][6]. Vers onze heures, Duperret vient la chercher. Ensemble ils vont au ministère, rue Neuve-des-Petits-Champs, sans doute à pied, mais le ministre Garat fait répondre qu'il ne peut recevoir le député, sinon le soir à huit heures. Duperret serait-il suspect ? Il se pose la question. Il promet cependant à Charlotte qu'il reviendra

---

* Elle aurait alors demandé l'adresse d'un bon coutelier, et on lui aurait indiqué le Palais-Royal.

la chercher le soir, pour tenter cette hasardeuse démarche.

Charlotte décida de l'attendre à l'hôtel, se procura du papier et des plumes, et commença de rédiger son *Adresse aux Français amis des lois et de la paix* qu'elle méditait depuis plusieurs jours, et qu'elle écrivit à peu près intégralement en quelques heures. Ce texte, essentiel pour tenter de la connaître un peu, et s'il se peut, de comprendre son projet, sera ci-dessous reproduit, avec les quelques corrections qu'y portera Charles Vatel pour rectifier les erreurs commises sur ce texte, notamment par Lamartine*[7] qui en publiera « les principaux passages ».

« Adresse aux Français amis des lois et de la paix.

Jusqu'à quand, ô malheureux Français, vous plairez-vous dans le trouble et les divisions, assez et trop longtemps des factieux et des scélérats ont mis l'intérêt de leur ambition à la place de l'intérêt général ; pourquoi, ô infortunées victimes de leur fureur, pourquoi vous égorger, vous anéantir vous-mêmes pour établir l'édifice de leur tyrannie sur les ruines de la France désolée ?

Les factions éclatent de toutes parts ; la Montagne triomphe par le crime et par l'oppression ; quelques

---

* Le texte de l'*Adresse aux Français* sera parfois modifié, raccourci, allongé, ou mis en vers. Il est ici intégralement reproduit ; l'étrange orthographe de Charlotte Corday a été ici corrigée, car elle rend le texte difficilement lisible (cf. le texte original, Annexe III, pièce n° 25).

monstres, abreuvés de votre sang conduisent ses détestables complots et nous mènent au précipice par mille chemins divers.

Nous travaillons à notre propre perte avec plus d'énergie que l'on n'en mit jamais à conquérir la liberté ! Ô Français, encore un peu de temps, et il ne restera de vous que le souvenir de votre existence !

Déjà les départements indignés marchent sur Paris ; déjà le feu de la discorde et de la guerre civile embrase la moitié de ce vaste empire ; il est encore un moyen de l'éteindre, mais ce moyen doit être prompt. Déjà le plus vil des scélérats, Marat, dont le nom seul présente l'image de tous les crimes, en tombant sous le fer vengeur, ébranle la Montagne et fait pâlir Danton et Robespierre, les autres brigands assis sur ce trône sanglant, environnés de la foudre que les dieux vengeurs de l'humanité ne suspendent sans doute que pour rendre leur chute plus éclatante, et pour effrayer tous ceux qui seraient tentés d'établir leur fortune sur les ruines des peuples abusés !

Français, vous connaissez vos ennemis, levez-vous ! Marchez ! Que la Montagne anéantie ne laisse plus que des frères et des amis ! J'ignore si le ciel nous réserve un gouvernement républicain, mais il ne peut nous donner un Montagnard pour maître que dans l'excès de ses vengeances [...]

Ô France, ton repos dépend de l'exécution de la loi ; je n'y porte point atteinte en tuant Marat, condamné par l'univers, il est hors la loi... Quel tribunal me jugera ? Si je suis coupable, Alcide l'était donc lorsqu'il détruisait les monstres ; mais en rencontra-t-il de si odieux ?

Ô amis de l'humanité, vous ne regretterez pas une bête féroce engraissée de votre sang, et vous, tristes aristocrates que la Révolution n'a pas assez ménagés, vous ne le regretterez pas non plus, vous n'avez rien de commun avec lui.

Ô ma patrie ! Tes infortunes déchirent mon cœur ; je ne puis t'offrir que ma vie, et je rends grâce au ciel de la liberté que j'ai d'en disposer. Personne ne perdra par ma mort. Je n'imiterai point Pâris en me tuant ; je veux que mon dernier soupir soit utile à mes concitoyens, que ma tête, portée dans Paris, soit un signe de ralliement pour tous les amis des lois ; que la Montagne chancelante voie sa perte écrite avec mon sang ; que je sois leur dernière victime, et que l'univers vengé déclare que j'ai bien mérité de l'humanité. Au reste, si l'on voyait ma conduite d'un autre œil, je m'en inquiète peu.

> Qu'à l'univers surpris, cette grande action
> Soit un objet d'horreur ou d'admiration,
> Mon esprit, peu jaloux de vivre en la mémoire,
> Ne considère point le reproche ou la gloire :
> Toujours indépendant et toujours citoyen,
> Mon devoir me suffit, tout le reste n'est rien.
> Allez, ne songez plus qu'à sortir d'esclavage* !

Mes parents et amis ne doivent point être inquiétés, personne ne savait mes projets. Je joins mon extrait de

---

* Ces vers sont de Voltaire (*Mort de César*, acte III, scène 2).

baptême à cette adresse pour montrer ce que peut la plus faible main conduite par un entier dévouement. Si je ne réussis pas dans mon entreprise, Français, je vous ai montré le chemin, vous connaissez vos enne-mis, levez-vous, marchez et frappez. »

Sans doute avait-elle à peu près achevé son *Adresse aux Français* – qu'elle avait décidé de garder sur elle jusqu'à la mort – lorsque Duperret revint, en fin d'après-midi, lui apportant la mauvaise nouvelle qu'il redoutait : il était décidément suspect, soupçonné de connivence avec les députés proscrits, et l'on venait de mettre les scellés chez lui. Non, il ne pourrait rien pour Mlle de Forbin. Charlotte s'inquiéta pour son amie Alexandrine, mais aussi pour Duperret, car il avait été vu avec elle par plusieurs personnes ; cela se saurait, et il serait peut-être accusé d'avoir été son complice. Elle veut alors le persuader de s'enfuir, de retrouver ses amis à Caen, elle pressent le mal qu'elle peut lui avoir fait. « Ne revenez pas me voir... par-tez... quittez la Convention... rejoignez vos amis... » Mais Duperret est intraitable : « Mon poste est à Paris. Rien ne me fera partir. » Elle répète : « Fuyez avant demain soir. » Non ! Il ne l'écoutera pas. Il la quitte. Elle se rassied à sa table pour achever son *Adresse aux Français*, ce testament qu'elle ne signera pas, et pour préparer tous les moments de la terrible journée du lendemain.

La nuit fut étouffante. Charlotte dormit fort peu. Elle se leva tôt le matin, sans doute vers six heures.

Elle revêtit la toilette qu'elle avait emportée dans sa malle, cette robe brune passée sur un jupon rayé. Pour chapeau elle avait sa haute calotte de feutre noir qu'elle avait ornée de rubans verts. Dans son corsage, elle fixa, par des épingles, l'*Adresse aux Français* qu'elle avait écrite la veille et son certificat de baptême. Elle prit dans sa main ses gants, un éventail et son sac contenant mouchoir, montre et argent.

Vers six heures, elle part dans un Paris presque vide, elle traverse la place de la Victoire-Nationale encore déserte, et, par la rue Croix-des-Petits-Champs, suivant le chemin qui lui avait été indiqué, elle arrive au jardin du Palais-Égalité, l'ancien Palais-Royal, où elle sait depuis la veille qu'elle trouvera des boutiques où se vendent des couteaux. Aucune d'entre elles n'est encore ouverte, et sans doute Charlotte doit-elle faire plusieurs fois le tour des galeries. Vers sept heures, les boutiquiers commencent à ouvrir les volets. Charlotte entre chez un coutelier, probablement chez Badin, au numéro 177 de la galerie de Valois*[8], et elle achète, pour quarante sols, un couteau de cuisine très ordinaire, avec un manche de bois noir, pourvu d'une gaine en cuir. Elle le range dans sa poche, entouré de son fichu blanc.

Elle retourna, par la rue Croix-des-Petits-Champs, à la place de la Victoire-Nationale où elle avait remarqué une station de fiacres. Elle laissa passer un

---

* Georges Lenotre observe que, « chose singulière », ce marchand ne fut pas recherché.

144

peu de temps, achetant puis lisant un journal, car il était sans doute trop tôt pour qu'elle se présentât chez Marat. Puis elle s'approcha des fiacres, et demanda à un cocher de la conduire chez le citoyen Marat. Le cocher ne connaissait pas son adresse. Elle lui dit de se renseigner, ce qu'il fit auprès des autres cochers et il revint lui disant que Marat habitait 30, rue des Cordeliers. Il était neuf heures à peu près quand le fiacre se mit en marche. Charlotte retira le couteau de sa poche, pour le glisser dans son corsage. Ils traversèrent la Seine sur le Pont-Neuf, et le cocher la déposa bientôt devant le numéro 30 de la rue des Cordeliers.

L'hôtel de Cahors, où logeait Marat, était une vieille demeure bourgeoise. La porte cochère ouvrait, entre deux boutiques, sur une cour très sombre où l'on voyait un puits. Le logement de la portière, Marie-Barbe Pain, se trouvait entre la rue et la cour. Charlotte demanda où habitait le citoyen Marat. « Au premier étage », lui répondit la gardienne qui ajouta, dévisageant cette jeune femme, que Marat était fort malade et qu'elle avait ordre de ne laisser monter personne[9]. Repoussée, Charlotte s'éloigna. Erra-t-elle dans le quartier ? Elle revint vers onze heures et demie et grimpa, très vite, l'escalier jusqu'au premier étage afin de n'être pas arrêtée par la gardienne. Là est l'appartement de l'Ami du peuple*[10]. Il y vit avec son amie, sa compagne si

---

* L'appartement était ainsi composé : une antichambre, une salle à manger prenant jour sur la cour, une petite pièce conti-

chère, Simonne Évrard, qui ne cesse de l'entourer de son amour, et de son inlassable dévouement*[11]. Simonne a accueilli sa propre sœur, Catherine Évrard. La sœur de Marat, Albertine, qui veille aussi sur son frère, fait, dans l'appartement de la rue des Cordeliers, de longs séjours. Une « cuisinière », Jeannette Maréchal, les aide et les sert. Ainsi Marat vit-il entouré de femmes attentives qui le soutiennent à tout moment.

Charlotte tire précipitamment la sonnette. C'est Jeannette Maréchal qui vient lui ouvrir la porte. Charlotte entre dans l'antichambre tapissée d'un papier décoré de colonnes antiques, et demande à être introduite auprès du citoyen Marat. « J'arrive de Caen et j'ai des choses très intéressantes et très pressées à lui dire. » Survient aussitôt Simonne Évrard, qui veille toujours à le protéger : « Il est souffrant et il ne peut recevoir personne. » La visiteuse insiste, mais Simonne Évrard lui oppose un refus très ferme. Alors Charlotte se retire, demandant « quand elle pourrait revenir à nouveau », car ce qu'elle doit communiquer à Marat est de la plus haute importance. Simonne Évrard reste aussi ferme. « On ne sait pas

---

guë à la salle à manger dans laquelle s'ouvre la porte de la salle de bains, une chambre à coucher, une grande pièce éclairée par deux fenêtres sur la rue, enfin un cabinet de travail donnant également sur la rue, et une petite cuisine prenant jour sur l'escalier.

* Charles Vatel ne fait remonter leur vie commune qu'à l'année 1792.

quand il sera rétabli. Il est inutile que vous reveniez. »

La porte est de nouveau claquée. Charlotte décide de regagner à pied l'hôtel de La Providence, ce qui l'oblige à demander plusieurs fois son chemin. Comment pourrait-elle faire afin d'écarter toutes les femmes qui gardent et protègent Marat ? Peut-être pourrait-elle lui écrire ? Rentrée à l'hôtel de La Providence, elle interroge Mme Grollier qui lui apprend que, pour deux sols, la petite poste distribuait des plis dans Paris, toutes les deux heures. « Si je fais porter maintenant une lettre à la poste, serai-je sûre qu'elle sera distribuée avant six heures ? – Certainement. » Alors Charlotte monte dans sa chambre et rédige à la hâte son billet. « Je viens de Caen. Votre amour pour la Patrie doit vous faire désirer de connaître les complots que l'on y médite. J'attends votre réponse*. »

Elle fait porter le billet à la poste par Feuillard. Les heures passent lentement dans cette chambre d'hôtel. Sa lettre, Marat l'a-t-il reçue maintenant ? Peut-elle espérer une réponse ? À quelle heure devra-t-elle retourner rue des Cordeliers ? Comment se faire recevoir quoi qu'il arrive ? Elle demande à Feuillard qu'un perruquier vienne dans sa chambre.

---

* L'original de cette lettre n'existe plus aux Archives. Il faut se reporter au texte que Chabot a lu à la Convention le 14 juillet 1793, dont le compte rendu a été publié dans la *Gazette nationale* du 16 juillet 1793.

Pour être contrainte de rester assise ? Pour avoir une compagnie ? Pour tuer le temps ? Pour séduire l'entourage de sa victime ? Toutes les hypothèses seront avancées. Un garçon perruquier, Person, âgé de dix-huit ans, employé chez Ferieux, rue des Vieux-Augustins, se présente, il lui boucle la tête au petit fer, et achève son travail avec un trait de poudre et de la pommade au jasmin. Ainsi, nous dit Catherine Decours, « Judith avait-elle répandu sur elle un baume précieux avant de se rendre dans la tente d'Holopherne[12] ». Charlotte rédige pour Marat un nouveau billet, un étrange billet qui fait appel à sa pitié, qu'elle ne signe pas, mais qu'elle tâchera de lui faire remettre quand elle arrivera chez lui[*][13].

> « Au citoyen Marat, rue des Cordeliers à Paris
>
> Je vous ai écrit ce matin, Marat, avez-vous reçu ma lettre ? Puis-je espérer un moment d'audience ? Si vous l'avés reçue, jespère que vous ne me le refuserés pas, voyant combien la chose est intéressante. Suffit que je sois bien malheureuse pour avoir droit à votre protection. »

Une dernière fois, elle corrige sa toilette et se parfume. Elle est vêtue d'un déshabillé moucheté. Elle jette sur son décolleté un fichu rose. Elle est coiffée de son chapeau haut-de-forme, orné d'une cocarde

---

* Cette lettre sera saisie sur Charlotte Corday lorsqu'elle sera arrêtée et fouillée. *Infra,* p. 161.

noire et de ses rubans verts. Elle enferme le couteau dans son corsage et prend à la main un éventail. Elle sort de l'hôtel, se dirige vers la station de fiacres. Elle demande au cocher de la conduire 30, rue des Cordeliers, lui précisant qu'il devra l'y attendre. Pourquoi l'attendra-t-il ? Entretient-elle un quelconque espoir d'évasion ? Il est plus de sept heures du soir quand elle se présente, pour la troisième fois, chez le citoyen Marat.

CHAPITRE XI

« J'ai rempli ma tâche. Les autres feront le reste »

Ce lourd été de l'année 1793, il est un temps très dur de la vie de Marat, comme il en a connu déjà. Sans doute a-t-il vaincu, humilié ses ennemis. Mais il ne cesse d'en découvrir d'autres, et ses combats ne seront jamais finis. La Convention, épurée, « débarrassée des ennemis du peuple », la Convention qui doit tout à Marat, lui paraît indifférente, comme lassée de lui[1]. Il ne cesse de multiplier les critiques, les dénonciations, les lamentations. « Tout ce qui fut fait n'a servi à rien, tout est à recommencer. » Il accuse la Montagne[2] : « La source de tous nos maux [...] c'est moins la perfidie des ennemis de la liberté qui inondent l'État que le défaut d'énergie et de vertu des patriotes qui siègent dans le Sénat*. » Cela ne l'empêche pas de continuer à imaginer d'illusoires projets : ainsi celui d'une sainte Fédération, d'une

_____
* *Le Publiciste de la République française*, 15 juin 1793.

Union sacrée de tous les vrais révolutionnaires qui se réuniraient au Champ de Mars et prêteraient serment de défendre la liberté jusqu'à leur dernier soupir[3]. Mais les Jacobins ne s'intéressent pas à sa proposition ; ils semblent désormais, à son égard, dans une prudente réserve. Bien sûr, Marat continue de fustiger tous ceux qu'il tient pour ses ennemis : ainsi le général Custine, devenu un traître, et Carra, ce fou dangereux, qu'il poursuit maintenant de sa haine, et bien d'autres. Sa maladie l'empêche désormais de se rendre à la Convention : il eût souhaité y reprendre sa place, car il voit que tous profitent de son absence. On sait que, le 17 juin, quand il revint à l'Assemblée*, déclarant que « les dangers de la patrie le rappelaient à son poste », il fut écouté silencieusement, mais que l'Assemblée passa aussitôt à l'examen des affaires courantes. Malade, désespéré, Marat a le sentiment d'être abandonné par tous. Le 19 juin, son journal publie des allusions très désagréables sur le compte de Danton, et de Robespierre. Qu'attendent-ils ces deux-là, sinon le pouvoir ?

Par ailleurs, Marat est en proie à de graves difficultés financières. Le déficit de son journal ne cesse de s'accroître. Il ne sait pas s'intéresser vraiment à l'exploitation commerciale de celui-ci, il fournit des milliers d'exemplaires gratuits, notamment aux députés de la Montagne. Il doit sacrifier une large part de son indemnité de député pour tenter, en

* *Supra,* p. 102.

vain, de faire vivre *Le Publiciste*[4]. À la fin du mois de juin, il est obligé de prévenir ses lecteurs qu'il devra bientôt cesser la publication de sa feuille, « ce qui serait une calamité publique, car elle est l'épouvantail des ennemis de la Révolution[5] ».

Mais le pire est son état de santé qu'aggrave la forte chaleur de juin puis de juillet. Son eczéma ne cesse de devenir plus intolérable, et Marat est, chaque jour davantage, prisonnier de ses migraines. Il doit passer une large partie de la journée dans sa baignoire, car l'eau du bain apaise un peu sa souffrance. Heureusement, il est toujours entouré des soins attentifs de Simonne Évrard, qui s'occupe tendrement de lui, aidée de sa sœur, Catherine Évrard. Albertine Marat, la sœur de Jean-Paul, qui vouait un culte à son frère, son héros « qui avait reçu mission de régénérer le monde », était alors en Suisse[6]. C'est dans sa baignoire sabot que Marat travaille ou se repose. La petite salle de bains, carrelée de briques rouges, est décorée de deux pistolets croisés et d'une carte de la France révolutionnaire. Ces dames lui portent fréquemment une boisson à base de terre glaise et de pâte d'amande qu'il a lui-même composée, en médecin très inspiré[7]. Les repas préparés lui sont portés sur deux plats, que l'on pose sur la planche. Toutes se bousculent dans la salle de bains, car il a sans cesse besoin d'elles et il les appelle très souvent.

Quand Charlotte descendit de voiture – il était près de sept heures et demie du soir –, elle pénétra très vite sous le porche pour monter précipitamment au premier étage ; la gardienne n'était pas dans sa loge. Charlotte sonna à la porte, mais ce fut Mme Pain qui lui ouvrit : elle était alors occupée à plier les journaux qui seraient distribués au petit matin. La gardienne dut dévisager, de son œil unique, cette élégante jeune fille, tenant en main un éventail, et coiffée d'un chapeau haut-de-forme. Sans doute reconnut-elle la personne qu'elle avait éconduite le matin. À ce moment survint un jeune homme, M. Pillet, qui venait présenter une facture à Marat au nom de l'imprimeur Boichard et accompagnait le commissionnaire Laurent Bas qui apportait, lui, une charge de papier destinée à l'impression. « Je viens de Caen et il me faut absolument parler à Marat », dit Charlotte[8] sur un ton qui pouvait permettre à d'autres de l'entendre. « C'est impossible, répond Mme Pain, depuis sa maladie Marat ne reçoit personne. » Mais sans doute Charlotte s'est-elle rendu compte que M. Pillet avait pu, sans difficulté, entrer dans la salle de bains pour parler à Marat. Elle insiste fiévreusement. « Je veux le voir... a-t-il reçu ma lettre ? – Je n'en sais rien, répond la gardienne, il arrive tant de courrier... » Revint M. Pillet, qui sans doute avait rempli sa tâche. Le ton monta, qui opposait la demande pressante de Charlotte et le refus obstiné de la gardienne. Arriva Simonne Évrard qui reconnut la jeune visiteuse du matin et voulut à nouveau l'éconduire. Mais le tapage des voix montantes fut sans doute entendu de Marat. Est-ce lui qui appela Simonne Évrard, ou alla-t-elle lui demander s'il voulait recevoir cette importune, venue de Caen, qui prétendait lui porter d'utiles informations ? Elle fit signe à Charlotte de la suivre. Elle la conduisit à la salle de bains où Marat l'attendait, et elle sortit, fermant la porte.

Les voici tous les deux, seuls ! Au-dessous de la carte de la France, accrochée au mur, une pancarte est placée sur laquelle se lit le mot « Mort ». Ce Marat, Charlotte ne l'avait jamais vu. Il lui apparaît, une serviette nouée autour du front. Il n'a hors de l'eau que la tête, les épaules, le haut du buste peut-être recouvert d'un peignoir, et le bras droit. Une planche posée en travers de la baignoire lui sert de bureau : les papiers et les journaux y sont entassés. « Rien dans les traits de cet homme, écrira Lamartine, n'était de nature à attendrir le regard d'une femme et à faire hésiter le coup. Les cheveux gras entourés d'un mouchoir sale, le front fuyant, les yeux effrontés, les pommettes saillantes, la bouche immense et ricaneuse, la poitrine velue, les membres grêles, la peau livide : tel était Marat[9]. » Un monstre qui ne pourrait faire pitié ? Sans doute Marat invita-t-il sa visiteuse, d'un geste ou d'un mot, à s'asseoir sur le tabouret de bois posé à côté de la baignoire. Simonne Évrard entra bientôt dans la pièce, portant à Jean-Paul une carafe d'eau d'amande et le remède qu'il avait imaginé*[10]. Voulait-elle aussi surveiller

---

* Entendue par le juge Foucault lors du procès de Charlotte Corday, Simonne Évrard dira qu'elle avait alors trouvé dans la

cette étrange jeune fille ? Assise à côté de la baignoire, Charlotte parle, écoute, répond aux questions de Marat. Que se disent-ils ? On n'en saura que ce qu'elle voudra bien rapporter dans ses interrogatoires. Avait-il reçu sa lettre ? Lui en parla-t-il ? L'interrogea-t-il sur ce qui se passait à Caen, sur la situation en Normandie ? Sans doute lui demanda-t-il qu'elle le renseignât précisément sur les députés girondins réfugiés à Caen et ce qu'ils y faisaient. Marat ne cesse de prendre des notes. Charlotte lui dit que les Girondins sont maîtres de la ville et que les citoyens s'enrôlent pour marcher sur Paris. Marat réclame des précisions, il veut noter le nom de tous les députés, le nom des personnalités du département qui s'engagent, il veut des noms, toujours plus de noms. Elle l'interroge : « Qu'allez-vous faire ? – Je les ferai bientôt tous guillotiner à Paris », répond-il, écrivant de plus en plus vite.

Sont-ce vraiment ces mots-là « qui décidèrent de son sort » – ce que Charlotte dira à son procès –, comme si le crime n'était pas encore décidé ? Elle se

---

salle de bains « deux plats de cervelle et de ris de veau qu'elle avait emportés dans la crainte qu'on ne jette sur ces plats quelque chose qui pût empoisonner Marat ». Catherine Évrard sera interrogée par le président Montané. Sa déposition ne répétera pas exactement celle de sa sœur. Catherine Évrard semblera dire au président du tribunal que c'est elle qui entra dans la salle de bains pour donner à boire à Marat et qu'elle vit alors la jeune femme « pleurer et être consolée par ledit citoyen Marat ».

lève, elle sort son couteau, et d'une main ferme elle le plonge dans le sein droit de Marat. Puis elle le retire et le laisse retomber sur la planche placée en travers de la baignoire. On entendit un hurlement, ou un cri rauque : « À moi ! » Par la porte se précipitent Simonne et Catherine Évrard, et Jeannette Maréchal. La tête de Marat est retombée sur la tablette de la baignoire, l'eau du bain est devenue toute rouge. Un énorme jet de sang sort encore de la poitrine nue de Marat. Une rigole coule sur le carrelage, vers la chambre à coucher. En quelques minutes Marat va mourir.

Peut-être Charlotte, dans l'affolement de tous, était-elle alors passée dans le vestibule. Laurent Bas saisit une chaise pour l'immobiliser, il la frappa d'un coup qui l'étendit par terre. Puis, selon ce qu'il dira*[11], elle se releva, il la terrassa à nouveau, la prenant « par les mamelles » et la frappant à coup de poings.

Très vite, appelée par les cris des voisins, survient une foule sans cesse grossissante qui envahit l'appartement, poussant des cris de vengeance. Charlotte a été rejetée dans le salon, elle est immobile, le regard fixe. Vite, elle est ligotée. Va-t-elle être massacrée ? Mais arriveront le commissaire de police Guellard et plus tard, les représentants du Comité de sûreté générale aussitôt prévenus[12].

---

* Lorsqu'il sera entendu au procès par le président Montané.

Était accouru parmi les premiers un chirurgien-dentiste locataire de la même maison, Antoine-Claire Michon-Delafondée, qui avait entendu les cris. Il constate la mort de Marat, fait retirer le corps de la baignoire pour qu'il soit couché sur un lit, en attendant la venue du docteur Pelletan, chirurgien de l'Hôtel-Dieu, que court chercher Mme Pain. Celui-ci arrive et ne peut que constater, à son tour, la mort de Marat.

> « Le coup de couteau, consigne-t-il dans son rapport, a pénétré par la clavicule du côté droit, entre la première et la seconde vraie côte, et cela si profondément que l'index a fait écart pour pénétrer de toute sa longueur à travers le poumon blessé et que, d'après la position des organes, il est probable que le tronc des carotides a été ouvert [...] ce qui indique la perte de sang qui a causé la mort et qui sortait de la plaie à flots, au dire des assistants [13]. »

On précisera plus tard que la lame était entrée obliquement, dans un étroit passage, et qu'elle avait pénétré dans l'oreillette gauche : un coup fort difficile à exécuter [14] !

Le policier Jacques-Philibert Guellard, commissaire de la section du Théâtre-Français, arrivé entre sept heures trente et huit heures, emmena Charlotte dans le salon où il l'interrogea, assis derrière une table avec deux administrateurs du département de la police à la mairie, Marino et Louvet. La chaleur était telle qu'ils devront se faire porter, à plusieurs reprises, des rafraîchissements. Charlotte répondit poliment, laconiquement : oui, elle était venue de Caen pour tuer Marat, et bien sûr elle avait agi seule*.

« À elle demandé depuis quel temps elle est à Paris, et quel a été l'objet de son voyage dans cette ville ?

A répondu y être arrivée jeudi dernier, avec un passeport qu'elle avait obtenu à Caen, dont elle est partie le mardi d'avant et être venue dans cette ville sans aucun dessein.

À elle demandé s'il n'est pas vrai que, heure présente, elle s'est introduite chez le citoyen Marat, qui était alors au bain, et s'il n'est pas également vrai qu'elle a assassiné Marat avec le couteau que nous lui représentons à l'instant ?

A répondu que oui, et qu'elle reconnaît le couteau.

Interpellée de nous déclarer ce qui l'avait déterminée à commettre cet assassinat ?

---

* Le dossier de cette « information préliminaire » (procès-verbal de flagrant délit) figure en page 3 et suivantes dans les *Dossiers du procès criminel de Marie-Anne-Charlotte de Corday d'Armont devant le Tribunal révolutionnaire*, publiés par Charles Vatel en 1861. Le procès-verbal dressé par le commissaire Guellard sera signé par celui-ci et ses adjoints, par Charlotte Corday, et également signé par Maure Aîné, Legendre, François Chabot, et Drouet, quoiqu'ils soient arrivés au domicile de Marat alors que s'achevait l'interrogatoire.

A répondu qu'ayant vu la guerre civile sur le point de s'allumer dans toute la France, et persuadée que Marat était le principal auteur de ce désastre, elle avait préféré à faire le sacrifice de sa vie pour sauver son pays.

À elle observé qu'il ne paraît pas naturel qu'elle ait conçu ce dessein exécrable de son propre mouvement, et interpellée de nous déclarer les personnes qu'elle fréquente le plus ordinairement dans la ville de Caen ?

A répondu qu'elle n'a communiqué son projet à âme qui vive, qu'il y a quelque temps qu'elle avait le passe-port qui lui avait servi pour venir à Paris ; qu'en partant mardi dernier de Caen et en quittant une vieille parente chez laquelle elle demeure (la citoyenne Coutelier de Bretteville, veuve âgée de soixante et quelques années) elle répondante a seulement dit qu'elle allait voir son père ; que très peu de personnes fréquentaient la maison de cette parente, et qu'aucune n'a jamais rien su de son dessein.

À elle observé que suivant la réponse antécédente, il y a tout lieu de croire qu'elle n'a quitté la ville de Caen que pour venir commettre cet assassinat dans la personne du citoyen Marat ?

A répondu qu'il est vrai qu'elle avait ce dessein, et qu'elle n'aurait pas quitté Caen si elle n'eût envie de l'effectuer.

Sommée de nous déclarer où elle s'est procuré le couteau dont elle s'est servie pour commettre ce meurtre ; de nous dire quelles sont les personnes qu'elle a vues à Paris, et enfin de nous rendre compte de ce qu'elle a fait à Paris, depuis le jeudi qu'elle y est arrivée ?

160

A répondu : avoir acheté le couteau dont elle s'est servie pour assassiner Marat, le matin à huit heures, au Palais-Royal et l'avoir payé quarante sols ; qu'elle ne connaît personne à Paris, où elle n'est jamais venue ; qu'arrivée jeudi vers le midi, elle s'est couchée ; n'est sortie de son appartement que le vendredi matin, pour se promener vers la place des Victoires et dans le Palais-Royal ; que l'après-midi elle n'est point sortie ; qu'elle s'est mise à écrire différents papiers que nous trouverons sur elle ; qu'elle est sortie ce matin, a été au Palais-Royal vers les sept heures et demie huit heures, y a acheté le couteau dont nous avons parlé ci-dessus ; a pris une voiture place des Victoires pour se faire conduire chez le citoyen Marat, auquel elle n'a pu parvenir ; qu'alors retournée chez elle, elle a pris le parti de lui écrire par la petite poste, et sous un faux prétexte de lui demander une audience.

Qu'elle répondante, sur les sept heures et demie du soir, avait pris une voiture pour se présenter chez le citoyen Marat y recevoir la réponse à sa lettre, que dans la crainte d'éprouver un refus, elle s'était précautionnée d'une autre lettre, qui est dans son porte-feuille, et qu'elle se proposait de faire tenir au citoyen Marat, mais qu'elle n'en a point fait usage, ayant été reçue à cette heure, et enfin que son projet n'était point un projet ordinaire.

À elle demandé comment elle est parvenue cette seconde fois auprès du citoyen Marat, et dans quel temps elle a commis le crime envers sa personne ?

A répondu que des femmes lui avaient ouvert la porte, qu'on avait refusé de la faire pénétrer auprès de

161

Marat, mais que, ce dernier ayant entendu la répondante insister, il avait lui-même demandé qu'on l'introduisît auprès de son bain ; qu'il avait fait plusieurs questions à la répondante sur les députés de présent à Caen, sur leurs noms et ceux des officiers municipaux ; que la répondante les lui avait nommés, et que, Marat ayant dit qu'ils ne tarderaient pas à être guillotinés, c'est alors qu'elle, répondante, a tiré le couteau qu'elle portait dans son sein, dont elle a aussitôt frappé ledit Marat dans son bain.

À elle observé, après avoir consommé le crime, si elle n'a pas cherché à s'évader par la fenêtre ?

A répondu que non, qu'elle n'a eu aucun dessein de s'évader par la fenêtre, mais qu'elle se fût en allée par la porte si on ne s'y fût opposé [15]. »

Charlotte est alors fouillée. Sur elle on découvre son passeport, sa lettre à Marat non envoyée, sa bourse contenant des écus et des assignats, un dé d'argent, une montre d'or, la clef de sa malle et un peloton de fil blanc. Mais « dans la gorge de la Répondante » on trouve encore « une gaine en façon de chagrin et servant au couteau » et, en outre, « attachés ensemble avec une épingle, son extrait baptistaire et une diatribe en forme d'*Adresse aux Français* » dont il a été fait lecture [16] « en présence des citoyens Maure, Legendre, Chabot et Drouet, membres du Comité de sûreté générale de la Convention, intervenus par un arrêté dudit Comité ». Après quoi l'interrogatoire sera un moment prolongé.

« Demandé à la répondante qu'il y a lieu de croire qu'elle nous en impose en disant que personne n'était instruit de son dessein, vu la quantité de numéraire dont elle est munie, et qu'il est difficile de se procurer, surtout pour une fille de son âge ?

A répondu que ce numéraire est une partie de celui qu'elle possédait, et qu'elle a pris ces cinquante écus afin de suppléer au peu d'assignats qu'elle avait, ne voulant rien demander à ses parents.

Interrogée si la répondante est fille ?

A répondu que oui.

Interrogée si, ce matin, elle ne s'est point présentée à Sainte-Pélagie ou autre prison de cette ville ?

A répondu que non, qu'elle ignore même où sont les prisons.

Lecture faite à la répondante dudit interrogatoire, et de ses réponses ; a dit ses réponses contenir vérité, y persister et a signé.

Corday.

Maure aîné, Legendre, François Chabot, Drouet, Marino, Louvet[17]. »

Les membres du Comité de sûreté générale qui signèrent ce procès-verbal n'étaient arrivés chez Marat qu'à la fin de l'interrogatoire. Exigèrent-ils alors que la criminelle fût emmenée au Comité de sûreté générale, installé aux Tuileries, afin qu'elle y subît un second interrogatoire ? De ce second inter-rogatoire, aucune trace n'a jamais été retrouvée.

Pourtant Charles Vatel – et il fut sur ce point suivi par plusieurs auteurs – a admis que cet interrogatoire avait dû exister*[18], si même aucun document ne l'établit : mais il est vrai que le Comité de sûreté générale n'était guère préoccupé des formes de la procédure.

Il faut encore que Charlotte soit confrontée, au domicile de Marat, avec le cadavre de sa victime. Le commissaire de police Guellard la conduisit face au corps de Marat dont la décomposition semblait commencée. Simonne Évrard sanglotait. Charlotte parut bouleversée, pressée de quitter cette chambre à coucher. Elle s'écria : « Eh bien oui ! C'est moi qui l'ai tué. » Aussitôt ramenée dans le salon, elle dit encore : « J'ai rempli ma tâche... Les autres feront le reste... » Le greffier lut à haute voix le procès-verbal. Elle fit procéder à plusieurs rectifications. On lui délia un moment les mains, pour qu'elle puisse signer. D'une voix douce, elle demanda qu'il lui soit permis de rabattre ses manches et de mettre ses gants sous les liens qui lui seraient passés[19]. À Chabot, autrefois capucin, qui marquait l'intention de garder la montre en or saisie sur elle, elle dit :

---

* Charles Vatel se fonde sur la lettre de Charlotte Corday à Barbaroux qui parle de son « premier » interrogatoire, laissant imaginer qu'elle avait pu en subir un second, et sur les souvenirs d'Harmand de la Meuse qui rapportera être venu au Comité de sûreté générale, quoiqu'il n'en fût pas membre, pour « voir de près cette nouvelle Judith ».

« Oubliez-vous que les capucins ont fait vœu de pauvreté [20] ? »

Il est près de deux heures du matin quand Charlotte Corday, entourée par la police, conduite par Drouet et Chabot, descend l'escalier et paraît dans la rue. La foule grouille dans la nuit très lourde. On entend des cris ; des mouvements violents se produisent. A-t-elle espéré un instant que le peuple la massacre ? Le commandant du poste de police et Drouet et Legendre la font monter dans le fiacre qui l'a amenée, auquel elle avait demandé de l'attendre et qui est resté en stationnement, bousculé, menacé depuis des heures. Ils réussissent à écarter la foule. Le trajet en voiture est fort court. Les portes des prisons de l'Abbaye vont s'ouvrir, et Charlotte sera conduite dans sa cellule. Le 14 juillet est venu. C'est la fête de la Liberté. Charlotte a « rempli sa tâche ». Il ne lui reste qu'à mourir.

CHAPITRE XII

« Adieu mon cher papa, je vous prie de m'oublier... »

Charlotte a été conduite aux prisons de l'Abbaye, prison abbatiale construite le long de l'enclos de Saint-Germain-des-Prés*. Durant le trajet, de la rue des Cordeliers à la prison, il avait fallu sans cesse protéger la meurtrière de la foule hurlante qui suivait la voiture. La cellule où elle fut enfermée avait été occupée par Mme Roland, puis par le Girondin Brissot. Mme Roland a décrit dans ses *Mémoires* « ce cabinet fort maussade par la saleté des murs, l'épaisseur des grilles, et le voisinage d'un bûcher que tous les animaux du logis prenaient pour leurs lieux d'aisance[1] ». Cette cellule avait pour seul avantage qu'elle était si petite qu'on ne pouvait y placer qu'un seul lit. Charlotte serait seule. Seule ? La présence constante de deux gendarmes, pendant

---

* Cette prison, construite de 1631 à 1635, sera démolie en 1854.

la nuit, est vite insupportable à la prisonnière. Elle protestera contre cette atteinte à sa pudeur, mais elle ne sera pas entendue. Elle entend crier, au-dehors, son nom, et celui de Fauchet, et celui de Duperret. Qu'on s'en prenne à Fauchet lui est indifférent. Mais Duperret n'est-il pas sa victime à elle ? Sans doute a-t-on perquisitionné à l'hôtel de La Providence*[2], trouvé sur l'un des papiers qu'elle a imprudemment laissés dans sa chambre l'adresse de Duperret, perquisitionné chez lui et découvert le paquet confié par Barbaroux. Accumulant les maladresses elle a peut-être fait de Duperret un apparent coupable.

Peut-être apprend-elle, dès le matin du 14 juillet, que Duperret et Fauchet sont détenus, eux aussi, aux prisons de l'Abbaye. Elle apprend aussi que son procès sera probablement retardé en raison des funérailles solennelles réservées à Marat. Le couple Delavaquerie qui la garde, les policiers qui la surveillent la traitent convenablement, et même gentiment : sa beauté, sa douceur, son calme ne sont pas ordinaires : « Elle avait, écrit Shearing, l'apparence d'une sainte, d'un ange[3]. »

Au matin de ce long et lourd dimanche elle commença par réparer sa robe qui avait été lacérée

---

* La perquisition à l'hôtel de La Providence a effectivement eu lieu le 13 juillet à dix heures et demie du soir, et l'on a trouvé sur de petits papiers l'adresse du « citoyen Duperret, rue Saint-Thomas-du-Louvre, n° 45 ».

lors de son arrestation. Puis, aidée par Mme Dela-vaquerie qui voulut bien lui fournir ce qu'il lui manquait, elle se confectionna un bonnet, et aussi un fichu : car son chapeau était resté chez Marat, et son fichu rose était sali et déchiré. « Elle cousait tranquillement, attendant son sort[4]. » Enfin elle demanda le matériel nécessaire pour écrire. L'auto-risation lui fut donnée. Peut-être révélerait-elle ses complices ? Ce qu'elle voulait, c'était tenir la pro-messe qu'elle avait faite à Barbaroux : lui rendre fidèlement compte de tout ce qui se passerait. Elle écrira aussi, le 15 juillet, au Comité de sûreté géné-rale pour être autorisée à dormir sans gendarmes, et pour obtenir qu'on fasse son portrait avant qu'elle ne meure :

« Citoyens composant le Comité de sûreté générale,

Puisque j'ai encore quelques instants à vivre, pou-rais-je, espérer, Citoyens, que vous me permettrés de me faire peindre, je voudrais laisser cette marque de mon souvenir à mes amis, d'ailleurs comme on chérit l'image des Bons Citoyens, la curiosité fait quelque-fois rechercher ceux des grands criminels, ce qui sert à perpétuer l'horreur de leurs crimes, si vous daignés faire attention à ma demande, je vous prie de m'envoyer demain un peintre en mignature, je vous renouvelle celle de me laisser dormir seule, croyés je prie à toute ma Reconnoissance.

Marie Corday[5]. »

Le lundi 15 au matin, Charlotte fut sans doute informée qu'elle passerait à nouveau une journée sans être interrogée. Elle avait décidé d'écrire sa lettre à Barbaroux, et aussi une dernière lettre à son père. Le soir, une chandelle lui fut apportée, et elle étendit son papier sur la table sale. Elle commencera de rédiger sa longue missive à Barbaroux, la faisant précéder de ces mots : « Aux prisons de l'Abbaye dans la ci-devant chambre de Brissot, le second jour de la préparation à la paix. » Tuant Marat, pensait-elle avoir inauguré un nouveau calendrier* ? Cette lettre à Barbaroux, l'accusateur public Fouquier-Tinville en fera la lecture durant le procès**.

« Le croiriez-vous ? Fauchet est en prison comme mon complice, lui, qui ignorait mon existence. Mais on n'est guère content de n'avoir qu'une femme sans conséquence à offrir aux mânes de ce grand homme. Pardon, ô humains ! Ce mot déshonore votre espèce : c'était une bête féroce qui allait dévorer le reste de la France par le feu de la guerre civile. Maintenant, vive la paix ! Grâce au ciel, il n'était pas né Français.

---

* Charles Vatel estime que la lettre fut commencée le lundi soir – second jour après la mort de Marat – et non le mardi comme le disent plusieurs historiens. Le mardi eût été un troisième jour...

** Les premières phrases de cette lettre, racontant à Barbaroux le voyage de Caen à Paris, ont été reproduites ci-dessus, *supra*, p. 136.

170

Quatre membres se trouvèrent à mon premier interrogatoire*. Chabot avait l'air d'un fou. Legendre
voulait m'avoir vue le matin chez lui, moi qui n'ai
jamais songé à cet homme ; je ne lui crois pas d'assez
grands moyens pour être le tyran de son pays, et je ne
prétendais pas punir tant de monde. Tous ceux qui me
voyaient pour la première fois prétendaient me
connaître dès longtemps. Je crois que l'on a imprimé
les dernières paroles de Marat, je doute qu'il en ait
proféré ; mais voilà les dernières qu'il m'a dites. Après
avoir écrit vos noms à tous, et ceux des administrateurs
du Calvados qui sont à Évreux, il me dit pour me
consoler, que dans peu de jours, il vous ferait tous
guillotiner à Paris. Ces derniers mots décidèrent de son
sort... Si le département met sa figure vis-à-vis celle de
Saint-Fargeau, il pourra faire graver ses paroles en
lettres d'or. Je ne vous ferai aucun détail sur ce grand
événement, les journaux vous en parleront. J'avoue
que ce qui m'a décidée tout à fait, c'est le courage avec
lequel nos volontaires se sont enrôlés dimanche
7 juillet, vous vous souvenez comme j'en étais charmée, et je me promettais bien de faire repentir Pétion
des soupçons qu'il manifesta sur mes sentiments.

"Est-ce que vous seriez fâchée s'ils ne partaient
pas ?" me dit-il. Enfin donc j'ai considéré que tant de
braves gens venant pour avoir la tête d'un seul homme
qu'ils auraient manqué ou qui aurait entraîné dans sa

---

* De ces mots, Charles Vatel et plusieurs historiens
déduisent que Charlotte a peut-être subi un « second » interrogatoire au Comité de sûreté générale. *Supra*, p. 164.

perte beaucoup de bons citoyens, il ne méritait pas tant d'honneur, suffisait de la main d'une femme.

J'avoue que j'ai employé un artifice perfide pour l'attirer à me recevoir. Tous les moyens sont bons dans une telle circonstance. Je comptais, en partant de Caen, le sacrifier sur la cime de la Montagne, mais il n'allait plus à la Convention. Je voudrais avoir conservé votre lettre, on aurait mieux connu que je n'avais pas de complice, enfin cela s'éclaircira. Nous sommes si bons républicains à Paris que l'on ne conçoit pas comment une femme inutile, dont la plus longue vie ne serait bonne à rien, peut se sacrifier de sang-froid pour sauver tout son pays. Je m'attendais bien à mourir dans l'instant ; des hommes courageux et vraiment au-dessus de tout éloge, m'ont préservée de la fureur bien excusable des malheureux que j'avais faits. Comme j'étais vraiment de sang-froid, je souffris des cris de quelques femmes, mais qui sauve la patrie ne s'aperçoit pas de ce qu'il en coûte. Puisse la paix s'établir aussitôt que je le désire ! Voilà un grand préliminaire, sans cela nous ne l'aurions jamais eue. Je jouis, délicieusement, de la paix depuis deux jours, le bonheur de mon pays fait le mien : il n'est point de dévouement dont on ne retire plus de jouissances, qu'il n'en coûte à s'y décider. Je ne doute pas que l'on ne tourmente un peu mon père qui a déjà bien assez de ma perte pour l'affliger. Si l'on y trouve mes lettres, la plupart sont vos portraits. S'il s'y trouvait quelques plaisanteries sur votre compte, je vous prie de me les passer ; je suivais la légèreté de mon caractère. Dans ma dernière lettre je lui faisais croire que, redoutant

172

les horreurs de la guerre civile, je me retirais en Angleterre. Alors mon projet était de garder l'incognito, de tuer Marat publiquement et mourant aussitôt, laisser les Parisiens chercher inutilement mon nom.

Je vous prie, Citoyen, vous et vos collègues, de prendre la défense de mes parents et amis, si on les inquiétait. Je ne dis rien à mes chers amis aristocrates, je conserve leur souvenir dans mon cœur. Je n'ai jamais haï qu'un seul être, et j'ai fait voir avec quelle violence, mais il en est mille que j'aime encore plus que je ne le haïssais. Une imagination vive, un cœur sensible promettait une vie bien orageuse, je prie ceux qui me regretteraient de le considérer, et ils se réjouiront de me voir jouir du repos dans les Champs Élysées avec Brutus et quelques Anciens. Pour les Modernes, il est peu de vrais patriotes qui sachent mourir pour leur pays, presque tout est égoïsme. Quel triste peuple pour former une république ! Il faut du moins fonder la Paix et le gouvernement viendra comme il pourra ; du moins ce ne sera pas la Montagne qui régnera si l'on m'en croit.

Je suis on ne peut mieux dans ma prison ; les concierges sont les meilleurs gens possible ; on m'a donné des gendarmes pour me préserver de l'ennui. J'ai trouvé cela fort bien pour le jour, et fort mal pour la nuit. Je me suis plainte de cette indécence, le Comité n'a pas jugé à propos d'y faire attention, je crois que c'est de l'invention de Chabot : il n'y a qu'un capucin qui puisse avoir ces idées ; je passe mon temps à écrire des chansons, je donne le dernier couplet de celle de Valady à tous ceux qui le veulent. Je promets à tous les Parisiens que nous ne prenons les armes que contre l'anarchie, ce qui est exactement vrai[*]. »

La chandelle est à peu près morte. Charlotte est épuisée. Elle se couche sur le lit trop dur. Sa lettre, elle l'achèvera demain, si le temps lui en est laissé.

A-t-elle été prévenue dès le 15 au soir ? Au petit matin du 16, elle est transférée à la prison de la Conciergerie ; à peine a-t-elle le temps d'apercevoir la Seine. La voici donc au Palais de justice, dans l'antichambre de l'échafaud. Pourra-t-elle finir sa lettre à Barbaroux ? Écrire à son père ? Sera-t-elle jugée aujourd'hui, jugée et guillotinée ?

Ce 16 juillet, le Tribunal criminel est en place[6]. Il est constitué du président Montané, ex-lieutenant de la maréchaussée de Toulon, ancien juge de paix, du juge Foucault, qui mourra en l'an III sur l'échafaud, et du juge Roussillon. L'accusateur public est évidemment Fouquier-Tinville qui depuis quarante-huit heures ne cesse de s'entretenir avec Chabot, et de rassembler tous les documents possibles. Il veut

---

* Cf., en Annexe V, le fac-similé de la lettre écrite par Charlotte Corday à Barbaroux, publiée par Charles Vatel dans les *Dossiers du procès criminel de Marie-Anne-Charlotte de Corday d'Armont devant le Tribunal révolutionnaire*, avec de fort utiles commentaires (« Note et renseignements sur le fac-similé de la lettre de Charlotte de Corday à Barbaroux »). Dans le texte ci-dessus reproduit, l'orthographe de Charlotte Corday est corrigée.

démontrer à tout prix que le monstre Corday a agi sur ordre, il doit donc découvrir ses complices. Le greffier est Robert Wolff. Dès le petit matin, tous sont au travail, pour assurer « l'instruction préalable » qui doit précéder le procès.

Les juges se sont partagé l'audition des témoins. Le président Montané a entendu Catherine Évrard, le garçon d'hôtel François Feuillard, et Laurent Bas qui avait, chez Marat, maîtrisé Charlotte. Le juge Roussillon a entendu Michon-Delafondée, la femme Grollier qui tenait l'hôtel de La Providence, Louis Bruneau et Martin Cuisinier, tandis que le juge Foucault procédait à l'audition de Simonne Évrard, de Jeannette Maréchal et de la citoyenne Pain*[7].

À onze heures, le président Montané fait comparaître l'accusée pour procéder à son interrogatoire qui doit, dans le cadre de l'instruction préalable, précéder l'audience. Fouquier-Tinville est présent, mais restera impassible. L'interrogatoire de Montané sera long et minutieux. L'accusée répondra franchement et calmement[8].

---

* Les procès-verbaux d'auditions des témoins sont rapportés dans les *Dossiers du procès criminel de Marie-Anne-Charlotte de Corday d'Armont devant le Tribunal révolutionnaire*, rassemblés par Charles Vatel.

« Interrogatoire de Charlotte de Corday*

Cejourd'hui, seize juillet de l'an mil sept cent quatre-vingt-treize, second de la République, onze heures du matin.

Nous Jacques-Bernard-Marie Montané, président du Tribunal criminel révolutionnaire, établi par la loi du dix mars mil sept cent quatre-vingt-treize, sans recours au Tribunal de cassation, et encore en vertu des pouvoirs délégués au Tribunal par la loi du cinq avril de la même année, assisté de Robert Wolff, commis greffier du tribunal, en l'une des salles de l'auditoire au palais, et en présence de l'accusateur public, avons fait amener de la maison d'arrêt le nommée Cordaye auquel avons demandé ses noms, âge, profession, pays et demeure ?

A répondu se nommer Marie-Anne-Charlotte Corday, âgée de vingt-cinq ans, fille de Jacques-François Corday, ci-devant noble, demeurant à Caen, chez la veuve Le Coutellier de Bretteville, née aux Lignerits, district d'Argentan, département de l'Orne ; le citoyen son père demeurant à Argentan.

D. À Elle demandé à quelle époque Elle a quitté Caen ?

R. A répondu mardi dernier.

D. Où Elle est allée en sortant de Caen ?

_____

* Le procès-verbal d'interrogatoire figure au dossier des Archives nationales. Il est également reproduit par Charles Vatel. L'interrogatoire sera ici intégralement rapporté, car il semble nécessaire à la compréhension de l'accusée et de son crime.

R. À Paris.

D. De quelle manière Elle est arrivée à Paris ?

R. Dans une voiture qui part trois fois par semaine pour Paris.

D. Si Elle était seule ?

R. Qu'elle était seule de sa connaissance, mais qu'il y avait sept à huit personnes dans la voiture.

D. Si Elle connaissait quelques-unes de ces personnes ?

R. Que non.

D. Quel jour Elle est arrivée à Paris ?

R. Jeudi dernier vers midi.

D. Où Elle est descendue en arrivant à Paris ?

R. Qu'elle a descendu où la voiture s'est arrêtée et que de là elle a été logée rue des Vieux-Augustins, hôtel de La Providence.

D. Qui lui avait indiqué l'hôtel où Elle a logé ?

R. Par un des hommes qui sont au Bureau, qu'elle ne connaît pas.

D. Quel est le sujet de son voyage à Paris ?

R. Qu'elle n'avait d'autre intention, et qu'elle n'est venue que pour tuer Marat.

D. Quels sont les motifs qui ont pu la déterminer à une action aussi horrible ?

R. Que c'est tous ses crimes.

D. Quels sont les crimes qu'Elle lui reproche ?

R. La désolation de la France, la guerre civile qu'il a allumée dans tout le royaume.

177

D. Sur quoi Elle se fonde pour avancer la réponse ci-dessus ?

R. Que ses crimes passés sont un indice de ses crimes présents, que c'est lui qui a fait massacrer au mois de septembre, que c'est lui qui entretient le feu de la guerre civile, pour se faire nommer dictateur ou autre chose, et que c'est encore lui qui a attenté à la souveraineté du peuple en faisant arrêter et enfermer les députés à la Convention le 31 mai dernier.

D. Quelle preuve Elle a que Marat fut l'auteur des maux dont Elle parle ?

R. Qu'on ne peut en faire la preuve ; mais que c'est l'opinion de la France, que l'avenir l'apprendra, et que Marat avait un masque sur la figure.

D. Ce qu'Elle a fait en arrivant à Paris ?

R. Qu'elle a été à l'instant de son arrivée chez le citoyen Duperret, député de la Convention.

D. Ce qu'Elle y allait faire ?

R. Qu'elle était allée lui porter un paquet de la part de Barbaroux.

D. Si Elle a trouvé ce Député ?

R. Que non, qu'il n'était pas chez lui.

D. Si Elle a laissé le paquet ?

R. Qu'elle l'a laissé à ses filles.

D. Par qui Elle a été conduite chez lui ?

R. Elle y est allée seule et à pied.

D. Si Elle y est allée plusieurs fois dans le même jour ?

R. Qu'elle y est retournée quatre heures après, parce que là on lui avait dit d'y retourner à cette heure-là, qu'elle a trouvé alors le citoyen Duperret qui dînait.

D. Quel fut le sujet de leur entretien ?

R. Qu'elle y était allée relativement au paquet dont Elle vient de parler, et pour l'engager à l'accompagner chez le ministre de l'Intérieur pour y retirer des papiers qu'elle avait envoyés depuis six mois et qu'elle demandait depuis huit jours.

D. S'il y a eu entre Elle et ledit Duperret quelqu'autre entretien ?

R. Que non.

D. Ce qu'elle a fait à Paris le deuxième jour de son arrivée ?

R. Qu'elle alla chez le ministre avec Duperret le matin.

D. Pour quoi faire ?

R. Pour lui redemander ses papiers.

D. Quels étaient ces papiers ?

R. Qu'ils appartenaient à Mlle de Forbin, Chanoinesse de Troies, qui est en Suisse, et qu'elle était d'Avignon, parce que le district de Caen refusait de lui payer son traitement de Chanoinesse comme émigrée.

D. Ce qu'Elle a fait dans la même journée ?

R. Une *Adresse* qu'on a trouvée sur elle, et qu'ensuite elle s'est reposée.

D. Ce qu'Elle a fait le troisième jour ?

R. Qu'elle s'est promenée au Palais-Royal dans la matinée et seule.

D. Ce qu'Elle a fait au Palais-Royal et si Elle y a acheté quelque chose ?

R. Que oui.

D. Ce qu'Elle a acheté ?

R. Un jugement rendu contre les assassins de Léonard Bourdon et un couteau de table à gaine, à manche noir, de grandeur ordinaire, pour quarante sols.

D. Quel est le motif qui l'a déterminée à acheter ce couteau ?

R. Pour tuer Marat.

D. Ce qu'Elle a fait le restant de la journée ?

R. Qu'elle a été vers les onze heures ou onze heures et demie chez Marat avec un fiacre.

D. Ce qu'Elle a fait en y arrivant ?

R. Qu'elle a demandé à lui parler.

D. Si Elle lui a parlé ?

R. Que l'ayant fait demander dans son antichambre, il s'est présenté deux ou trois femmes qui lui dirent qu'elle n'entrerait pas ; qu'elle insista, qu'une des femmes alla dire à Marat qu'une citoyenne voulait lui parler, qu'il lui fut répondu qu'elle n'entrerait pas, qu'alors elle s'en retourna chez elle, où elle rentra vers midi.

D. Ce qu'Elle a fait le restant de la journée ?

R. Qu'elle écrivit à l'instant à Marat.

D. Ce qu'Elle lui disait dans sa lettre ?

R. Elle cherchait à lui faire croire qu'elle avait des choses intéressantes à lui communiquer sur le Calvados.

D. Ce qu'Elle a fait le reste de la journée et si Elle n'est pas allée à la Convention nationale ?

R. Qu'elle n'est pas sortie, ni n'est allée à la Convention nationale, qu'elle ignore même où elle est située : puis se reprenant, dit qu'elle est sortie à sept heures du soir pour venir chez Marat.

D. Si Elle l'y a trouvé ?

R. Que oui.

D. Qui est-ce qui l'a introduite ?

R. Les mêmes femmes qui l'avaient refusée le matin.

D. Quelle a été sa conversation en entrant ?

R. Qu'il lui a demandé quels étaient les troubles de Caen ; qu'elle lui a répondu que dix-huit Députés de la Convention d'accord avec le département y régnaient, que tout le monde s'enrôlait pour délivrer Paris des anarchistes, que quatre membres du département avaient conduit une partie des armées a Évreux, qu'il écrivit les noms des Députés qui sont à Caen, et quatre Administrateurs du département du Calvados.

D. Quels sont les noms des Députés et des Administrateurs dont Elle parla à Marat ?

R. Ces Députés sont : Gorsas, Larivière, Buzot, Barbaroux, Louvet, Bergoïng, Pétion, Cussi, Salle, Lesage, Valady, Kervellegant, Guadet, et cinq autres dont elle ne se rappelle pas les noms ; que les Administrateurs du Calvados sont : Lévêque, Président, Bougon, procureur général, Ménil et Le Normand, Administrateurs.

D. Que répondit Marat ?

R. Qu'il les ferait bientôt tous guillotiner à Paris.

D. Quelle fut la suite de la conversation ?

R. Que ce fut le dernier mot, qu'à l'instant elle le tua.

D. De quelle manière Elle le tua ?

R. Avec le couteau qu'elle avait acheté au Palais-Royal qu'elle lui plongea dans le sein.

D. Si en lui portant le coup Elle croyait le tuer ?

R. Qu'elle en avait bien l'intention.

D. Si Elle savait qu'en dirigeant le coup où Elle l'a porté Elle le tuerait ?

R. Que c'était son intention.

D. À Elle observé qu'une action aussi atroce n'a pu être commise par une femme de son âge, sans y avoir été excitée par quelqu'un ?

R. Qu'elle n'avait dit ses projets à personne, qu'elle n'a pas cru tuer un homme, mais une bête féroce qui dévorait tous les Français.

R. D'où Elle induit que Marat était une bête féroce ?

R. Par tous les troubles qu'il a excités et par les massacres dont il est l'auteur ; que dernièrement à Caen, il faisait accaparer le numéraire à tout prix.

D. Comment elle sait que Marat accaparait le numéraire ?

R. A répondu qu'elle ne peut en donner la preuve, mais qu'un particulier a été arrêté muni d'argent qu'il apportait à Paris, et qu'on fait actuellement son procès.

D. Ce qu'elle devint lorsqu'elle eut consommé l'assassinat ?

R. Qu'elle fut arrêtée en sortant de la chambre où elle l'avait commis, qu'elle fut interrogée dans le salon à côté de la chambre, qu'elle en sortit vers les minuit pour être conduite à l'Abbaye.

D. À Elle demandé si en allant chez le ministre de l'Intérieur ce n'était pas pour l'assassiner ?

R. Que non, qu'elle ne le regardait pas assez dangereux pour cela.

D. Quel était l'état du mari de la citoyenne chez laquelle elle demeurait à Caen ?

R. Qu'il était trésorier de France.

D. Si Elle a des enfants ?

R. Aucun.

D. Si c'est elle qui a élevé, Elle Déposante ?

R. Non, qu'il n'y a que deux ans qu'elle est chez elle.

D. À Elle observé qu'une citoyenne bien née n'a pas l'habitude de voyager seule surtout à l'âge où elle est ; que fille d'un ci-devant, et en ayant tous les principes, elle devait tenir à cette étiquette, que sa parente n'a pas pu la laisser partir pour un voyage de Paris, sans savoir le motif ?

R. Qu'avec un projet comme le sien on ne tient point aux Étiquettes, qu'elle avait fait croire à sa parente qu'elle allait passer quelques jours chez son père à Argentan avec une de ses amies, et que c'est de cette manière qu'elle est partie de Caen mardi dernier à deux heures après dîner.

D. Si Elle a indiqué le nom de son amie à sa parente ?

R. Que non, qu'elle ne lui a même pas donné le temps de la réflexion.

D. Si Elle a été seule prendre la voiture ?

R. Oui.

D. À elle observé que cela paraît étonnant et a dû paraître tel aux personnes chargées de ces voitures, notamment au Directeur, que tout cela conduit à croire qu'elle a été introduite à la voiture par quelqu'un, qu'elle est sommée de s'expliquer sur cela ?

R. Qu'elle n'a été conduite à la voiture par personne et qu'elle s'est peu occupée de ce qu'on penserait d'elle.

D. Si Elle avait retenu sa place avant d'aller la prendre ?

R. Qu'elle l'avait retenue la veille sous son vrai nom.

D. Qui lui a donné l'argent dont elle s'est trouvée nantie lors de son arrestation ?

R. Qu'elle l'avait, que son père lui fournissait de l'argent quand elle en voulait, qu'elle avait cent écus en espèces sur lesquels elle avait pris les cinquante écus dont elle s'est trouvée nantie.

D. Quel moyen Elle a employé pour se procurer le passeport par Elle annoncé ?

R. Elle l'avait pris dans le mois d'avril dernier, d'abord pour aller voir ses parents à Argentan ; qu'ensuite se trouvant à la municipalité avec une de ses amies qui en prenait un, que la municipalité se trouvant en train d'en donner, elle fit viser le sien pour Paris, étant toujours bien aise d'être en état de s'en servir dans un temps de révolution, observant qu'elle n'avait aucun projet à cette époque.

D. À quelle époque Elle l'a fait viser ?

R. Qu'elle croit que c'est dans le même mois ou dans le commencement de mai.

D. Quel est le nom de l'amie qui se trouvait avec elle à la municipalité ?

R. Qu'elle s'appelle Beaumont, qu'elle demeure à Caen, qu'elle croit qu'elle y était encore au moment de son départ.

D. À Elle représenté qu'il n'est pas présumable qu'une Demoiselle reste seule, qu'elle devait demeurer chez ses parents, et interpellée de nous dire dans quelle maison elle demeurait à Caen ?

R. Qu'elle demeurait à cette époque aux Bains-Nationaux de Caen.

D. À quelle époque elle a fait connaissance de Barbaroux et des autres collègues Députés qu'elle a désignés plus haut ?

R. Que voulant faire finir l'affaire de Mme de Forbin, elle est allée trouver Barbaroux qu'elle connaissait pour être ami de la famille de ladite dame de Forbin et l'inviter à s'intéresser près du district de Caen, et qu'il lui a dit qu'il fallait qu'elle fît revenir les papiers qu'elle avait envoyés au ministre de l'Intérieur.

D. Comment et où Elle a connu les autres Députés dont elle a dit ci-devant le nombre ?

R. Qu'étant tous logés à l'Intendance, elle a été trois fois voir Barbaroux, et a vu les autres en même temps.

D. Si Elle leur a parlé ou à quelques-uns d'entre eux ?

R. Qu'elle a parlé à beaucoup d'eux la dernière fois qu'elle a été à l'Intendance.

D. Sur quoi roulait la conversation ?

R. Que la conversation a roulé sur l'ardeur des habitants de Caen à s'enrôler pour venir contre les anarchistes de Paris.

D. Ce qu'elle entend par le mot anarchistes ?

R. Ceux qui cherchent à détruire toutes les lois pour établir leur autorité.

D. Si ces Députés ne tiennent point de séance publique à l'Intendance et s'ils ne font point de proclamations, et courir des papiers dont Gorsas et Louvet sont les auteurs !

R. Qu'elle ignorait s'ils tenaient des séances publiques et qu'elle n'y a point assisté, que plusieurs d'entre eux font circuler des adresses, des proclamations et même des chansons, dont le but est de rappeler le peuple à l'unité de la République.

D. Si Elle a lu quelques-unes de ces adresses, proclamations et chansons ?

R. Que oui, mais qu'elle les a brûlées avant son départ pour Paris dans la crainte qu'on en trouvât sur elle dans son voyage.

D. À Elle observé que puisqu'elle craignait qu'on en trouvât sur elle, Elle savait donc que ces papiers contenaient des mauvais principes et contraires à l'ordre public ?

R. A répondu qu'elle savait très bien que si Elle était trouvée nantie de ces papiers, ils déplairaient aux anarchistes.

D. Si par ces papiers les auteurs n'encourageaient pas les bons citoyens à assassiner Marat, Robespierre,

186

Danton et autres Députés de la Montagne, défenseurs des droits du Peuple, et que ces Députés traîtres et rebelles qualifient d'anarchistes ?

R. Que ces papiers n'ont jamais répandu de pareils principes.

D. À Elle observé que si ces papiers ne renferment point de pareils principes, ils ont dû lui être suggérés particulièrement soit par ces Députés, soit par leurs créatures, car une personne de son sexe et de son âge ne peut pas être déterminée à faire un voyage de Paris pour y assassiner un homme qu'elle ne connaissait pas ?

R. Qu'il suffisait bien de quatre ans de crime pour le lui faire connaître, et qu'elle n'avait pas besoin de savoir ce que les autres en pensaient.

D. Quels sont les papiers-nouvelles qu'elle a lus depuis la Révolution, et si, notamment, Elle n'a pas lu *Gorsas*, le *Patriote Français* et différents autres ouvrages contraires à la révolution ?

R. Qu'elle était abonnée seulement au journal de Perlet ; mais qu'elle a lu quelquefois *Gorsas,* le *Courrier Français,* le *Courrier Universel* et de plus de cinq cents autres brochures pour et contre la révolution, dans tous les genres.

D. Si Elle connaît l'Évêque du département du Calvados ?

R. Qu'elle l'a vu passer de sa croisée, mais qu'il n'était jamais venu chez sa parente, qu'elle ne lui a jamais parlé, et qu'elle n'avait pas assez d'estime pour lui pour cela.

D. Si Elle a eu connaissance du contenu du paquet par elle remis de la part de Barbaroux à Duperret ?

R. A répondu que le paquet lui a été remis tout cacheté, qu'elle ignorait ce qu'il contenait, sinon qu'il y avait une lettre relative à l'affaire de Mme de Forbin.

D. Si le jeudi à la seconde fois qu'elle est retournée chez Duperret, combien elle y est restée de temps ?

R. Qu'elle n'y resta que deux ou trois minutes, le temps de lire la lettre, qu'ils ne s'assirent même pas.

D. Si Elle n'a point été à la Convention le même soir ?

R. Que non ; qu'elle n'en a même jamais eu la pensée.

D. À Elle observé qu'il paraît qu'elle ne nous dit point la vérité, car plusieurs indices portent à croire qu'elle a été ce même soir dans une tribune de la Convention dans laquelle sont venus la trouver successivement deux particuliers et une femme, et que leur conversation a roulé sur le compte de Marat, contre lequel, Elle accusée, a déclamé beaucoup, que même en sortant des tribunes, il fut question d'aller chez le ministre de l'Intérieur ?

R. Que le fait est faux, qu'on peut s'en informer à son hôtel, et qu'au surplus elle aurait été fort maladroite.

D. Si depuis son arrivée à Paris, Elle n'a point écrit et fait écrire différentes lettres à Caen ?

R. Pas une.

D. À Elle observé qu'il paraît cependant que quelqu'un qui est venu la voir plusieurs fois, a écrit trois lettres pour elle, lesquelles mêmes ont été vues sur le lit ?

R. Qu'elle n'a jamais fait écrire de lettres par personne, qu'on n'en a pas vu sur son lit ; qu'il n'y avait que l'Adresse qui a été trouvée sur elle.

D. Quelles sont les personnes qui sont venues la voir, depuis qu'elle est logée à l'hôtel de La Providence ?

R. Personne que le citoyen Duperret qui était venu deux fois chez elle, l'une pour aller chez le ministre de l'Intérieur, et une seconde pour la dissuader d'aller chez le ministre, attendu qu'elle n'avait pas de procuration pour retirer ces papiers, ajoutant que Duperret la pria de remettre une lettre à Barbaroux, lorsqu'elle retournerait à Caen ; qu'elle lui répondit qu'elle ne savait pas si elle y retournerait, et quand elle y retournerait ; que d'ailleurs, avant de partir elle irait elle-même lui dire, ou lui ferait dire, que le lendemain elle serait sortie toute la journée, qu'elle ne voulait pas qu'il vînt la voir, qu'au surplus elle l'avait engagé à aller lui-même à Caen parce qu'elle le croyait plus en danger à Paris.

D. À Elle observé qu'il paraît que Duperret est allé chez elle cinq fois, et une autre personne deux fois ?

R. Que Duperret n'est venu que deux fois et que nulle autre personne n'y était venue.

D. À quelle boutique elle a acheté le couteau avec lequel elle a commis l'assassinat, et si c'est un homme ou une femme qui le lui ont vendu ?

R. Que c'est un homme qui lui a vendu ce couteau, mais qu'elle ignore dans quelle boutique ni de quel côté, ne l'ayant acheté qu'après avoir fait dix fois le tour du Palais-Royal.

D. Qui lui a donné l'adresse de Marat ?

R. Qu'elle a dit à un fiacre de l'y conduire, que ledit fiacre lui dit qu'il ignorait sa demeure ; qu'elle lui a dit de s'en informer, qu'il s'en informa et l'y conduisit.

D. À Elle observé qu'il semble que dans ses précédentes réponses, elle a dit qu'elle y avait été à pied ?

R. Qu'elle n'avait point été à pied chez Marat, mais bien chez Duperret.

D. À Elle demandé qui a écrit une adresse au crayon, trouvée sur elle lors de son arrestation, qui est l'adresse de Marat ?

R. Que c'est elle qui l'avait écrite après l'avoir apprise par le premier cocher de fiacre qui l'avait conduite chez Marat.

D. Comment Elle s'est déterminée à aller la première fois chez Marat à onze heures et demie du matin, lorsque le connaissant Député elle devait le supposer à son poste ?

R. Qu'elle s'est informée à son hôtel si Marat allait toujours à la Convention, et que sur la réponse qui lui fut faite, qu'on ne le croyait pas, elle est allée chez lui, déclarant que son intention était, si elle ne l'avait pas trouvé chez lui, d'aller le tuer à la Convention même.

D. Si ce n'est pas au contraire Duperret qui lui a appris que Marat était malade et ne pouvait aller à la Convention ?

R. Qu'elle ne le croit pas, qu'elle croit que ce sont les gens de l'hôtel, et qu'elle ne croit pas avoir parlé de Marat avec Duperret.

D. À Elle représenté de nouveau qu'elle ne persuadera à qui que ce soit, qu'une personne de son âge et de son sexe, ait conçu un pareil attentat pour l'exécuter même dans la Convention, si elle n'y avait pas été excitée et sollicitée par quelques personnes qu'elle ne veut pas nous indiquer, et notamment par Barbaroux, Duperret et autres connus publiquement pour les ennemis de Marat ?

R. Que c'est bien mal connaître le cœur humain, qu'il est plus facile d'exécuter un tel projet d'après sa propre haine que d'après celle des autres.

D. Si Elle n'a point été chanoinesse ou dans quelques couvents ?

R. Qu'elle n'a jamais été chanoinesse, ni religieuse, mais qu'elle a été plusieurs années pensionnaire à l'abbaye de la Sainte-Trinité de Caen.

D. Si Elle ne connaît pas la citoyenne de Précorbin et si elle ne l'a pas été voir à Paris ?

R. Qu'elle connaît le nom de la famille de Précorbin, mais qu'elle ignorait qu'il y en eut à Paris.

D. Si Elle a des frères et sœurs et où ils sont ?

R. Qu'elle a deux frères et une sœur, que sa sœur est à Argentan avec son père, qu'elle ignore où sont ses frères, qu'elle ne les a pas vus depuis environ un an.

D. Quel était leur état ?

R. L'un était officier au régiment ci-devant Normandie, et l'autre un enfant qui n'a pas encore d'état.

D. Si Elle n'a pas été mariée ?

R. Jamais.

D. S'il n'est pas vrai qu'elle nous a dit qu'on voulait à Caen l'unité et l'indivisibilité de la République ?

R. Que le Peuple et les Administrateurs ont juré la République une et indivisible, et que c'est écrit sur toutes les bannières, qu'ils n'en veulent qu'aux anarchistes, et veulent délivrer les Parisiens.

D. Si Elle n'a point écrit une lettre aujourd'hui ?

R. Qu'elle en a commencé une qui n'est point encore achevée, qu'elle a dans sa poche, laquelle elle a à l'instant tirée en demandant la permission de l'achever et de l'envoyer ou du moins de l'envoyer nous-mêmes après l'avoir lue.

D. À qui s'adresse cette lettre ?

R. Que c'est à Barbaroux.

D. Si Elle avait eu quelques conversations avec Barbaroux ?

R. Qu'elle n'en avait eu aucune autre que relatif à l'affaire de la dame Forbin.

D. Si Barbaroux lui a demandé le détail de son voyage, et s'il en connaissait le motif ?

R. Qu'effectivement Barbaroux lui a demandé le détail de son voyage, par une lettre qu'il lui écrivit, mais qu'il n'en connaissait pas le motif, qu'elle est fâchée d'avoir brûlé la lettre de Barbaroux, parce que nous y verrions que tout le monde ignorait son voyage.

D. À Elle représenté que si Barbaroux n'eût pas été informé du motif de son voyage pour Paris, il ne lui aurait pas promis le secret, et que d'ailleurs elle ne se serait point étendue d'une manière si complaisante dans la lettre en question, par elle commencée aujourd'hui sur l'assassinat par elle commis en la personne de Marat ?

R. Que comme cette lettre est pour plusieurs personnes, elle est entrée dans plus de détails.

D. Si on ne l'avait pas persuadée qu'aussitôt qu'elle aurait assassiné Marat, elle serait elle-même massacrée ?

R. Que personne n'avait cherché à l'en persuader, mais qu'elle le croyait elle-même, que c'est par la raison qu'elle en avait écrit le motif dans l'Adresse qu'on a retrouvée sur elle et qu'elle voulait qu'on connût après sa mort.

D. À Elle demandé si elle a un Conseil ?

R. Déclare qu'elle nomme pour son Conseil ou Défenseur officieux, le citoyen Doulcet, Député de Caen à la Convention, et que dans le cas où il ne pourrait pas, attendu la déclaration de l'accusée qu'elle n'en connaît point d'autre ; nous lui avons nommé d'office le citoyen Guyot, homme de loi.

Avons à l'instant avec ladite Corday, ledit accusateur public, et notre commis greffier, coté et paraphé ladite lettre, dont est question commencée par ladite Corday, contenant six pages et trois lignes d'une septième, et à ladite Corday signé avec nous, ledit accusateur public et le commis greffier :

Après avoir fait lecture du présent interrogatoire à ladite Corday, et qu'elle a déclaré y persister et n'avoir rien à changer, augmenter ou diminuer.

Signé : Corday, Montané, Fouquier-Tinville, Wolff, commis greffier. »

Quand le président Montané lui a parlé de la lettre qu'elle avait commencé d'écrire dans sa prison, elle l'a sortie de sa poche. Elle a prié le président d'être autorisée à l'achever, et elle a sollicité que la lettre fût ensuite expédiée. Montané n'a pas répondu, ce qu'elle a sans doute interprété comme un accord implicite. Quand Montané lui a demandé si elle avait un « conseil », elle aurait répondu plaisamment : « J'ai pensé à Robespierre ou Chabot », mais elle a désigné, ainsi que le dit l'interrogatoire, le citoyen Doulcet, député de Caen à la Convention*. Fouquier-Tinville s'est chargé de prévenir Doulcet aussitôt. Il lui fera parvenir un billet afin de le convoquer au Palais de justice, pour l'audience de jugement... le lendemain matin à huit heures. Un député pouvait-il être un défenseur devant le Tribunal criminel ? Ni le président Montané ni Fouquier-Tinville n'évoquent cette difficulté... Mais ils savent bien que la lettre de Fouquier-Tinville ne parviendra pas en temps utile à Doulcet. D'ailleurs, si d'aventure il la recevait, oserait-il se présenter ?

Charlotte a signé sa déclaration. On la reconduit dans sa cellule à la Conciergerie. Elle ne peut se faire d'illusions : commence sa dernière nuit. Elle doit achever sa lettre à Barbaroux, puisqu'on semble lui avoir promis qu'il en aurait connaissance. Mais où peut être aujourd'hui Barbaroux ?

---

* Il était le neveu de Mme de Pontécoulant. Cf. *infra*, Annexe I, 2.

194

« Ici l'on m'a transférée à la Conciergerie et ces messieurs du grand jury m'ont promis de vous envoyer ma lettre, je continue donc. J'ai prêté un long interrogatoire ; je vous prie de vous le procurer, s'il est rendu public. J'avais une Adresse sur moi, lors de mon arrestation, aux amis de la paix ; je ne puis vous l'envoyer, j'en demanderai la publication, je crois bien en vain. J'avais eu une idée hier au soir, de faire hommage de mon portrait au département du Calvados ; mais le Comité de salut public, à qui je l'avais demandé, ne m'a point répondu ; et maintenant il est trop tard.

Je vous prie, Citoyen, de faire part de ma lettre au citoyen Bougon, procureur général-syndic du département ; je ne la lui adresse pas pour plusieurs raisons. D'abord je ne suis pas sûre que dans ce moment il soit à Évreux ; je crains de plus qu'étant naturellement sensible, il ne soit affligé de ma mort. Je le crois cependant assez bon citoyen pour se consoler par l'espoir de la Paix. Je sais combien il la désire et j'espère qu'en la facilitant, j'ai rempli ses vœux. Si quelques amis demandaient communication de cette lettre, je vous prie de ne la refuser à personne. Il faut un défenseur, c'est la règle. J'ai pris le mien sur la Montagne : c'est Gustave Doulcet. J'imagine qu'il refusera cet honneur. J'ai pensé demander Robespierre ou Chabot. Je demanderai à disposer du reste de mon argent, et alors je l'offre aux femmes et enfants des braves habitants de Caen partis pour délivrer Paris. Il est bien étonnant que le peuple m'ait laissé conduire de l'Abbaye à la Conciergerie. C'est une preuve nouvelle de sa modération. Dites-le à nos bons habitants de Caen ; ils se permettent quelquefois de petites insurrections que l'on

195

ne contient pas si facilement. C'est demain, à huit heures, que l'on me juge ; probablement à midi, j'aurai vécu, pour parler le langage romain. On doit croire à la valeur des habitants du Calvados, puisque les femmes même de ce pays sont capables de fermeté ; au reste, j'ignore comment se passeront les derniers moments et c'est la fin qui couronne l'œuvre. Je n'ai point besoin d'affecter d'insensibilité sur mon sort, car jusqu'à cet instant je n'ai pas la moindre crainte de la mort. Je n'estimai jamais la vie que par l'utilité dont elle devrait être. J'espère que demain Duperret et Fauchet seront mis en liberté ; on prétend que ce dernier m'a conduite à la Convention, dans une tribune. De quoi se mêle-t-il d'y conduire des femmes ? Comme député, il ne devait point être aux tribunes, et comme évêque il ne devait point être avec des femmes. Ainsi c'est une petite correction ; mais Duperret n'a aucun reproche à se faire. Marat n'ira point au Panthéon ; il le méritait pourtant bien. Je vous charge de recueillir les pièces propres à faire son oraison funèbre. J'espère que vous n'abandonnerez point l'affaire de Mme Forbin ; voici son adresse s'il est besoin de lui écrire : Alexandrine Forbin à Mandresie, par Zurich en Suisse. Je vous prie de lui dire que je l'aime de tout mon cœur. Je vais écrire un mot à Papa ; je ne dis rien de nos autres amis ; je ne leur demande qu'un prompt oubli, leur affliction déshonorerait ma mémoire. Dites au général Wimpffen que je crois lui avoir aidé à gagner plus d'une bataille, en facilitant la Paix. Adieu Citoyen : je me recommande au souvenir des vrais Amis de la Paix.

Les prisonniers de la Conciergerie, loin de m'injurier comme ceux des rues, avaient l'air de me plaindre : le malheur rend toujours compatissant. C'est ma dernière réflexion.

Mardi 16, à huit heures du soir.

Au citoyen Barbaroux, député à la Convention nationale, réfugié à Caen, rue des Carmes, hôtel de l'Intendance.

Corday. »

Il est « huit heures du soir ». Encore veut-elle, avant de mourir, avoir écrit à son père :

« À monsieur de Corday d'Armont, rue du Bègle à Argentan.

Pardonnés-moi, mon cher Papa, d'avoir disposé de mon existence sans votre permission. J'ai vengé bien d'innocentes victimes, j'ai prévenu bien d'autres désastres. Le peuple un jour désabusé se réjouira d'être délivré d'un tyrran. Si j'ai cherché à vous persuadé que je passais en Angleterre, cesque j'espérais garder l'incognito ; mais j'en ai reconnu l'impossibilité. J'espère que vous ne serés point tourmenté. En tout cas je crois que vous aurés des défenseurs à Caen. J'ai pris pour défenseur Gustave Doulcet ; un tel attentat ne permet nulle défense ; c'est pour la forme. Adieu mon cher Papa ; je vous prie de m'oublier ou plutôt de vous réjouir de mon sort, la cause en est belle. J'embrasse ma sœur, que j'aime de tout mon cœur ainsi que tous mes parents. N'oubliés pas ce vers de Corneille :

"Le crime fait la honte, et non pas l'échafaud."

197

C'est demain à huit heures, qu'on me juge. Ce 16 juillet. Corday*. »

« Quelle force dans cette simplicité, écrit Eugène Defrance[9], quelle fierté dans cette soumission. Nulle page, nul poème ne surpasseront jamais en douceur, en bonté, en esprit de sacrifice, cette courte lettre d'adieu écrite dans l'ombre angoissante d'une prison, la veille du supplice prévu. » Charlotte a-t-elle un peu dormi ? Toute la nuit ont retenti, autour des prisons, les salves tirées en l'honneur de Marat.

Le lendemain 17 juillet, à huit heures du matin, quatre gendarmes viennent chercher Charlotte Corday dans sa prison pour la conduire jusqu'au Tribunal. Celui-ci siège dans la Grand-Chambre, au-dessus des voûtes de la Conciergerie, dite Salle de l'Égalité. L'accusée est vêtue de sa robe claire et mouchetée, celle qu'elle portait lorsqu'elle est venue chez Marat, et du bonnet qu'elle a fabriqué dans sa prison. Un instant, elle s'est arrêtée devant la loge des concierges, les époux Richard, elle leur a demandé de tenir prêt un déjeuner ; « Ces messieurs, dit-elle, doivent être pressés d'en finir[10]. »

---

* Le vers cité est de Thomas Corneille, dans sa tragédie *Le Comte d'Essex*, acte IV, scène 3. Le texte ici reproduit est le texte écrit par Charlotte Corday. L'orthographe n'est pas corrigée.

La salle regorgeait de monde, et déjà la chaleur commençait de régner. Une barrière séparait le public du tribunal installé sur des sièges surélevés. Le jury constitué de quinze citoyens*[11] occupait les sièges placés derrière le tribunal en demi-cercle. Il était protégé par la police et par les huissiers. Au-dessus des juges se tenait l'accusateur public. L'accusée devait être installée à gauche, face au tribunal et aux jurés, « libre et sans fers, et placée de manière qu'elle était visiblement aperçue de tous ».

Elle fit son entrée par une porte ouverte au bout d'un escalier qui montait directement de la prison. Les trois juges, comme l'accusateur public, portaient les costumes qu'avait voulus la Révolution, pour signifier leur pouvoir et leur autorité : habits noirs, manteaux noirs drapés comme des toges, cravate blanche sur la poitrine, chapeau à plumes entouré de rubans et pourvu de vastes cocardes, l'une noire, l'autre tricolore.

Quand Marie-Anne-Charlotte Corday entra, si jeune, si droite, vêtue de blanc, il sembla soudain que l'hostilité de la foule s'apaisait. « Toutes les émotions du peuple se fondirent en une curiosité

---

* Cf. la liste des jurés dans les *Dossiers du procès criminel de Marie-Anne-Charlotte de Corday d'Armont devant le Tribunal révolutionnaire* publiés par Charles Vatel. Parmi les jurés était Antoine Fualdès, magistrat qui périra en 1817, assassiné dans des circonstances qui passionneront l'opinion publique.

intense [12]. » Elle dut rester debout, le temps que chacun des jurés eût prêté serment*. Le président Montané leur dicta la formule traditionnelle :

> « Citoyens, vous jugez et promettez d'examiner avec l'attention la plus scrupuleuse, les charges portées contre Marie-Anne-Charlotte Corday, accusée ; de ne communiquer avec personne jusqu'après votre délibération ; de n'écouter ni la haine, ni la méchanceté, ni la crainte, ni l'affection ; de vous décider d'après les charges et moyens de défense et suivant votre conscience et votre intime conviction, avec l'impartialité et la fermeté qui conviennent à un homme libre. »

Chacun étendit la main et dit : « Je le jure ». Alors Montané autorisa l'accusée à s'asseoir. Après qu'elle eut, sur l'ordre du président, énoncé son identité, précisant son âge – vingt-cinq ans moins trois mois – son domicile, et son « état », le président lui demanda quel était son défenseur. « J'avais choisi un ami, répondit-elle, mais je n'en ai pas entendu parler depuis hier. Apparemment, il n'a pas eu le courage d'accepter ma défense**. » Le président Montané regarda autour de lui, il aperçut dans le public le

---

* La liste lui en avait été communiquée la veille au soir afin qu'elle pût user du droit de récusation que lui conférait la loi.

** En fait, Doulcet n'avait pas reçu le message de Fouquier-Tinville.

jeune avocat Chauveau-Lagarde*, il lui ordonna d'assumer la défense de l'accusée, lui adjoignant le citoyen Grenier. Les deux conseils vinrent s'asseoir auprès d'elle. Elle ne leur fit aucun signe. S'inquiéta-t-elle de ce que pourrait dire cet avocat, qu'elle ne connaissait pas, pour tenter de sauver sa vie ?

Distraitement, Charlotte écoute l'acte d'accusation dressé par Fouquier-Tinville, dont le greffier donne lecture. À quoi sert tout cela, alors qu'elle reconnaît, qu'elle assume ce qu'elle a fait ? Commence le défilé des témoins, répétant ce qu'ils ont dit, le matin. Elle ne conteste rien : ce que disent les témoins est vrai. Seuls sont mensongers ou erronés les témoignages de Joseph Henocque, employé à la mairie, qui prétend avoir reçu l'accusée à la mairie le 12 au soir, et celui de la femme Lebourgeois, marchande de vin qui dit avoir vu l'accusée le jeudi 11, dans une tribune de la Convention, en compagnie de Duperret et de Fauchet, ce que d'ailleurs le tribunal ne paraît pas croire. Entendu l'un après l'autre, Duperret et Fauchet contestent ce témoignage absurde**. Quand

---

* Chauveau-Lagarde sera le défenseur de Marie-Antoinette et de Madame Élisabeth, sœur de Louis XVI. Il sera arrêté, puis détenu jusqu'au 9 Thermidor. En 1806 il deviendra avocat au Conseil d'État et en 1828 conseiller à la Cour de cassation.

** Alors qu'ils sont accusés d'avoir été les complices de Charlotte, ils ne sont pas poursuivis dans cette affaire. Ils comparaîtront devant le Tribunal révolutionnaire le 30 octobre 1793, dans le grand procès des Girondins. Condamnés à mort, ils seront guillotinés le lendemain.

Duperret dépose, Charlotte assure que le nom de Marat n'a jamais été prononcé dans leurs conversations, que Duperret n'a jamais rien su de son projet. Quant à Fauchet elle tient à dire ce qu'elle en pense : « Je le regarde comme un homme sans mœurs et sans principes, et je le méprise. » Pourquoi éprouve-t-elle et veut-elle proclamer un tel mépris ? Le témoignage de Simonne Évrard semble émouvoir l'accusée. Il est coupé de sanglots. La compagne de Marat est la seule personne dont Charlotte doive accepter le reproche [13]. « Oui, c'est moi qui l'ai tué », redit-elle précipitamment comme pour épargner au témoin son douloureux récit. Tandis que le tribunal continue d'entendre les témoins, d'interroger l'accusée sur chaque témoignage, Charlotte voit qu'un des spectateurs a commencé de dessiner son portrait. Elle s'est tournée de son mieux vers lui, pour faciliter ce portrait qu'elle avait tant souhaité.

Ayant entendu tous les témoins, le président Montané interroge à nouveau l'accusée. Il lui posera moins de questions qu'il ne lui en a posé la veille :

« Ne vous êtes-vous point présentée à la Convention nationale dans le dessein d'y assassiner Marat ?

– Non.

– Qui vous a remis son adresse, trouvée dans votre poche, écrite au crayon ?

– C'est un cocher de fiacre.

[...]

202

— N'étiez-vous point l'amie de quelques-uns des députés transfuges ?

— Non.

— Qui vous a donné le passeport avec lequel vous êtes venue à Paris ?

— Je l'avais depuis trois mois.

— Quelles étaient vos intentions en tuant Marat ?

— De faire cesser les troubles et de passer en Angleterre, si je n'eusse point été arrêtée.

— Y avait-il longtemps que vous aviez formé ce projet ?

— Depuis l'affaire du 31 mai, jour de l'arrestation des députés du peuple.

— N'avez-vous pas assisté aux conciliabules des députés transfuges à Caen ?

— Non, jamais.

— C'est donc dans les journaux que vous lisiez que vous avez appris que Marat était un anarchiste ?

— Oui, je savais qu'il pervertissait la France. J'ai tué un homme pour en sauver cent mille. »

Quand Montané lui demande si elle ne s'est point essayée avant de porter le coup à Marat, elle s'écrie : « Oh ! Le monstre ! Il me prend pour un assassin. » Viennent les ultimes questions[14] :

« Quelles sont les personnes qui vous ont conseillée de commettre cet assassinat ?

203

– Je n'aurais commis un pareil attentat par le conseil des autres, c'est moi seule qui ai conçu le projet et qui l'ai exécuté.

– Mais comment pensez-vous faire croire que vous n'avez point été conseillée, lorsque vous dites que vous regardiez Marat comme la cause de tous les maux qui désolent la France, lui qui n'a cessé de démasquer les traîtres et les conspirateurs ?

– Il n'y a qu'à Paris qu'on a les yeux fascinés sur le compte de Marat. Dans les autres départements on le regarde comme un monstre.

– Comment avez-vous pu regarder Marat comme un monstre, lui qui ne vous a laissé introduire chez lui que par un acte d'humanité, parce que vous lui aviez écrit que vous étiez persécutée ?

– Que m'importe qu'il se montre humain envers moi, si c'est un monstre envers les autres !

[...]

– Croyez-vous avoir tué tous les Marat ?

– Celui-ci mort, les autres auront peur... peut-être. »

Le président Montané lui présente alors le « couteau de table avec sa gaine » dont elle s'est servi pour commettre l'assassinat [*] [15]. Elle le reconnaît bien sûr,

---

[*] *Dossiers du procès criminel de Marie-Anne-Charlotte de Corday d'Armont devant le Tribunal révolutionnaire*, publiés par Charles Vatel.

et s'en détourne aussitôt. Puis elle remet à l'accusateur public la seconde partie de sa lettre au citoyen Barbaroux, et sa lettre à son père.

La parole est à l'accusateur public. Fouquier-Tinville donne lecture des lettres que l'accusée a écrites en sa prison, il pose encore deux ou trois questions pour mieux la confondre, il lui demande combien elle a d'enfants, « Vous savez que je ne suis pas mariée », répond-elle, si elle se confessait, à Caen, à un prêtre assermenté ou insermenté, « je n'allais ni aux uns ni aux autres. » Il multiplie les détails sur le coup porté à Marat, et l'extraordinaire habileté dont elle a fait preuve, enfin il demande que l'accusée subisse la peine de mort. Qui peut en douter ?

Le président Montané donne alors la parole au défenseur. Chauveau-Lagarde est prudent. Il connaît bien le Tribunal criminel. S'est-il entretenu avec le président ? Celui-ci lui a-t-il donné quelque conseil ? Charlotte revendique son crime et ne réclame rien. Alors il va plaider en quelques mots [16] :

« L'accusée avoue avec sang-froid l'horrible attentat qu'elle a commis ; elle en avoue avec sang-froid la longue préméditation ; elle en avoue les circonstances les plus affreuses ; en un mot, elle avoue tout et ne cherche pas même à se justifier. Voilà, Citoyens jurés, sa défense tout entière. Ce calme imperturbable et cette entière abnégation de soi-même qui n'annoncent aucun remords et, pour ainsi dire, en présence de la mort même ; ce calme et cette abnégation sublimes, sous un rapport, ne sont pas dans la nature. Ils ne peuvent s'expliquer que par l'exaltation du fanatisme politique qui lui a mis le poignard à la main. Et c'est à vous, Citoyens jurés, à juger de quel poids doit être cette considération morale dans la balance de la justice. Je m'en rapporte à votre prudence. »

Qu'a-t-il plaidé ? Rien. Rien que l'exaltation et le fanatisme de l'accusée qui lui ont mis le poignard à la main. « Pendant que l'accusateur public parlait, écrira plus tard Chauveau-Lagarde, les jurés m'avaient fait dire de garder le silence et le président de me borner à soutenir que l'accusée était folle* ».

---

* Beaucoup de biographies de Charlotte Corday seront sévères à l'égard de cette plaidoirie. En revanche, Henri Robert sera bienveillant à l'égard de son illustre confrère : « Le rôle de l'avocat était singulièrement difficile et périlleux devant le Tribunal révolutionnaire [...]. Chauveau-Lagarde se tira aussi bien que possible de sa situation si délicate. Il avait compris, dès le premier moment, la grande âme de Charlotte Corday, la beauté de son sacrifice, l'inspiration cornélienne, et pour rien au monde il n'eût voulu l'humilier, en plaidant la folie comme on l'y engageait. » M. Yves Ozanam, responsable des archives historiques de l'Ordre des avocats au Barreau de Paris, a bien voulu nous communiquer les notes de Chauveau-Lagarde qui concernaient l'affaire de Charlotte Corday (dossier n° 119). L'avocat y analyse les mobiles qui, selon lui, avaient obligé Charlotte au crime : « Quant au seul sentiment dont son âme était oppressée, c'est cet amour de la patrie et de l'humanité qui s'y confondait en elle avec une horreur invincible pour la tyrannie et son mépris le plus amer pour (Marat). »

L'accusée semble paisible. « À mesure que je parlais, un air de satisfaction brillait sur son visage[17]. » Elle n'en demandait pas davantage[18].

Le président, « ayant fait un résumé de l'affaire et l'ayant réduite à ses points les plus simples », a rédigé et remis aux jurés le texte des trois questions auxquelles ils devront donner réponse*[19]. Il en donne lecture :

« – Premièrement,

Est-il constant que le treize du présent mois de juillet entre sept et huit heures du soir, Jean-Paul Marat, Député à la Convention nationale, a été assassiné chez lui dans un bain, d'un coup de couteau dans le sein, duquel coup il est décédé à l'instant ?

– Deuxièmement,

Marie-Anne-Charlotte Corday, ci-devant Dormant, âgée de vingt-cinq ans, fille de Jacques-François Corday, ci-devant Dormant ex-noble, elle habitante de Caen, département du Calvados, est-elle l'auteur de cet assassinat ?

– Troisièmement,

L'a-t-elle fait avec des intentions criminelles et préméditées ?

Signé, Montané, président. Wolff, greffier. »

---

* « Questions soumises au jury », cf. Charles Vatel.

À midi les jurés se retirent pour délibérer sur ces trois questions. Fouquier-Tinville a des raisons d'être furieux et inquiet. Il avait lui-même préparé les questions, mais le président Montané, sans même lui en avoir parlé, avait modifié la troisième question ; l'accusateur public avait écrit : « L'a-t-elle fait avec des intentions criminelles et contre-révolutionnaires », et le président avait supprimé la qualification de « contre-révolutionnaires ». Qu'avait donc voulu Montané ? Déjà durant les débats, Fouquier-Tinville l'avait trouvé trop attentif à cette jeune et jolie femme, peu appliqué à la confondre. Voudrait-il maintenant la sauver, en faisant dire aux jurés qu'elle était folle ?

Les jurés revinrent après une courte délibération. L'un après l'autre, ils répondirent aux trois questions. Tous déclaraient l'accusée coupable. Charlotte Corday fut alors réintroduite dans la salle d'audience, et le président Montané lui dit : « Vous allez entendre les conclusions définitives de l'accusateur public. » Fouquier-Tinville requiert l'application de la loi, c'est-à-dire la peine de mort. Le président demande à l'accusée si elle a quelque chose à dire sur l'application de la loi. Elle se tait. Chauveau-Lagarde se tait. Chacun des juges, du plus jeune au président, opine : chacun prononce la mort. Alors le président Montané, très pâle sous son énorme chapeau à plumes, dit la sentence portant arrêt de mort contre Marie-Anne-Charlotte Corday et de confiscation de tous ses biens. « Ordonne que Marie-Anne-Charlotte Corday sera conduite au lieu de l'exécution revêtue d'une chemise rouge... en application de la loi, » et que « le présent jugement sera, à la diligence de l'accusateur public, exécuté sur la place de la Révolution de cette ville, imprimé et affiché partout où besoin sera dans toute l'étendue de la République [20] ».

Le jugement prononcé, la condamnée demanda au Tribunal que le dessinateur venu à l'audience fût autorisé à achever son portrait dans sa cellule, avant qu'elle n'aille à la mort. Sa demande resta sans réponse. Elle pria alors ses gendarmes, raconte Joseph Shearing, de la conduire auprès de Chauveau-Lagarde, qui était maintenant au milieu de la salle que la foule évacuait :

> « Monsieur, lui dit-elle avec douceur, je vous remercie infiniment du courage avec lequel vous m'avez défendue d'une manière digne de vous et de moi. Ces messieurs me confisquent mes biens, mais je veux vous donner un plus grand témoignage de ma gratitude : je vous prie de payer pour moi ce que je dois à la prison et je compte sur votre générosité. »

Chauveau-Lagarde accepta, « trop ému pour répondre [21] ». Dès le lendemain, l'avocat tiendra cet engagement *[22].

---

* Les dettes de Charlotte à la prison s'élevaient à 36 livres.

Charlotte reprit, entre ses gardes, le chemin de sa cellule. Au-dehors un orage avait commencé de tonner. Revenue à son cachot, elle s'excusa auprès des époux Richard de n'avoir pu partager leur déjeuner. Ces messieurs, moins pressés qu'elle ne l'avait prévu, l'avaient retenue trop longtemps[23].

CHAPITRE XIII

L'échafaud

Peut-être eût-elle préféré être aussitôt massacrée par la foule plutôt que vivre cette mort qui n'en finissait pas. Elle est assise, dans sa cellule, devant sa table, elle attend le bourreau, elle voudrait avoir le temps d'écrire à Doulcet de Pontécoulant, le « lâche » qui n'est pas venu la défendre, lui dire son mépris et son adieu. Voici que le concierge Richard fait entrer l'abbé Lothringer, prêtre assermenté, qui se tenait en permanence dans la prison à la disposition des condamnés. Celui-ci vient proposer son assistance religieuse à celle qui va mourir. Charlotte refuse doucement ses services, elle lui dit avec un sourire : « Remerciez ceux qui ont eu l'attention de vous envoyer. Je leur en sais gré, mais je n'ai pas besoin de votre ministère. » Le prêtre se retira. Eût-elle accepté le secours d'un prêtre insermenté ? Mais tout prêtre ne lui eût-il pas demandé de se repentir, ce qu'elle ne voulait ni ne pouvait ? « Sa vie intérieure est solitaire... Elle ira sans prêtre porter sa tête à la guillotine[1]. »

Quelques minutes après, la porte de la cellule se rouvre. Le concierge Richard fait entrer un personnage qui transporte tout un matériel d'artiste : c'est Jean-Jacques Hauer, capitaine de la Garde nationale, commandant en second du bataillon de la section du Théâtre-Français. Il avait été l'élève de David. C'est lui qui, présent à l'audience, avait commencé le portrait de Charlotte*. Soutenu par ses relations, il avait obtenu du Tribunal la permission de venir achever son tableau. Maintenant il peint Charlotte, coiffée du bonnet qu'elle a confectionné dans sa cellule, d'où s'échappent ses longs cheveux. Il semble qu'elle ait maigri. Sa bouche est fermée, à peine éclairée d'un pâle sourire[2]. Elle parle à Hauer du tableau qu'il peint, elle lui fait des suggestions. Elle le prie d'en faire parvenir, s'il le peut, une copie à sa famille. Elle lui parle aussi de ce qu'elle a fait, tuant Marat. Elle est fière d'avoir délivré la France de ce monstre. Elle ne regrette rien, et la postérité lui rendra justice. Michelet a décrit, en termes exaltés, cet ultime portrait d'elle :

« Dans l'unique portrait qui reste d'elle et qu'on a fait au moment de sa mort, on sent son extrême douceur. Rien qui soit moins en rapport avec le sanglant souvenir que rappelle son nom. C'est la figure d'une jeune demoiselle normande, figure vierge, s'il en fut, l'éclat doux du pommier en fleur... Elle a les cheveux

---

* Le tableau est aujourd'hui au musée Lambinet de Versailles.

cendrés du plus doux effet, bonnet blanc et robe blanche. Est-ce en signe de son innocence et comme justification visible ?... Le peintre a créé pour les hommes un désespoir, un regret éternel. Nul qui ne puisse la voir sans dire en son cœur : "Oh ! pourquoi suis-je né si tard ! Oh ! combien je l'aurais aimée[3]." »

Tandis que passent les minutes et les heures, Sanson, l'exécuteur des hautes œuvres, attend toujours de l'accusateur public les instructions qu'il doit recevoir et qui ne viennent pas. C'est qu'un drame a secoué le tribunal. Fouquier-Tinville – qui avait rédigé les trois questions qui seraient posées aux jurés – n'a pas supporté que le président Montané eût osé modifier la troisième question, et qu'il l'eût modifiée, sans même lui en parler, dans un sens qui lui semblait évidemment favorable à l'accusée. Selon le récit que fera l'exécuteur, Montané et Fouquier-Tinville s'étaient vivement et longuement disputés après le verdict. Pour l'accusateur public, Montané avait voulu servir l'intérêt de l'accusée et peut-être sauver sa tête. Il avait trahi l'accusation. Le président Montané soutenait au contraire qu'il avait voulu « humilier » l'accusée, permettant au défenseur de plaider la folie. Pendant plus d'une heure, les deux hommes, qui déjà s'entendaient fort mal, s'étaient mutuellement accusés. La haine de Fouquier-Tinville ne s'apaisera pas. Montané sera mis en état d'arrestation le 20 juillet pour avoir changé la rédaction de la troisième question et voulu sauver l'assassin de

Marat. Le 30 juillet il sera renvoyé, par décret de la Convention, devant la 2e section du Tribunal révolutionnaire instituée par un décret du même jour. Mais le 9 Thermidor viendra, qui lui sauvera la vie*[4].

Ainsi Sanson ne reçut-il qu'avec un long retard, ce 17 juillet, l'ordre d'exécution de Marie-Anne-Charlotte Corday, « laquelle exécution aura lieu le 17 du présent mois, heure cinq du soir, place de la Révolution[5] ». Ce n'est qu'à six heures et demie que Sanson, ses aides et sa charrette arrivèrent dans la cour du Palais de Justice. Les huissiers ayant signifié le jugement et l'ordre d'exécution au citoyen Richard, tous entrèrent dans la chambre de Charlotte : ils y virent un gendarme, un citoyen qui travaillait à un portrait et la condamnée assise sur une chaise face au peintre. Elle achevait d'écrire une ultime lettre, celle qu'elle voulait faire remettre au défenseur qu'elle avait désigné et qui n'était pas venu à l'audience. « Le citoyen Doulcet de Pontécoulant est un lâche d'avoir refusé de me défendre lorsque la chose était si facile**... »

Regardant l'exécuteur et ses aides qui venaient la chercher, Charlotte soupira : « Quoi, déjà » et elle ajouta très vite quelques mots à sa lettre pour l'achever et la remettre à l'un des huissiers afin qu'il tentât

---

* Incarcéré depuis plus d'un an, Montané sera acquitté le 13 septembre 1794.

** Elle accusait à tort Doulcet de Pontécoulant. On sait qu'il n'avait pas reçu la convocation de Fouquier-Tinville.

de la faire porter à Doulcet. Lecture lui fut alors donnée de l'arrêt qui la condamnait au supplice. Il fallait lui lier les pieds. Elle se défendit d'abord, mais quand lui furent expliquées les exigences de la loi, elle se laissa ligoter. Elle s'assit sur sa chaise au milieu de la cellule, ôta son bonnet, défit ses cheveux « couleur châtain clair, fort longs et fort beaux [6] » qui tombèrent en longues boucles sur ses épaules. Elle demanda à Sanson de lui prêter quelques instants ses ciseaux, avant qu'il ne remplît sa tâche. Elle coupa une mèche qu'elle tendit à son peintre : « Je n'ai que cela à vous offrir pour vous montrer ma reconnaissance, veuillez bien le conserver comme souvenir » et elle lui demanda à nouveau de faire parvenir une copie du portrait à sa famille. Elle coupa une autre boucle qu'elle offrit au bourreau, une encore qu'elle remit au concierge Richard, pour sa femme, en reconnaissance de leurs bons traitements. Sanson reprit les ciseaux, acheva la tonsure. « Depuis M. de La Barre, écrira-t-il, je n'avais pas rencontré tant de courage pour mourir. Nous étions là six ou sept citoyens dont le métier n'est pas fait pour attendrir beaucoup ; elle paraissait moins émue que nous tous, et ses lèvres n'avaient pas perdu leur couleur [7]. » Sanson lui tendit alors la chemise rouge qu'elle devait, selon la loi, revêtir : elle la passa et l'arrangea elle-même. Elle demanda à Sanson si elle pouvait garder ses gants. « Je lui dis qu'elle pouvait faire ce qu'elle désirait, mais que cette précaution était inutile parce que je saurais la lier sans lui faire

215

aucun mal... et elle me tendit ses mains nues[8]. » La toilette achevée, elle dit adieu au concierge et l'interrogea : « Croyez-vous que Marat ira au Panthéon ? » Mais Richard était trop bouleversé pour lui répondre.

On l'emmène, à travers le dédale des cours et des passages, pour rejoindre la charrette funèbre qui l'attend. La chaleur est torride, et de gros nuages s'amoncellent dans le ciel de Paris. Une foule en délire, « visages en sueur, chevelures en désordre, chemises à demi arrachées », hurlante et trépignante[9], attend la voiture. On se dispute les meilleures places. Dans les hurlements, et les premiers coups de tonnerre, Charlotte monte sur la charrette. Elle veut rester debout, mais Sanson place un tabouret auprès d'elle. Le trajet semble interminable qui, par la rue Saint-Honoré, conduit à la place de la Révolution*[10]. Les injures et les cris ne cessent de monter vers elle, mais Pache, le maire de Paris, a accumulé les précautions pour qu'elle ne fût pas massacrée. Le cheval avance très lentement, la pluie commence à tomber. Sanson, qu'inquiète le temps qui passe, propose à la condamnée de s'asseoir. Elle refuse. « Vous trouvez que c'est bien long ? lui dit le bourreau. – Bah ! Nous sommes toujours sûrs d'arriver », lui répond-elle[11].

---

* Sanson racontera qu'il reconnut, à une fenêtre de la rue Saint-Honoré, les citoyens Robespierre, Camille Desmoulins et Danton qui regardaient passer le cortège.

La charrette s'arrête place de la Révolution. Sanson aurait voulu, se plaçant devant elle, lui cacher la guillotine jusqu'au dernier moment, mais il n'y parvient pas. « J'ai bien le droit d'être curieuse, lui dit-elle, je n'en avais jamais vu [12]. » La charrette est aux pieds de la machine. Les soldats forment la haie. Serait-elle tentée de dire encore quelques mots à cette foule hurlante qui réclame le supplice ? Seule, sans aide, elle gravit soudain l'escalier. Pour découvrir son cou, Fermin, l'aide du bourreau, lui enlève le fichu qu'elle a gardé sur ses épaules ; une suprême pudeur colore ses joues. D'elle-même elle se précipite sur la bascule, elle y place sa tête. Sanson n'est pas encore monté à son poste, mais il pense « qu'il serait barbare de prolonger, pendant une seconde de plus, l'agonie de cette femme courageuse ». Il fait un signe à Fermin qui lâche le déclic. Le couperet tombe, la tête est projetée dans le panier. La foule hurle : « Vive la République ! » « Vive la Nation ! » « À mort les tyrans ! »

Alors un aide-charpentier nommé Legros, resté près de la guillotine, car il avait dans la journée travaillé à la réparer, ouvre le panier, saisit la tête de la criminelle, la brandit pour la montrer à tous, et trois fois la soufflette comme pour mieux signifier la vengeance du peuple. La tête de Charlotte rougit-elle alors, comme il fut parfois soutenu ? Cela donnera lieu à de savantes discussions [13]. Pouvait-on en déduire qu'après la décapitation la tête conservait quelques minutes comme une chaleur vitale ? Mais, imaginera Michelet, les derniers rayons du soleil couchant venaient alors, à travers les arbres des Champs-Élysées, jusqu'à la guillotine. Ce pouvait être un « simple effet d'optique[14] ». Le Tribunal criminel sera saisi de cette « action repoussante » par le député Sergent-Marceau[15], par Roussillon, l'un des juges qui avaient condamné Charlotte, et sans doute aussi par Sanson, qui se verra longtemps reprocher d'avoir toléré cet acte ignoble. Legros sera condamné à huit jours de prison, au blâme public et à six heures d'exposition sur la place de la Révolution. Mais « il ne semble pas que la sentence ait été exécutée[16] ».

Au pied même de l'échafaud, les huissiers du Tribunal révolutionnaire rédigent leur procès-verbal* :

« Procès-verbal d'exécution de mort.

L'An mil sept cent quatre-vingt-treize deuxième de la République Française,

Le dix-sept juillet six heures et demie du soir,

À la requête du citoyen Accusateur Public près le Tribunal criminel extraordinaire et révolutionnaire, établi à Paris par la Loi du 10 mars 1793, sans aucun recours au Tribunal de cassation, lequel fait élection de domicile au Greffe du dit Tribunal séant au Palais,

Nous, huissiers audienciers au dit Tribunal, demeurant à Paris, soussignés,

Nous sommes transportés en la Maison de Justice du dit Tribunal, pour l'exécution du jugement rendu par le Tribunal.

---

* Cf. Annexe IV.

Ce jourd'huy contre la nommée Marie-Anne-Charlotte Corday ci-devant Dormant,

Qui la condamne à la peine de mort pour les causes énoncées au dit jugement et de suite l'avons remis à l'Exécuteur des Jugements criminels et à la gendarmerie, qui l'ont conduite sur la place de la Révolution de cette ville, où sur un échafaud dressé sur la dite place, la dite Marie-Anne-Charlotte Corday,

A en notre présence, subi la peine de mort, et de tout ce que dessus avons fait et rédigé le présent Procès-Verbal, pour servir et valoir ce que de raison, dont acte.

Monet. Tirraz [17]. »

Pendant le procès, et encore au lendemain de l'exécution, Charlotte Corday avait été accusée d'avoir dissimulé ses amours et les influences qu'elle avait subies. Avait-elle été, à Caen, la maîtresse d'aristocrates, ou mieux encore la maîtresse de quelques-uns des Girondins qui y étaient venus ? Aurait-elle été la maîtresse de Barbaroux, la maîtresse de Louvet et peut-être, à Paris, la maîtresse de Duperret ? Fouquier-Tinville, qui voulait à tout prix lui trouver des complices, soutenir qu'elle n'avait été qu'un instrument, avait fait à ses liaisons « probables » de nombreuses allusions tout au long du procès. Certains accusèrent même Charlotte de s'être prétendue enceinte pour échapper à la guillotine. De toute manière, il serait utile de la flétrir. Fouquier-Tinville n'eut pas de peine à obtenir que le corps décapité de Marie-Anne-Charlotte fût transporté à l'hôpital de La Charité pour être soumis à l'autopsie de deux médecins. Deux membres de la Convention nationale, le peintre David et Chabot qui avait été l'un des plus violents accusateurs de Charlotte, plusieurs députés et journalistes qui rêvaient de déshonorer sa mémoire, vinrent assister à l'autopsie. Ils espéraient trouver des « traces de libertinage ». Hélas, ils durent constater qu'elle était demeurée vierge*[18]. « Sa vertu, écrira Lamartine, trouva son témoignage où ses ennemis cherchaient sa honte[19]. »

Le corps de Marie-Anne-Charlotte Corday fut alors transporté au cimetière de la Madeleine, rue d'Anjou-Saint-Honoré, et déposé dans la fosse numéro 5, entre celle portant le numéro 4 où avait été enterré Louis XVI, et celle désignée par le numéro 6, où sera bientôt placé le cadavre de Philippe Égalité**[20]. Quelques jours après, on inscrivait sur les registres de la municipalité de Paris l'acte de décès de Marie-Anne-Charlotte Corday :

---

* « Le monstre fut une fille vertueuse, de la vertu des femmes, c'est-à-dire chaste », écrira Rétif de la Bretonne.

** Cf. le plan du cimetière de la Madeleine établi vers 1804 et conservé aux Archives nationales. En 1815 le charnier de la Madeleine sera transporté dans une fosse commune creusée dans la plaine des Mousseaux, devenue la plaine Monceau.

« Du 25 juillet 1793, l'an IIe de la République

Acte de décès de Marie-Anne-Charlotte Corday ci-devant Dormant, du 17 de ce mois, âgée de vingt-quatre ans, domiciliée à Paris, rue des Vieux-Augustins, fille de Jacques-François Corday, ex-noble.

Vu l'extrait du jugement du Tribunal criminel révolutionnaire, et du procès-verbal d'exécution, en date du 17 de ce mois.

Signé : Wolff, commis greffier. »

Le rédacteur du *Bulletin* du Tribunal révolutionnaire demanda à Fouquier-Tinville, dans les jours qui suivirent, la communication des dernières lettres de Charlotte Corday à Barbaroux, à son père, afin de les publier, car il en circulait dans la rue des versions tronquées. L'accusateur public consulta le Comité de sûreté générale de la Convention qui déconseilla toute publication. « Le Comité pense qu'il est inutile et qu'il serait peut-être dangereux de donner trop de publicité aux lettres de cette femme extraordinaire, qui n'a déjà inspiré que trop d'intérêt aux malveillants [21]. »

CHAPITRE XIV

Le culte de Marat

Le samedi 13 juillet au soir, le bruit de l'assassinat de Marat s'est aussitôt répandu dans Paris. La foule se presse autour de la rue des Cordeliers, la « clameur publique » se fait entendre[1] : le député Marat a été poignardé ! Par qui ? Par une femme, par une aristocrate, par un monstre, et pendant le trajet qui l'a conduite du domicile de Marat à la prison de l'Abbaye, la criminelle eût dû être massacrée. Une foule de plus en plus nombreuse apprend l'abominable assassinat et en colporte la nouvelle[2]. Les journaux imprimés dans la nuit du 13 au 14 juillet annoncent tous ce terrible événement, et déjà dressent des portraits du monstre. Les brochures et les pamphlets circulent vite. Au matin du 14 juillet, le grand anniversaire, qu'a pourtant préparé avec tant de soin la Commune de Paris, est évidemment gâché. La criminelle n'a été qu'un instrument. Il faut découvrir, dénoncer, mettre à mort les vrais coupables !

Ce dimanche 14 juillet au matin, lorsque la Convention nationale ouvre sa séance, un terrible silence pèse sur l'Assemblée. Le président de la Convention, Jean-Bon Saint-André, prend la parole, d'une voix basse et émue ; il dénonce le grand crime qui vient d'être commis. Aussitôt les orateurs se bousculent derrière lui pour dire leur indignation. « Il est important d'éclaircir cette affaire et d'apprendre que l'assassin de Marat est une personne de Caen, envoyée exprès par les révoltés pour consommer ce crime », assure le député La Croix de l'Eure. Guirault, représentant de la section de Paris, laisse parler son émotion :

> « Représentants, le passage de la vie à la mort est un instant bien court. Marat n'est plus... Peuple, tu as perdu ton ami ! Marat n'est plus... Nous ne venons pas chanter tes louanges, immortel législateur, nous venons te pleurer ! Nous venons rendre hommage aux belles actions de ta vie. La Liberté était gravée dans ton cœur en caractères ineffaçables. Ô crime ! Une main parricide nous a ravi le plus intrépide défenseur du Peuple. Il s'est constamment sacrifié pour la Liberté : voilà son forfait. Nos yeux le cherchent encore parmi vous, ô spectacle affreux ! il est sur un lit de mort. Où es-tu, David ? Tu as transmis à la postérité l'image de Lepelletier mourant pour la Patrie ; il te reste encore un tableau à faire[3]. »

David l'interrompt : « Aussi le ferai-je. » Chacun à son tour crie son indignation. Et voici que Chabot intervient au nom du Comité de sûreté générale, Chabot qui a participé, rue des Cordeliers, à l'interrogatoire de l'assassin. Dans une longue intervention il dénonce un grand complot pour détruire tous les Montagnards, mené par les conjurés de Caen, et aussi par deux des députés présents à la séance, Fauchet, qui proteste aussitôt, et Duperret, car on a retrouvé à l'hôtel de La Providence, où était descendue la criminelle, la lettre de Barbaroux à Duperret qui désigne ce complice.

« Quelle est cette contre-révolution qui s'est mise en marche ? C'est le rappel de ce parti d'intrigants que vous avez chassés. Et déjà Fauchet que vous aviez eu la faiblesse d'excepter, parce qu'il avait dit à cette tribune qu'il se retirait après s'être mis à l'écart de l'orage, vient de rentrer dans la Convention pour y intriguer de nouveau. Ah ! qu'ils mettent la main sur leur conscience, s'ils en ont une, et ils verront combien de maux ils ont faits à la Patrie.

Qui est cette femme ? Elle a l'audace du crime peinte sur sa figure ; elle est capable des plus grands attentats. C'est un de ces monstres que la nature vomit de temps en temps pour le malheur de l'humanité [4]. »

Chabot donne lecture des deux messages que Charlotte Corday avait osé adresser à Marat, faisant appel à ses bons sentiments, car elle savait que toujours Marat « aurait donné son sang pour les malheureux ». « J'ai assisté, poursuit-il, à son interrogatoire, que je vais vous lire... » Il lit le procès-verbal du commissaire de police, les réponses de l'assassin :

« Cette femme a eu pendant près d'une demi-heure, les moyens de se détruire ; et lorsqu'on lui a dit qu'elle porterait sa tête sur l'échafaud, elle a répondu avec un sourire de mépris. Elle compte donc encore sur l'exécution des complots dont on lui a farci la tête à Caen et chez Claude Duperret. Elle compte sans doute sur le succès de ces entreprises criminelles pour échapper au supplice. »

Soudain Chabot présente, pour mieux convaincre, le couteau ensanglanté qui a servi au crime. Comment celui-ci peut-il être en sa possession ? En vain Fauchet demande la parole, et Duperret tente de s'expliquer sur ce que fut la réalité de ses entretiens avec Charlotte Corday. Il se défend avec âpreté. Mais Robespierre, qui semble ne pas souhaiter parler, demande le renvoi de tous les renseignements recueillis au Comité de sûreté générale « qui en fera un rapport particulier[*5] ».

Chabot passe enfin la parole à Drouet qui participa comme lui à l'interrogatoire de la criminelle :

---

* En dépit des protestations de forme, écrit Édouard Herriot, et du ménagement que les Montagnards gardent pour l'opinion populaire, on a l'impression que Marat fut assez peu pleuré par ses collègues.

« Je ne parlerai pas, explique Drouet, de ce qui s'est passé chez Marat. J'ai conduit l'assassin à l'Abbaye. Je vous rapporterai à cet égard un fait remarquable. Lorsque nous sommes sortis, on la fit monter dans une voiture, où nous entrâmes avec elle, et tout le peuple se mit à faire éclater les sentiments de sa colère et de sa douleur. On nous suivit. Enfin, craignant que l'indignation dont on était animé ne portât le peuple à quelque excès, nous prîmes la parole, et nous lui ordonnâmes au nom de la Loi, de se retirer. À l'instant il se retira avec respect, et nous laissa passer. Ce beau mouvement opéra un effet surprenant sur cette femme. Elle tomba d'abord en faiblesse. Puis, étant revenue à elle, elle témoigna son étonnement de ce qu'elle était encore en vie, de ce que le Peuple de Paris ne l'avait pas massacrée. Elle demanda avec émotion comment il se fait que les magistrats de la Loi eussent autant d'autorité sur un Peuple qu'on lui avait peint comme un composé de cannibales. »

Drouet vante ensuite les mérites de Marat : « Sa mort fait son triomphe et sa gloire. » Mais il appelle l'Assemblée au calme :

« Citoyens ! On vient de changer en cyprès les lauriers dont vous aviez couvert sa tête. Votre indignation est à son comble ! Vous voulez être vengés ; vous le serez. Mais faisons tourner au profit de la Liberté un malheur public qu'il n'a pas été en notre pouvoir d'empêcher... Soyez calmes, vous serez vengés, et la Liberté triomphera. Elle ne dépend pas de la vie d'un homme. Il en existe encore qui ambitionnent le sort de notre collègue, et qui voudraient verser jusqu'à la dernière goutte de leur sang pour cimenter la Révolution ! Ô toi, divinité de mon pays ! Liberté ! soutiens, console ce Peuple dont on assassine les défenseurs ! Dirige ses mouvements, empêche que la douleur ne l'égare lorsqu'on lui dira : "Ton ami est mort !..." »

Le terrible Couthon, transporté à la tribune sur son fauteuil mécanique, car il ne pouvait plus marcher, prend alors la parole :

« Il est mathématiquement démontré que ce monstre, auquel la nature a donné la forme d'une femme, est un envoyé de Buzot, de Barbaroux, de Salle, et de tous les autres conspirateurs qui se sont réfugiés à Caen... Cette femme n'a été que l'instrument des conspirateurs de Caen, de Duperret, de tous les députés du Calvados qui siègent de ce côté (*il désigne le côté droit*) [6]. »

Duperret tente encore, vainement, de se défendre. L'Assemblée ordonne que le Tribunal criminel instruira aussitôt contre l'assassin de Marat et ses complices, elle décrète Duperret d'accusation « comme prévenu de complicité dans cet assassinat et dans les révoltes des départements ». Après que Fauchet eut encore dit quelques mots sur la requête de Danton, la Convention décide que Fauchet sera, lui aussi, arrêté et conduit aux prisons de l'Abbaye.

La séance se termine. Les quarante-huit sections du Conseil général de la Commune de Paris sont alors admises à défiler dans l'Assemblée, au milieu des applaudissements, tandis que la musique de la Garde nationale exécute divers morceaux, et que trois artistes chantent des strophes de Marie-Joseph Chénier.

Le lendemain 15 juillet, après que Couthon eut prononcé un nouveau et violent réquisitoire contre tous les assassins de Marat, et que l'Assemblée eut entendu David, qui déclara avoir vu Marat dans sa baignoire la veille de sa mort et expliqua comment on pouvait exposer aux regards du peuple le corps embaumé de la victime « dans l'attitude où je l'ai trouvé, écrivant pour le bonheur du Peuple », la Convention nationale décida d'assister « en corps » aux funérailles du citoyen Marat « lâchement assassiné pour la cause de la liberté » et chargea les citoyens David et Maure « d'ordonner le convoi et d'en fixer le jour[7] ». La Convention décida en outre qu'elle acquitterait, s'il y avait lieu, les dettes de Marat[8].

Ces mêmes jours, 14 et 15 juillet, les Jacobins s'étaient réunis, portés par une même indignation. « Marat meurt victime de l'aristocratie », avait proclamé Hébert[9], et l'on vendait dans toutes les rues son journal criant « la grande colère du père Duchesne au sujet de Marat assassiné par une garce du Calvados dont l'évêque Fauchet était le directeur[10] ». Laurent Bas, qui avait fait arrêter l'assassin de Marat, avait été invité pour que les Jacobins lui disent leur gratitude et leur fraternité. Mais Robespierre était intervenu, mettant en garde le club contre le spectacle rassurant des cérémonies funèbres qui évitaient de rechercher les chemins de la vengeance :

« Je croyais qu'une séance qui suivait le meurtre d'un des plus zélés défenseurs de la Patrie, serait tout entière occupée des moyens de le venger en la servant mieux qu'auparavant. On n'en a point parlé ! Et de quoi vous entretient-on dans ce temps précieux ?... On s'occupe d'hyperboles outrées, de figures ridicules et vides de sens, qui n'apportent point de remède à la chose et empêchent d'en trouver. On vous demande par exemple, et l'on vous demande sérieusement, de discuter la fortune de Marat. Eh ! qu'importe à la République la fortune d'un de ses fondateurs ? Est-ce d'une mémoire qu'on va nous entretenir lorsqu'il s'agit de combattre encore pour elle ? On réclame les honneurs du Panthéon. Et que sont-ils, ces honneurs ? Qui sont ceux qui gisent en ces lieux ? Excepté Le Pelletier je n'y vois pas un homme vertueux. Est-ce à côté d'un Mirabeau qu'on le placera, de cet homme intrigant dont les moyens furent toujours criminels, de cet homme qui ne mérita de réputation que par une profonde scélératesse ? Voilà les honneurs qu'on sollicite pour l'Ami du Peuple !

Occupons-nous donc enfin des mesures qui peuvent encore sauver notre Patrie. Rendons nul l'effet des guinées de Pitt ; faisons rentrer les Cobourg et les Brunswick sur leurs territoires. Ce n'est point aujourd'hui qu'il faut donner au peuple le spectacle d'une pompe funèbre, mais quand, enfin victorieuse, la République affermie nous permettra de nous occuper de ses défenseurs. Toute la France alors le demandera et vous accorderez sans doute à Marat les honneurs que sa vertu mérite et que sa mémoire exige. Savez-vous quelle impression attache au cœur humain le spectacle de ces cérémonies funéraires ?

Elles font croire au peuple que les amis de la Liberté se dédommagent par là de la perte qu'ils ont faite, et que dès lors ils ne sont plus tenus de le venger. Satisfait d'avoir honoré l'homme vertueux, ce désir de venger s'éteint dans leur cœur et l'indifférence succède à l'enthousiasme, pendant que sa mémoire court les risques de l'oubli. Ne cessons donc pas de voir ce qui peut encore nous sauver. »

Sous de vifs applaudissements, l'un des Jacobins propose que, « quoi qu'en dise le citoyen Robespierre », Marat soit déposé au Panthéon, tandis qu'on en fera sortir Mirabeau. La société des Jacobins décide que le journal de Marat sera remplacé par une « société de gens de lettres » qui devra propager les principes et la morale de Marat. Un membre de la société demande que le cœur de ce dernier reste à la société des Jacobins dont il est « la propriété naturelle ». Mais il lui est répondu que les Cordeliers, dont Marat a été membre avant d'être jacobin, s'en sont déjà emparés et ne consentiront pas à s'en défaire. À l'unanimité, les Jacobins décident donc, puisqu'ils ne peuvent conserver le cœur de Marat, d'en conserver l'esprit*.

Quelques instants après la mort de Marat, le docteur Pelletan, on s'en souvient, était venu constater son décès**. Le lendemain 14 juillet, le chirurgien en chef de l'hôpital de La Charité, le docteur J.F.-Louis Deschamps, avait procédé, rue des Cordeliers, à l'autopsie du corps de la victime. Il avait confirmé que « l'instrument piquant et tranchant a été dirigé de devant en arrière, de droite à gauche et de haut en bas, que dans le trajet qu'il a parcouru, il est entré dans la poitrine entre la première et la seconde côte, qu'il a traversé la partie supérieure du poumon droit ainsi que l'aorte, et qu'il a pénétré dans l'oreillette gauche du cœur[11] ». Le docteur Deschamps avait ajouté : « À l'ouverture du crâne, j'ai trouvé le cerveau et le cervelet dans leur état naturel. » Son certificat avait dit, après celui du docteur Pelletan, que Marat était mort dans les instants qui avaient suivi le coup porté.

Le chirurgien Deschamps avait été ensuite chargé de procéder à l'embaumement du corps. Commencée aussitôt après l'autopsie, l'opération s'était prolongée durant la journée du 15 juillet. Elle avait comporté de nombreuses difficultés. Le peintre David, chargé par la Convention de « conserver les traits de l'Ami

---

* Le 26 juillet, la société distribuera une *Adresse aux Français* rédigée par une commission de six Jacobins.

** *Supra,* p. 158.

du peuple » eût voulu que la représentation du corps de Marat – tel qu'il l'avait vu la veille du crime – fût totale, mais la putréfaction était si rapide qu'il dut renoncer à ce projet pour ne présenter au peuple que la large blessure, la plaie teintée de sang, et cacher le reste du corps putréfié en le couvrant d'un drap [12]. Le docteur Deschamps rendit compte, le 16 juillet, de son difficile travail d'embaumement :

« Citoyens Magistrats du Peuple,

D'après votre ordre en date du 14 de ce mois, j'ai procédé sur-le-champ à l'embaumement du corps du citoyen Marat ; il l'a été tout entier, excepté la face et l'extérieur de la poitrine qui devait être exposée aux yeux de nos concitoyens ; la peau de ces parties n'était pas encore altérée hier mardi sept heures du matin ; à midi l'altération était sensible ; à quatre heures de relevée, elle avait augmenté, mais sans odeur, celle des aromates la couvrant ; à neuf heures du soir, j'ai embaumé dans le jardin du ci-devant Cordelier, le cœur du citoyen Marat ; je l'ai placé dans une boîte de plomb qui a été soudée en ma présence ; j'ai mis cette boîte entre les mains du citoyen Berger ; j'ai attendu le corps du citoyen Marat, il a été retiré de dessus son lit par mes élèves et placé dans le cercueil de plomb ; le visage et la poitrine étaient un peu plus noirs, mais sans une odeur marquée, les substances aromatiques dominant, ce dont je me suis assuré ainsi que mes élèves. Le cercueil a été descendu dans le caveau et le corps couvert d'aromates. Le président de la Convention retiré, le cercueil ne pouvant être soudé dans le caveau, il en a ôté le corps du citoyen Marat couvert, et le cercueil scellé ; j'ai déclaré à haute voix, à un citoyen qu'on m'a dit être le président de la section, que je venais de faire placer en sa présence dans le caveau, au pied du cercueil deux vases : l'un contenant les entrailles et l'autre les poumons du citoyen Marat, et que son cœur embaumé et enfermé dans une boîte de plomb avait été remis par moi au citoyen Berger ; le cercueil scellé à près de deux heures du matin, j'ai déclaré audit président que je me retirais.

Tel est, citoyens magistrats, le compte que j'avais à vous rendre de la commission honorable dont vous aviez bien voulu me charger.

Je joins ici le procès-verbal de l'ouverture du corps.

Je suis avec respect,

Votre concitoyen, Deschamps, chirurgien-major de l'hôpital de La Charité de Paris. »

Le 15 juillet au soir le corps embaumé de Marat est exposé dans l'église des Cordeliers, où la foule est admise à défiler. Le corps a été déposé au sommet d'une estrade, entourée de flambeaux et de brûle-parfums. Il est en partie découvert pour qu'on puisse apercevoir la blessure qu'il a reçue, et aussi la chemise teintée de sang qu'il portait lorsqu'il a été frappé. Le bras droit retombe tenant une plume de fer. Le lit est couvert de fleurs, et la tête de Marat est entourée d'une couronne de chêne[13]. De chaque côté du corps ont été placés la baignoire dans

laquelle le héros a été assassiné, et le drap ensanglanté qui recouvrait son corps. Sur l'estrade est
inscrit le texte suivant : « Marat, l'Ami du peuple,
assassiné par les ennemis du peuple. Ennemis du
peuple, modérez votre joie, il aura des vengeurs. »
Autour de l'église des Cordeliers, et dans beaucoup
de rues de Paris, des colporteurs distribuent le
numéro 242 du *Publiciste de la République* où l'on
peut lire le dernier article de Marat. Toute la journée
du 16 juillet, la foule défile, criant vengeance, jetant
des fleurs [14]. Le bruit court, de plus en plus vite,
qu'une épidémie de peste a commencé de se
répandre dans Paris.

Mais l'état du corps de Marat était tel qu'il fallut
avancer les funérailles. Elles eurent lieu le 16 juillet,
vers cinq heures du soir. Il avait été décidé que le
défunt Marat serait enterré sous un mausolée de
rocher, hâtivement construit dans l'ancien jardin des
Cordeliers. Mais de l'église au jardin le chemin était
trop court [15], et un itinéraire avait été imaginé qui
pût permettre à la Convention, aux autorités, aux
sections, aux sociétés populaires, à la foule de suivre
le cercueil dans plusieurs rues de la capitale, avant
de revenir au jardin des Cordeliers [16]. À chaque carrefour important un arrêt était prévu pour laisser aux
orateurs le temps de faire l'éloge de Marat et à la
foule d'écouter les hymnes révolutionnaires, les
marches funèbres et le roulement des tambours. Le
canon tonnait du Pont-Neuf, d'où partaient des
décharges d'artillerie, de cinq minutes en cinq

minutes. La chaleur était pesante, la pluie menaçante, mais heureusement elle ne vint pas.

Il était plus de minuit quand le corps de Marat fut ramené au jardin des Cordeliers. Là se dressait le tombeau, « monceau de blocs granitiques simulant un ensemble de rochers » élevé par le sculpteur J.T. Martin. Une ouverture avait été ménagée entre deux blocs, où s'ouvrait le caveau fermé par une grille de fer[17]. Placée au-dessus de l'entrée une urne contenait le cœur de l'Ami du peuple. Deux autres vases, qui contenaient les poumons et les entrailles de Marat, devaient prendre place de chaque côté du sarcophage. Les œuvres de l'écrivain furent déposées dans le caveau[18]. Une pyramide s'élevait au-dessus des rochers surmontés d'une urne, sur laquelle se lisaient ces mots : « Ici repose Marat, l'Ami du Peuple assassiné par les ennemis du Peuple, le 13 juillet 1793 ».

Autour du mausolée s'amoncelaient les fleurs et les arbustes vite plantés. Alors commencèrent les discours, celui du président de la Convention nationale, ceux des représentants de toutes les sections[19], prononçant des paroles d'adieu et de reconnaissance, reprenant souvent le thème de l'immortalité : Non, Marat n'est pas mort. Marat ne peut pas mourir.

Après que Charlotte Corday eut été condamnée à mort, guillotinée, que le « monstre » eût été détruit, une seconde cérémonie aura lieu le 18 juillet : celle de la translation du cœur de Marat au club des Cordeliers. Sous les applaudissements frénétiques des assistants, un patriote prononcera un discours exalté, mêlant le cœur de Marat et le cœur de Jésus :

« Ô cor Jésus, Ô cor Marat, s'écria-t-il, vous avez les mêmes droits à nos hommages ! Ô cœur de Marat, cœur sacré, viscère adorable ! N'as-tu pas autant droit aux hommages religieux des Français affranchis, que le cœur de Jésus en avait jadis à l'adoration des fanatiques et stupides Nazaréens ? Les travaux ou les bienfaits du fils de Marie peuvent-ils être comparés à ceux de l'Ami du peuple, et ses apôtres aux Jacobins de notre sainte Montagne, les Pharisiens aux aristocrates et les publicains aux financiers ? Leur Jésus n'était qu'un faux prophète, et Marat est un Dieu ! Vive le cœur de Marat[20] ! »

Les cérémonies furent fort nombreuses en province, souvent très enflammées[21]. Les gazettes se déchaînèrent, parmi lesquelles *Le Père Duchesne* d'Hébert qui tenait une bonne occasion de répandre sa fureur :

« Marat n'est plus, foutre ! Peuple, gémis, pleure ton meilleur ami, il meurt martyr de la liberté. C'est le Calvados qui a vomi le monstre sous les coups duquel il vient de périr.

Ce n'est point assez de la guillotine pour punir les traîtres, écrira Hébert achevant son terrible article, il faut un nouveau supplice plus terrible et plus infamant, égal au crime s'il est possible, foutre [*][22] ! »

Le 19 août les « citoyens révolutionnaires » se rendront en cortège, derrière le buste du divin Marat, jusqu'à la place du Carrousel. Un culte était-il né [**][23] ?

Son buste sera placé dans la plupart des salles publiques. Des bagues, des tabatières se vendront bientôt à l'effigie du divin Marat. Dans de nombreuses écoles, on enseignera le signe de croix au nom de Marat et le *Credo* de Marat [24], et son nom deviendra un prénom fréquent chez les enfants des vrais révolutionnaires. Le club des Cordeliers est devenu le club de Marat, la rue des Cordeliers la rue Marat. La rue et le faubourg Montmartre sont désormais la rue et le faubourg Montmarat, la place de l'Observance est la place de l'Ami-du-Peuple. « Dans les départements, écrit le docteur Cabanès, une série de communes substituent à leur appellation séculaire le nom de l'idole [25] », et il en cite plus de quarante : ainsi Le Havre-de-Grâce devient Le Havre-Marat, Pont-l'Abbé devient Pont-Marat, Saint-Denis-sur-Loire devient Marat-sur-Loire, Saint-Léger devient Marat-des-Bois, et Saint-Nazaire devient Marat.

---

* Le texte intégral de l'article d'Hébert, « La Grande Douleur du Père Duchesne » (n° 260) est reproduit par Eugène Defrance.

** Sur le culte de Marat, cf. les textes coordonnés par Jean-Claude Bonnet dans son ouvrage collectif sur *La Mort de Marat*.

Les chansons se multiplieront, célébrant les vertus de Marat et maudissant le monstre qui l'a tué, ainsi *La Complainte du peuple parlant à la scélérate Corday* :

> « Si Marat meurt pour la Patrie,
> Dans nos cœurs il vivra toujours.
> En contemplant ta barbarie,
> De ta race on voit les détours
> De sa vie arrêtant les cours.
> Monstre en furie,
> Va, la Montagne existe encore
> Quoiqu'il est mort ! »

Beaucoup des complaintes composées se chanteront sur des airs connus. Ainsi, sur l'air de Figaro *Cœurs sensibles, cœurs fidèles* :

> « Le coup qui perce notre âme
> À jamais d'un vif regret,
> Part de la main d'une femme
> Abandonnée au forfait.
> Satan créa cette femme.
> On y voit en chaque trait,
> Du Tentateur le portrait...
> Pour écarter les alarmes
> Par un faux air de douceur,
> Son aspect offre des charmes
> Que déguise sa noirceur.
> Source d'éternelles larmes,
> Ce monstre plein de fureur
> Nous ravit un bienfaiteur... »

Le théâtre s'empare vite de ce sujet dramatique, et les pièces sont nombreuses, hâtivement composées et mises en scène, jouées à Paris et en province, célébrant Marat*[26]. Les bustes et les portraits de Marat ne cessent de se multiplier : « Chacun, selon ses moyens, sacrifiait au culte nouveau[27]. »

Le 14 novembre 1793, la Convention prit enfin le décret qui accordait à Marat les honneurs du Panthéon. Un crédit important avait été ouvert à David pour subvenir aux frais de gravure et d'impression de son chef-d'œuvre, afin qu'il pût être distribué dans la France entière. Mais les travaux se prolongèrent plus longtemps qu'il n'avait été prévu, et le tableau achevé ne fut offert à la Convention qu'en novembre 1793. Le temps passait. Passait aussi, sans doute, le temps du culte de Marat. Robespierre pouvait-il supporter, en cette fin de l'année 1793, la place donnée à Marat par beaucoup de ceux qui ne pensaient plus maintenant qu'à abattre l'Incorruptible ? Encore quelques mois... et Marat n'est toujours pas transféré au Panthéon. Cela ne se fera, étrangement, qu'après la chute et la mise à mort de Robespierre en juillet 1794. Robespierre et ses amis ne seront plus là pour retarder la cérémonie. À quelques jours de distance, les cendres de Marat et de Rousseau seront, en grande pompe, transférées au Panthéon.

---

* Ainsi en août 1793 au Théâtre de la Cité : *La Mort de l'infortuné Marat.*

C'est le 21 septembre 1794 – deux mois après thermidor – que sera donc célébrée la suprême apothéose : les cendres de Marat seront portées au Panthéon sur un char triomphal, que suivront la Convention, les corps constitués, les élèves officiers, les orphelins de guerre et les troupes à cheval. Des chœurs chanteront des hymnes de Méhul et de Cherubini, à la gloire du martyr de la liberté. Et tandis que l'on fera sortir, par une porte latérale, les « restes impurs » de Mirabeau, un huissier de la Convention lira d'une voix forte le décret qui conférait à Marat l'immortalité. La cérémonie s'achèvera après le discours du président de la Convention, par un chœur à la gloire des martyrs et des défenseurs de la liberté, composé pour la circonstance par Marie-Joseph Chénier pour les paroles et par Cherubini pour la musique. Il était près de neuf heures du soir quand la cérémonie prit fin[28].

Mais que reste-t-il, en septembre 1794, du culte de Marat ? Dès la fin de l'année 1794 son buste est enlevé de la Convention ; les bustes sont renversés et brisés dans la plupart des départements. Beaucoup des villes qui ont pris le nom de Marat l'abandonnent. Les tableaux de David sont enlevés des salles où délibèrent les Conventionnels. Dans la cour des Jacobins, on brûlera un mannequin représentant Marat : les cendres du mannequin seront mises dans un vase de nuit, puis jetées dans l'égout de la rue de Montmartre[29]. Dans les théâtres les manifestations se multiplieront contre les pièces célébrant l'Ami du peuple. Un chansonnier se taillera un beau succès dans les théâtres, récitant quelques strophes de son invention :

« Marat dont les anarchistes
Prônaient la divinité
Par les Français athéistes
Est dépanthéonisé.
Le Jacobin enragera
Et la République rira
Le beau contraste que voilà !
Dépit par-ci, gaieté par-là,
De voir ainsi son culte à bas.
Aux dépens de ses victimes
Un monument s'éleva
Pour éterniser ses crimes,
Mais hier il s'écroula.
Le triste accident que voilà !
Qui jamais aurait cru cela ?
Un coup par-ci, un coup par-là,
La baraque fut mise à bas
Et Marat dans l'égout sauta [30] ! »

Le 8 février 1795 la Convention votera le décret stipulant que les honneurs du Panthéon ne seraient plus décernés à aucun citoyen, ni son buste placé dans un endroit public, que « dix ans après sa mort ». Le décret devait avoir un effet rétroactif. En exécution de ces textes, le 26 février 1795 – 7 ventôse an III –, la famille de Marat n'ayant pas réclamé son corps, les restes de Marat seront extraits, enfermés

dans un cercueil de plomb et transférés « au cimetière de ci-devant Sainte-Geneviève, le plus
proche*[31] ». Dès le mois de janvier on avait commencé la démolition du monument élevé à la gloire
de Marat sur la place du Carrousel[32].

_____

* Le cimetière – que l'on appelait autrefois le cimetière des
Clercs – se trouvait à gauche de l'église Saint-Étienne-du-
Mont.

CHAPITRE XV

D'un culte à l'autre ?

Que le culte de Marat ne fût plus qu'un souvenir ? Ce ne semblait pas assuré. Mais il est vrai qu'après thermidor un autre temps était venu où l'Ami du peuple ne pouvait plus incarner l'idole des Français. Une autre postérité avait commencé. « Nous avions vu s'instituer le culte de Marat [...]. C'est la religion de Charlotte qui commence », écrit Édouard Herriot, quand il évoque tout à la fois l'ode d'André Chénier et la tragédie d'Adam Lux. La réalité est sans doute plus complexe. Les deux âmes « pareillement intrépides » – selon Édouard Herriot – de Charlotte et de Marat ne pourraient-elles être l'une et l'autre « comprises » et « respectées », comme semble l'avoir souhaité Herriot achevant son ouvrage sur « Un couteau de quarante sous » dans *La Forêt normande*[1] ?

L'ode qu'André Chénier composa et répandit dans les jours qui suivirent la mise à mort de Charlotte Corday voulait tout à la fois détruire la mémoire de

Marat justement immolé et ensevelir l'héroïne dans sa vertu sublime.

« Non, non ; je ne veux point t'honorer en silence,
Toi qui crus par ta mort ressusciter la France,
Et dévouer tes jours à punir des forfaits.
Le glaive arma ton bras, fille grande et sublime,
Pour faire honte aux dieux, pour réparer leur crime,
Quand d'un homme à ce monstre ils donnèrent les traits.

Belle, jeune, brillante, aux bourreaux amenée,
Tu semblais t'avancer sur le char d'hyménée ;
Ton front resta paisible et ton regard serein.
Calme sur l'échafaud, tu méprisas la rage
D'un peuple abject, servile et fécond en outrage,
Et qui se croit encore et libre et souverain.

La vertu seule est libre. Honneur de notre histoire,
Notre immortel opprobre y vit avec ta gloire ;
Seule tu fus un homme et vengeas les humains !
Et nous eunuques vils, troupeau lâche et sans âme,
Nous savons répéter quelques plaintes de femme ;
Mais le fer pèserait à nos débiles mains.

Non, tu ne pensais pas qu'aux mânes de la France
Un seul traître immolé suffît à sa vengeance,
Ou tirât du chaos ses débris dispersés.
Tu voulais, enflammant les courages timides,
Réveiller les poignards sur tous ces parricides,
De rapine, de sang, d'infamie engraissés.

Un scélérat de moins rampe dans cette fange.
La Vertu t'applaudit ; de sa mâle louange
Entends, belle héroïne, entends l'auguste voix.
Ô vertu ! le poignard seul espoir de la terre,
Est ton arme sacrée, alors que le tonnerre
Laisse régner le crime et te vend à ses lois*. »

On sait que, arrêté le 7 mars 1794, André Chénier mourut sur l'échafaud le 25 juillet 1794, deux jours avant que ne vînt le 9-Thermidor qui l'eût sans doute sauvé.

La tragédie d'Adam Lux a été assez souvent et remarquablement racontée pour qu'elle ne soit ici que brièvement évoquée[2]. Ce jeune homme, âgé de vingt-huit ans, docteur en médecine, marié, père de deux petites filles, avait été envoyé à Paris, par l'assemblée des habitants de la ville de Mayence qui souhaitait que leur cité fût réunie à la France : il avait porté ce vœu à la Convention qui l'avait adopté le 30 mars 1793. Devenu citoyen français, admirateur des grands principes révolutionnaires, il avait peu à peu découvert, avec horreur, les haines et les violences, les oppressions que portait cette Révolution. La proscription des Girondins avait achevé de le bouleverser. Il songeait au suicide, il ne se nourrissait plus, et son exaltation effrayait ses amis. « J'ai juré d'être libre ou de mourir, écrivait-il. Par conséquent, il est temps de mourir [...].

---

* Le texte complet de l'ode d'André Chénier – dont ne sont ici cités que des extraits – est repris en Annexe VI.

J'ai la vie en horreur. » Quand il apprend l'assassinat
de Marat, qu'il lit ensuite les interrogatoires de Charlotte Corday, il décide de la suivre jusqu'à l'échafaud.
Il assiste à sa mise à mort. Son enthousiasme ne cesse
de s'exalter. En moins de deux jours, il rédige, à la
gloire de Charlotte Corday, un texte où il crie à la fois
son mépris des révolutionnaires qui ont trahi leur mission et son admiration pour le calme, le courage, la
douceur de l'héroïne[3].

> « Quel fut mon étonnement lorsque, outre une intré-
> pidité que j'attendais, je vis cette douceur inaltérable
> au milieu des hurlements barbares !... Ce regard si
> doux et si pénétrant ! Ces étincelles vives et humides
> qui éclataient dans ses beaux yeux... Regards d'un
> ange, qui pénétrèrent intimement mon cœur, le rem-
> plirent d'émotions violentes qui me furent inconnues
> jusqu'alors... Pendant deux heures, depuis son départ
> jusqu'à l'échafaud, elle garda la même fermeté, la
> même douceur inexprimable... Sur sa charrette,
> n'ayant ni appui ni consolateur, elle était exposée aux
> huées continuelles d'une foule indigne du nom
> d'hommes. Elle monta sur l'échafaud... Elle expira...
> Charlotte, âme céleste, n'étais-tu qu'une mortelle ? »

Adam Lux invite les Jacobins, qui ont trompé la
France, à le faire mourir comme ils ont fait mourir
Charlotte.

> « S'ils veulent aussi me faire l'honneur de la guillo-
> tine, qui n'est désormais à mes yeux qu'un autel où

l'on immole les victimes, et qui, par le sang pur versé le 17 juillet, a perdu toute ignominie, s'ils veulent, dis-je, je les prie, ces bourreaux, de faire donner à ma tête abattue autant de soufflets qu'ils en firent donner à celle de Charlotte. »

Adam Lux porta son texte à un imprimeur, le suppliant de le faire aussitôt paraître. La brochure fut répandue dès le 23 juillet, six jours après la mort de Charlotte, et son auteur prit le soin de la distribuer lui-même à de nombreuses « personnalités » qu'elle devait intéresser[4]. Il fut arrêté, dénoncé comme un agent des aristocrates ou comme un dangereux égaré. En prison il parut oublié et il dut exiger d'être jugé. « Je suis en prison depuis deux mois, ne peut-on s'occuper de moi[5] ? » Fouquier-Tinville consentit à l'accuser et il fut condamné à mort, le 4 novembre, après un bref réquisitoire. « Je suis étranger à vos lois comme à vos crimes », avait-il répondu à Fouquier-Tinville[6]. Il alla donc à la guillotine, s'étant habillé avec beaucoup de soin « comme s'il eût espéré que le ravissant fantôme l'attendît au rendez-vous[7] ». Il parut si heureux de « mourir pour Charlotte » qu'avant de s'allonger sur la planche il embrassa ses exécuteurs[8]. Il escalada l'échafaud, s'élança de lui-même sur la bascule, et on l'entendit murmurer ce seul mot : « Enfin[9] ! »

Revenons à Charlotte Corday. Si même la foule en furie cria, durant le procès et dans la rue, puis autour de la guillotine, sa haine pour celle qui avait assassiné l'Ami du peuple et sa soif de vengeance, il reste que, « sur le chemin de douleur », Charlotte Corday avait rencontré plusieurs fois l'admiration, et même la sympathie. Il n'est pas impossible, on l'a vu, que le président Montané, surpris ou séduit par cet étonnant personnage, eût voulu, quand il modifia la troisième question de Fouquier-Tinville, lui laisser une chance, même infime, d'échapper à la mort[10]. Le bourreau Sanson, dans ses *Mémoires*, n'a pas caché l'admiration que Charlotte Corday lui avait inspirée.

> « On a essayé de rapetisser la grande figure de Charlotte Corday en donnant à son action un motif vulgaire ; on a voulu réduire son héroïsme aux proportions d'un amour en quête d'une vengeance ; on a désigné l'objet de cet amour, on a dit tantôt que c'était Barbaroux et tantôt le comte de Belzunce égorgé à Caen en 1790, ou bien l'émigré Boijugan de Maingré.
>
> Rien n'est plus faux.
>
> L'âme de Charlotte Corday est montée au ciel pure de toute souillure terrestre, son cœur n'avait jamais battu que pour la patrie.
>
> Elle n'est pas seulement la martyre de la liberté, elle est la Jeanne d'Arc de la démocratie[11]. »

On sait aussi avec quelle application Hauer commença de la peindre dans la salle d'audience, puis poursuivit le portrait dans sa cellule avant que ne vînt le bourreau. Sur le chemin de la guillotine, le peintre Brard voulut crayonner une esquisse d'elle, et sans doute, comme on le racontera, de nombreuses personnes la suivirent, de la prison de la Conciergerie jusqu'à l'échafaud, « témoins de son calme admirable pendant la route et de la majesté de son dernier moment [12] ».

Rétif de la Bretonne, qui condamnera vivement le geste de Charlotte et imputera à toutes les femmes qui « veulent être hommes » ce crime impardonnable [13], éprouvera lui-même quelque indulgence, la décrivant allant à l'échafaud :

> « Elle alla modestement, décemment à la mort, son air était riant sans être rieur... elle adoucissait par son air la laideur de son crime ; il aurait fallu qu'elle eût été voilée comme les autres assassins... Parvenue à l'échafaud, elle y monta aussi lestement que pouvaient le permettre les mains liées derrière le dos. Elle voulait garder sa bonnette, le bourreau la lui arracha. Elle tomba gaîment sur la planche fatale. L'horrible couperet descendit, et l'enthousiasme égaré ne fut plus. »

En revanche, tandis que passèrent les années, la mémoire de Marat parut s'éloigner de celle de la Révolution. Beaucoup de ceux qui exaltaient la Révolution s'appliquaient à la séparer de ce personnage trop étrange, violent, sanguinaire, souvent qualifié de « monstre ». C'est vainement que Simonne Évrard, « veuve Marat », appelée à la Convention le

8 août 1793, supplia les députés que l'on défendît la mémoire de l'Ami du peuple, constamment attaquée, outragée,

> « Citoyens, vous voyez devant vous la veuve de Marat. Je ne viens point vous demander les faveurs que la cupidité convoite ou que réclame l'indigence ; la veuve de Marat n'a besoin que d'un tombeau.
>
> Avant que d'arriver à ce terme heureux de ma vie, je viens vous demander justice des attentats nouveaux commis contre la mémoire du plus intrépide et du plus outragé des défenseurs du peuple. »

Simonne Évrard dénonça avec véhémence tous ceux qui, déjà, vantaient « sans pudeur » l'assassin Charlotte Corday[14].

Le destin de Simonne Évrard comme celui d'Albertine, la sœur de Marat, disent, à leur manière, que très vite le souvenir de Marat s'effaça, soit que le temps fît son travail, soit que sa mémoire imposât l'oubli. Albertine était venue rejoindre la « veuve » de Jean-Paul peu après l'assassinat de son frère. Elles continuèrent de vivre ensemble dans un petit appartement de la rue Saint-Jacques, puis 34, rue de la Barillerie. Au mois de prairial an III, elles furent toutes deux arrêtées, détenues à Sainte-Pélagie, puis libérées au bout de trois mois. En l'an IX, au lendemain de l'attentat de la rue Saint-Nicaise, Simonne Évrard sera arrêtée à nouveau, soupçonnée d'avoir

été en « intelligence avec les ennemis du gouvernement », puis relâchée. Vers 1820, elle tombera
malade, et elle mourra le 24 février 1824 sans qu'elle
eût jamais cessé de faire l'éloge de Marat « qui, dans
son intérieur, était la douceur et la bonté mêmes ».
Albertine Marat continuera toujours de pleurer son
frère « exclusivement vertueux », son héros, son dieu
qui avait eu « mission de régénérer le monde, ou du
moins la France [15] ». Elle passera ses dernières
années dans la solitude et la détresse, tâchant de
vivre en fabriquant des aiguilles de montres, dispu-
tant tous les souvenirs de son frère, notamment ses
manuscrits, aux amateurs qui voulaient en faire collection. Elle mourra le 30 octobre 1841, âgée de quatre-vingt-trois ans, dans sa mansarde de la rue de la
Barillerie. Jusqu'au bout elle ne cessera de s'indigner
de la sympathie, et même du culte croissant qui lui
semblaient entourer la mémoire de Charlotte
Corday.

Yves Chastagnaret a décrit, dans son article de
l'ouvrage collectif animé par Jean-Claude Bonnet sur
La Mort de Marat, intitulé « La légende de Marat et
de Charlotte Corday dans le théâtre du XIXᵉ siècle »,
l'évolution qui au cours de ce siècle accompagna « le
couple Charlotte Corday-Marat » et traita, avec
d'innombrables variations, « le thème de la douceur
angélique de la bonne paysanne normande opposée
à la bestialité de l'homme assoiffé de sang et névrosé,
guide de la lie du peuple [16] ». Comme l'a souligné
Charles Vatel, nul sujet historique n'a été utilisé

autant de fois en moins d'un siècle, mais il y avait là, il est vrai, une « tragédie toute faite [17] ». De 1804 à 1829, observe Yves Chastagnaret, les dramaturges – et les écrivains – éviteront l'exaltation de Charlotte Corday : l'Empire était résolument hostile à l'histoire révolutionnaire, et Napoléon pouvait redouter que le geste de l'héroïne ne donnât quelques idées... C'est à partir de 1830 que se répandra, dans le théâtre et aussi dans la littérature, la légende de Charlotte Corday, plus précisément, que se multiplieront les pièces consacrées à l'assassinat. « On en dénombre une vingtaine, pour les auteurs français et étrangers, concentrées pour la plupart autour de 1898, période de grande fermentation des esprits [18]. » Il n'y a pas qu'à Paris que sont représentés les divertissements, les tableaux dramatiques, les drames, les tragédies, parfois mis en musique, qui entourent Charlotte Corday et la mort de Marat : on les voit aussi en Allemagne, d'Aix-la-Chapelle à Berlin, de Cologne à Francfort et à Leipzig, on les voit à Bruxelles, à Hambourg, à Kiel, à Hanovre [19]. Charlotte est la Judith moderne qui massacre Holopherne, Charlotte est Jeanne d'Arc, Charlotte est l'héritière des grandes vertus romaines qu'avait célébrées son aïeul Corneille. Louise Colet, qui composa en 1842 plusieurs drames ou tableaux dramatiques consacrés à Charlotte Corday, dépeint une merveilleuse héroïne qui se « détache, radieuse, sur un fond sanglant ». « La Gironde eut pour poésie Charlotte Corday et Mme Roland. La Montagne eut pour symbole les sinistres tricoteuses et les furies de la guillotine[20] ! » Comme Judith, comme Jeanne d'Arc, Charlotte remplit une mission divine. Pour François Ponsard, dont la tragédie en cinq actes fut représentée en 1850 au théâtre de la République à Paris, Marat n'est qu'un « bandit qui dans le sang se vautre ». Il est une bête obscure cachée en sa tanière, qui ne peut voir la lumière du jour, « il tue avec bonheur, par instincts carnassiers *[21] ».

Cependant, ce théâtre, observe Yves Chastagnaret, semble n'avoir pas alors séduit un grand public. La censure des monarchies créa quelques difficultés : tout ce qui pouvait rappeler la Révolution était interdit, et certains auteurs durent dissimuler Charlotte Corday et Marat sous d'autres noms[22]. Les critiques ne furent, souvent, guère favorables : si le *Journal des débats* du 1er septembre 1842 fit l'éloge de la pièce de Louise Colet, d'autres auteurs furent fermement critiqués. Ainsi Jules Janin malmènera, en 1847, la pièce de Dumanoir et Clairville, « mêlée de chants », représentée au théâtre du Gymnase. « Il faudrait, pour bien faire, ôter ce drame du théâtre, et surtout il faut à l'avenir laisser la Révolution dans les livres[23]. » On critique notamment la composition

---

* Chez Alphonse Esquiros, Marat est assimilé à Faust, à Prométhée, à un vampire, à Satan. Esquiros compare la Révolution à un carnaval et Marat à « un de ces gnomes que le Moyen Âge croyait suspendus de nuit aux cloches des vieilles églises ».

hâtive des pièces, l'indifférence à toute vérité, l'influence exagérée de Corneille, celle de Shakespeare[*][24], et aussi l'exploitation superficielle de l'histoire. Le théâtre prétendrait-il faire le travail du roman ?

Mais la littérature et l'histoire, si souvent confondues au XIXᵉ siècle, ne cesseront, elles aussi, de promener ces mythes dont le théâtre s'était emparé. Que faire du geste de Charlotte Corday, écrira justement Georges Benrekassa[25] ?

« Le geste de Charlotte Corday, qui les préoccupe davantage que la mort même de Marat, n'est pas seulement un épisode de l'histoire révolutionnaire. Il s'inscrit dans une perspective politico-historique plus vaste : l'intervention brutale de l'assassinat dans le cours de l'histoire, la légitimité ou l'illégitimité d'une intrusion et d'une élimination individuelles et violentes. À cet égard, c'est aussi de l'histoire proche : tentatives d'attentat contre les puissants, machines infernales, élimination brutale d'opposants... S'agissant de la mort de Marat, cela ne les conduit pas seulement à rejeter dans les ténèbres de l'assassinat politique un geste que tous condamnent en principe plus ou moins ; cela met en cause les possibilités d'appropriation ou d'exclusion politique et historique d'un geste à haute portée symbolique. »

---

* Francisque Sarcey critiquera fermement la pièce de Ponsard.

Raspail, dans son *Étude impartiale sur Jean-Paul Marat*[26], qu'il commença d'écrire en 1836, l'année où il fit connaissance avec la sœur de Marat et fut tant ému par elle, a condamné durement le crime de ce « Ravaillac en jupons » « qui traîtreusement et en exploitant la pitié et la commisération de Marat envers des malheurs imaginaires lui plongea un poignard dans le cœur », le crime de cette « fille hystérique » que l'on présentait volontiers comme un ange[27]. Thiers réprouve le geste de Charlotte pour des motifs différents[28] : tout assassinat politique doit être condamné. En revanche, Lamartine, dans son *Histoire des Girondins*[29], admet que la postérité n'ose exalter un meurtre, mais en présence d'un tel héroïsme « l'histoire n'ose flétrir » et il achève son récit du meurtre en glorifiant celle qu'il appelle « l'ange de l'assassinat » :

> « Le dévouement coupable de Charlotte Corday est du nombre de ces actes que l'admiration et l'horreur laisseraient éternellement dans le doute, si la morale ne les réprouvait pas. Quant à nous, si nous avions à trouver, pour cette sublime libératrice de son pays et pour cette généreuse meurtrière de la tyrannie, un nom qui renfermât à la fois l'enthousiasme de notre émotion pour elle et la sévérité de notre jugement sur son acte, nous créerions un mot qui réunit les deux extrêmes de l'admiration et de l'horreur dans la langue des hommes, et nous l'appellerions : l'ange de l'assassinat. »

Michelet décrira avec admiration « la belle et splendide victime dans son manteau rouge », son « calme parfait parmi les cris de la foule, sa sérénité grave ». « Elle arriva à la place dans une majesté singulière, et comme transformée dans l'auréole du couchant [30]. » L'effet de cette mort fut terrible, nous dit Michelet : ce fut de faire aimer la mort. Racontant la tragédie d'Adam Lux, Michelet achève ainsi son récit, glorifiant Adam Lux qui avait adoré Charlotte Corday sans pourtant aimer le meurtre :

« Remarquable douceur d'âme. Elle contraste fortement avec la violence d'un grand peuple qui devint amoureux de l'assassinat. Je parle du peuple girondin et même des royalistes. Leur fureur avait besoin d'un saint et d'une légende. Charlotte était un bien autre souvenir, d'une tout autre poésie que celui de Louis XVI, vulgaire martyr, qui n'eut d'intéressant que son malheur.

Une religion se fonde dans le sang de Charlotte Corday : la religion du poignard.

André Chénier écrit un hymne à la divinité nouvelle :

Ô vertu ! Le poignard seul espoir de la terre,

Est ton arme sacrée !

Cet hymne, incessamment refait en tout âge et dans tout pays, reparaît au bout de l'Europe dans l'*Hymne au poignard*, de Pouchkine.

Le vieux patron des hymnes héroïques, Brutus, pâle souvenir d'une lointaine Antiquité, se trouve transformé désormais dans une divinité nouvelle plus puissante et plus séduisante. Le jeune homme qui rêve un grand coup, qu'il s'appelle Alibaud ou Sand, de qui rêve-t-il maintenant ? Qui voit-il dans ses songes ? Est-ce le fantôme de Brutus ? Non, la ravissante Charlotte, telle qu'elle fut dans la splendeur sinistre du manteau rouge, dans l'auréole sanglante du soleil de juillet et dans la pourpre du soir. »

Quant à Edgar Quinet il achèvera son récit de la mise à mort de Charlotte Corday « si belle, si impassible, au milieu de la ville terrifiée [31] », par un appel au grand Corneille :

« Et toi, Grand Corneille, es-tu content de ta petite-nièce et connais-tu ton sang ? La tragédie a-t-elle été bien conduite ? Est-il un seul de tes Romains qui ait eu l'âme plus romaine ? Que tes conspirateurs, Maxime, Cinna, pâlissent à côté de mademoiselle d'Armont ! Quelle prudence pusillanime chez eux ! Que de soins pour se cacher ! S'ils le pouvaient, ils feraient leurs trames sous la terre ! Chez elle, au contraire, quel oubli entier de soi-même ! Quel manque absolu de sollicitude ! Il faudrait un miracle pour la sauver. Elle porte sur elle son extrait de baptême pour s'ôter toute chance de déguisement et d'évasion. Camille, Sabine, Cornélie, revivent dans Charlotte Corday ; mais la réalité s'est trouvée plus haute et plus fière que le poème.

Charlotte Corday est une compatriote et une contemporaine des Anciens vers lesquels elle tend les bras. Qu'ils la jugent ! L'affaire est trop pesante pour nous ; elle ne nous appartient pas [32]. »

Chateaubriand[33], qui dira son mépris de Marat – « Caligula de carrefour » –, voudra donner à sa mort une dimension mythique : « Marat, comme le Péché de Milton, fut violé par la Mort » et Victor Hugo, dans *Quatre-vingt-treize*[34], renverra les « deux spectres » à l'histoire de la Révolution : « Juillet s'écoula, août vint, un souffle héroïque et féroce passait sur la France, deux spectres venaient de traverser l'horizon. Marat un couteau au flanc, Charlotte Corday sans tête, tout devenait formidable. » Un autre temps était venu.

> « Désormais les deux légendes, conclut Georges Benrekassa, celle de l'héroïne républicaine appelée à devenir un emblème de la France « traditionnelle » ou de la société civile blessée, celle de l'énergumène habité par la tourbe souffrante et conduit à endosser, ou presque, la tenue de la redoutable lucidité jacobine – ces deux légendes peuvent se dissocier et suivre indépendamment leur chemin. La signification politique de leur conjonction est quelque peu oubliée... Marat et Charlotte Corday peuvent devenir des personnages de l'histoire "positive"[35]. »

Mais le xxe siècle réussira, de tout autre manière, à réunir les deux personnages de cette ancienne tragédie. Le regard porté sur Marat et ses maladies aidera à cette évolution. C'est en 1905, alors que s'achève l'affaire Dreyfus, que le docteur Cabanès écrit *Le Cabinet secret de l'histoire*[36], qui étudie successivement « Le cas pathologique de Jean-Jacques Rousseau », « La lèpre de Marat », « La vraie Charlotte Corday » et encore « L'infirmité de Couthon », « Robespierre intime », « Le cœur de Talma », « Le martyre de Mme Récamier » ; c'est désormais à la médecine d'examiner les troubles mentaux de chacun de ceux qui ont rencontré l'histoire, ceux notamment de Marat et de Charlotte Corday, l'un et l'autre nourris par les lectures de Rousseau. En 1906, les docteurs Cabanès et Nass publieront *La Névrose révolutionnaire*, étudiant les maladies qui font les révolutions.

> « La loi du *minisme psychique* est universelle, aucune foule ne peut s'y soustraire. Aussi, tous les hommes de la Révolution en ont supporté inconsciemment les atteintes ; ils y étaient d'autant plus exposés que les questions politiques étaient discutées non seulement à l'Assemblée, mais aussi aux comités, aux clubs surtout, dans les sections ; que partout, le public despote, anonyme et tyrannique, imposait ses volontés et déteignait, pour ainsi dire, sur ses dirigeants, qui prenaient, bon gré mal gré, sa teinte morale. À proprement parler, il n'existe pas d'homme qui puisse se flatter de mener une foule ; c'est la foule qui pousse devant elle ses champions, comme le flot rejette sur la plage les goémons arrachés aux rochers [37]. »

Le docteur Georges Juskiewenski renouvellera ces études dans la thèse d'histoire médicale qu'il soutiendra à Bordeaux en 1933 [38]. Les études se multiplieront, réfléchissant sur la psychopathologie du génie

– notamment du génie de Rousseau –, sur la pathologie des foules révolutionnaires, sur les origines et les contagions des révolutions, sur l'obsession du meurtre et la soif d'extermination[39].

Dès les premières années du xxe siècle, l'extrême droite française avait commencé de découvrir en Marat un étranger, un métèque, et bientôt un Juif. Déjà Taine avait réfléchi sur ce thème, et Drumont, l'auteur de *La France juive*, publiée en 1886, dressant un panorama « du Juif dans l'histoire de France », avait dénoncé, parmi tant d'autres, Marat – Mara de son vrai nom – né en Suisse mais d'origine sarde, Juif sans doute, sale, malade, répugnant, qu'avait porté la haine de la société chrétienne *[40]. Marat, pour Drumont, portait physiquement les stigmates des tares corporelles et mentales de la judéité[41]. À partir de 1930 environ, la détestation de Marat va s'alimenter à deux sources : non seulement il fut métèque, franc-maçon, très probablement juif si même il s'est appliqué à le cacher, mais son idéologie a inspiré en 1917 la révolution bolchevique ; les bolcheviques l'ont considéré comme un précurseur de la dictature du prolétariat, Marx avait souvent cité Marat, et le discours des deux Juifs était souvent analogue. Plus tard, Staline donnera le nom de Marat à un bâtiment de sa flotte[42]. Dès 1928, François Coty, qui finançait plusieurs journaux d'extrême

---

* Élisabeth Roudinesco et Henry Rousso citent utilement des passages de Céline sur « Marat anticipateur du protocole

droite, avait fondé *L'Ami du peuple*, pour laver ce beau titre des souillures dont l'avait accablé l'infâme Marat, ce « Monomane homicide », ce « Néron de l'Hôtel de Ville[43] ». En 1933, un « Comité Corday » publiait un programme placé sous l'égide de celle qui osa toucher au cœur les sanglants démagogues de 1793. En 1939, Drieu La Rochelle écrivait une pièce en trois actes, *Charlotte Corday*, qui fut jouée, une quinzaine de fois, en 1941 dans le sud de la France. Plusieurs fois Marat y appelle à faire couler « des flots de sang », et réclame la dictature. Au troisième acte, Saint-Just va rendre visite à Charlotte dans sa prison. Vierges l'un et l'autre, ils laissent monter en eux un sentiment proche de l'amour.

« Saint-Just. – Si les Français ne peuvent supporter la liberté, je me poignarderai.

Charlotte. – Non. J'aurais pu me frapper moi-même, je ne l'ai pas fait.

Saint-Just. – J'irai vous rejoindre sur cette belle place. Pour nous, ce sera la place de la Concorde. Je vous jure que je suis aussi grand que vous.

Charlotte. Plus grand. Vous êtes homme.

Saint-Just. – Vous êtes une femme. Mais, les voilà.

Charlotte. – Adieu. Des ciseaux ?

Saint-Just. – Pour vos beaux cheveux. »

---

des Sages de Sion », qui dénoncent violemment le Juif et le marxiste, et de Léon Daudet sur Marat « épileptoïde ».

En septembre 1941, Roger Régis publiera dans *Gringoire* une version romancée du procès de Charlotte Corday. La même année, sera publié *Marat ou Le Mensonge des mots* de Funck-Brentano[44]. Le premier chapitre, consacré aux « origines de l'Ami du peuple », rappelle que le nom de Jean-Paul Mara est « nettement sémitique » et que les traits de son visage « accusent un type oriental très prononcé ». Le livre s'achève sur une évocation du communisme menaçant : Babeuf n'avait-il pas salué en Marat son précurseur ? Marx n'avait-il pas conservé, sur son bureau, un exemplaire des *Chaînes de l'esclavage* qu'il avait annoté ? Lénine et Trotski n'avaient-ils pas modelé leurs idées sociales et politiques sur celles de Marat[45] ? Charles Maurras, Léon Daudet, Bernard de Vaux et bien d'autres dénoncèrent souvent ce Juif dément, assoiffé de sang, ce monstrueux métèque qui avait fait tant de mal à la France. Dans le livre écrit par Jean de La Varende, sur *Mademoiselle de Corday* et qui sera publié en 1946 en tirage limité[46], Charlotte est présentée parée de toutes les vertus assemblées :

> « Maintenant, voici cette apothéose qu'elle a dû rêver. Elle aussi est empoignée par l'ivresse de la mort. La mort... de la donner ou de la recevoir, ils sont tous hantés. Voici le cinquième acte et la chemise rouge de Mademoiselle de Corday !
>
> Elle a trois jours pleins pour attendre, mais que sont ces jours-là à côté des heures qui les précédaient, les

Charlotte de Corday d'Armont,
par Moreau le Jeune.

Charlotte Corday en 1791,
par Siccardi et sa signature.

Charlotte Corday, par Isabey,
d'après le tableau de Hauer.

Charlotte Corday, par Augusta Lebaron-Desves, 1842. Caen, musée des Beaux-Arts.

Le Ronceray à Saint-Saturnin-des-Lignerits, maison natale de Charlotte Corday.
Paris, musée Carnavalet.

La chambre de Charlotte au Ronceray. Lithographie d'André Mare.

Caen sous l'Ancien Régime.

Charlotte dans la chambre qu'elle occupait
chez Mme de Bretteville, à Caen.
Aquarelle de Mallet. Versailles, musée Lambinet.

Doulcet de Pontécoulant.

je vous dois obéisance mon cher ——
papa cependant je pars sans votre permission
je pars sans vous voir parceque j'en aurois
trop douleur, je vais en Angleterre parce
que je ne crois pas qu'on puisse vivre en
france heureux et tranquile de bien longtems
en partant je mets cette lettre à la poste pour
vous et quand vous la recevrés je ne serai
plus en ce pays, le ciel nous refuse le bonheur
de vivre ensemble comme il nous en a refusé
d'autres il sera peut'être plus clément pour notre
patrie. Adieu mon cher papa embrassés
ma sœur pour moi et ne m'oubliés pas

Corday

Ce 9 juillet.

Lettre de Charlotte Corday à son père, du 9 juillet 1793.

DR.

Hôtel de la Providence à Paris,
19, rue des Vieux-Augustins.
Charlotte y descendit le 11 juillet 1793.
Paris, Archives nationales.

La salle de bains
où fut assassiné Marat.
Paris, musée Carnavalet.

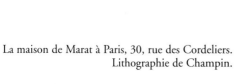

La maison de Marat à Paris, 30, rue des Cordeliers.
Lithographie de Champin.

Au Citoyen

Marat faubourg St germain
Rüe des Cordeliers

A paris

je vous ai écrit Ce matin marat, avés vous Reçu ma lettre
puisje Espérer un moment d'audience, si vous l'avés reçue
jespere que vous ne me refuserés pas, voyant Combien
la Chôse est interessante, suffit que je sois bien
malheureuse pour avoir droit a votre protection.

La presente n'a point été remis à son adresse d'ainsi —
remis par l'adressière de l'assasin, a sa 2e présentaion
vers le 7. Heures devait se relever, jl n'a été quée
Me a conservé l'an forfait.

Lettre de Charlotte Corday à Marat, du 12 juillet 1793.
Paris, Archives nationales.

Jean-Paul Marat, par Joseph Boze.
Paris, musée Carnavalet.

Le Triomphe de Marat, par Louis Léopold Boilly. Lille, musée des Beaux-Arts.

Marat écrivant, par Laplace, 1793.
Versailles, musée Lambinet.

Marat mort,
d'après un médaillon de Bonvallet.

Assassinat de Marat, par Swebach-Desfontaines, gravure de Berthault. Paris, BnF.

L'arrestation de Charlotte, par Ary Scheffer, 1831. Versailles, musée Lambinet.

Cérémonie funèbre dans l'église des Cordeliers. Versailles, musée Lambinet.

Charlotte en prison, écrivant sa dernière lettre à son père,
16 juillet 1793. Paris, musée Carnavalet.

Fouquier-Tinville.

Le premier interrogatoire, par Louis Boilly. Versailles, musée Lambinet.

Charlotte Corday conduite à l'échafaud, le 17 juillet 1793.
Paris, musée du Louvre, collection Rothschild.

Charlotte Corday allant au supplice,
pastel d'après nature, de Brard.
Caen, musée des Beaux-Arts.

heures de l'indécision ! Tous ceux qui ont tué semblent participer d'euphorie atroce, après l'aveu, une fois prisonniers, livrés par les autres ou par eux-mêmes. Dans ces instants, l'âme trouve enfin son repos.

Charlotte ne veut plus que la gloire ; aller jusqu'au bout de son rôle, de celui qu'elle vient d'assumer, de vengeresse et de justicière. Elle tient à se sacrer d'une inhumanité presque divine, presque providentielle.

Elle passait, indifférente aux injures vomies, aux crachats, aux pierres qui volaient ; indifférente même à l'amour, car, parmi les forcenés, couraient des amants, comme ce jeune homme, ce Suisse, Luc, qui la suivit pas à pas, cahot à cahot, et qui se grisait d'elle ; qui trouvait une épithète de plus, une strophe de plus à chaque carrefour ; qui mourut d'avoir tenu à publier son hommage ; et Chénier écrivait son ode, qui allait lui coûter la vie ; on dit qu'aussi, soudain, des pétales de roses s'effeuillèrent, et tombèrent sur la charrette. Elle allait, ne sachant même pas que, derrière chaque persienne close, se cachaient des larmes et des mains jointes, et que ce bruit furieux de haine ne troublerait pas longtemps le vol céleste des prières...

Elle avançait dans une sorte d'auréole, sous les longs rayons d'orage ; dans une expansion brûlante que projetaient les sulfures vermillonnés de sa robe ; les coups de lumière l'enveloppaient comme d'une flambée d'apothéose. Puis, dans l'ombre soudaine, elle devenait, sous la tunique des parricides, une large cariatide de pourpre noire, qui vacillait un peu... Puis elle rayonnait à nouveau... Deux heures !

Lorsqu'elle parut sur l'échafaud, un grand cri monta du peuple ; son bonnet enlevé, on vit, dans la lumière

265

implacable, une grande femme couleur de feu, à la tête blonde et rase de jeune garçon, qui sculptait déjà sa statue rouge, pour l'immortalité. »

Mais le livre le plus véhément est sans doute celui que publiera en 1944 le professeur Armand Bernardini sur *Le Juif Marat,* violent réquisitoire contre les Juifs, contre les bolcheviques, contre le monstre Marat, et qui s'achève par la célébration du culte de « la princesse aryenne » à laquelle incomba « l'héroïque mission de précipiter aux Enfers la plus belle incarnation de la race maudite[47]. »

« Toute une littérature, toute une iconographie, ont été consacrées à celle que le Romantisme crut devoir appeler dans le goût des contrastes faciles qui lui fut propre, l'ange de l'assassinat. Que ces termes nous semblent donc déplaisants et inadéquats ! Mais on ne sait quel conformisme pseudo-moral, quel pharisaïsme de bien-pensants ont empêché jusqu'à présent que fût rendu à la sublime descendante du grand Corneille un hommage sans réticences. Or, en vérité, son geste justicier ne saurait être taxé ni d'assassinat ni même de meurtre. Cela nous l'écrivons tranquillement sans avoir le moins du monde le sentiment de céder au goût du paradoxe. En acceptant au plein d'un cataclysme social sans précédent et où s'était effondrée toute magistrature légitime, de devenir l'instrument d'une justice profanée, Charlotte Corday nous a donné un inoubliable exemple d'héroïsme sacrificiel.

Elle est la plus haute personnification des vertus civiques dans notre pays. Mais c'est à un autre titre encore que sa gloire doit briller éternellement et dans tout l'univers d'un rayonnement inégalable. Martyre des grandes causes de la Patrie, elle est aussi la suprême héroïne de la chrétienté dans sa guerre de libération du judaïsme.

Issue d'une antique race chevaleresque, une des rares en France dont l'origine remonte au XIe siècle, Marie-Antoinette-Charlotte de Corday d'Armont descend en ligne droite des compagnons de Rollon et de Guillaume le Conquérant. On ne saurait pourtant songer en évoquant son visage à quelque Walkyrie égarée en terre gauloise. Le sang généreux des Wikings ses ancêtres s'est depuis des siècles et des siècles romanisé dans le creuset de l'ethnie française. Et de fait, cette jeune nordique a une âme de Romaine. Elle en parle le langage que lui a transmis le grand Corneille dont elle est en filiation suivie et prouvée l'arrière-petite-fille (par Marie Corneille mariée en 1701 à Adrien de Corday, trésorier de France, à Alençon). Il semble d'ailleurs que les Corday aient contracté d'autres alliances avec les Corneille, ce qui permit à des biographes malintentionnés de tenter de minimiser son illustre parenté en la prétendant collatérale.

Par une singulière prédestination, c'est à cette vraie princesse aryenne, racialement nordique, psychiquement latine et pour cela même si complètement française, qu'incomba l'héroïque mission de précipiter aux Enfers la plus belle incarnation de la race maudite que l'univers ait connue depuis Juda jusqu'à Bela Kuhn. »

Ainsi s'opposèrent dans la mythologie fasciste Marat et Charlotte Corday. « Le premier, constate Tanguy L'Aminot, dans l'ouvrage collectif sur *La Mort de Marat*[48], incarnait toutes les ignominies, la seconde, un idéal de pureté et de dureté, d'action juste et de noblesse de vertu virile. Charlotte et Marat devenaient aux yeux des fascistes ce couple légendaire de la belle et de la bête, mais sans amour cette fois : Charlotte était la sirène, et Marat le crapaud monstrueux. »

En est-ce fini des mythes qu'avait formés puis entretenus l'histoire[*][49] ? Les nombreux livres écrits sur Marat, sur Charlotte Corday, sur l'un et l'autre dans les années récentes, les pièces de théâtre qu'ils inspirent disent sans doute la permanence de l'intérêt que suscitent ces personnages et les drames qu'ils ont vécus. Mais la passion qui a longtemps entouré ce « couple dramatique » s'est peu à peu apaisée. Ce qui n'empêche

---

* On lira avec intérêt le chapitre de *La Mort de Marat* : « Dernières apparitions » consacré par P. Frantz au scandale provoqué par la pièce de Peter Weiss, *La Persécution et l'assassinat de Jean-Paul Marat représentés par le groupe théâtral de l'hospice de Charenton, par M. de Sade*. La pièce fut jouée, dans la mise en scène de Peter Brook à Londres en 1964, puis jouée à New York où elle connut de grands succès, puis à Paris en 1965 et 1966. Le dialogue instauré par Peter Weiss entre Sade et Marat provoqua de vives polémiques, et même parfois un vrai « scandale ».

La pièce de Daniel Colas jouée en 2005 à Paris, *Charlotte Corday monstre ou ange de la liberté*, se veut, elle, une réflexion « sur la peine de mort, le fanatisme religieux, la condition de la femme et la liberté ».

aucun de ceux qui regardent aujourd'hui Charlotte Corday de tenter de la comprendre, de réfléchir à ses étrangetés, d'admirer ses vertus. Cependant, le temps paraît passé des secousses de l'histoire qui entretinrent des visions exaltées.

CHAPITRE XVI

Qui fut-elle ?

Qui fut Charlotte Corday ? Il serait sans doute audacieux de croire la connaître. Tant de portraits furent tracés d'elle qui tantôt la virent couverte de vertus, seulement habitée par sa grandeur d'âme ou vêtue en héroïne antique, et tantôt la dépeignirent comme un « monstre » de vanité et même de férocité ! Jeanne d'Arc des temps modernes ? Vierge de la Terreur ? Ange de l'assassinat ? Ange de la liberté ? Tant amoureuse de soi qu'elle se confondait à la Vertu, à la Patrie, à Dieu ? Ne serait-elle pas restée, tout animée de ses pulsions et de ses contradictions, un personnage presque mystérieux, qu'elle a voulu ou supporté tel, et que nous avons beaucoup de peine à tenter de découvrir ?

Cette première question fut souvent posée sans recevoir de réponse : à qui Charlotte Corday s'est-elle intéressée durant sa brève vie ? Les deux lettres qu'elle adresse à son père, celle où elle lui dit faussement, le 9 juillet 1793, qu'elle va quitter Caen pour aller à Londres et la lettre d'adieu qu'elle lui laisse, le 16 juillet, avant de mourir – cette lettre qui ne lui parviendra pas – : « Pardonnez-moi, mon cher papa, d'avoir disposé de mon existence sans votre permission* », expriment sans doute le respect filial, l'attention obligée de Charlotte. Mais la plupart de ses biographes ont observé que, privée de sa mère à l'âge de quatorze ans, elle ne s'était guère attachée à ce père triste et hargneux, toujours prisonnier de ses soucis, peut-être incapable de vraie tendresse. Elle lui a manifesté « des sentiments conventionnels, c'est déjà bien[1] ». On sait toutes les démarches que fit M. de Corday pour « caser ses filles[2] » et les tenir loin de lui. Charlotte manifesta vite, elle aussi, qu'elle entendait témoigner à son père un respect et une affection traditionnels, mais qu'elle souhaitait s'éloigner de lui autant qu'il était possible. Les sentiments qu'elle éprouva pour ses frères paraissent avoir été du même ordre : elle les aima bien, mais de loin, célébrant leurs anniversaires, composant peut-être des vers pour eux**[3], sans jamais semble-t-il avoir entretenu avec eux d'affectueuses relations. Elle fut plus proche de sa sœur cadette, Éléonore, puisqu'elles furent ensemble élevées à l'Abbaye-aux-Dames, et que Charlotte contribua à l'éducation de sa sœur, née bossue, fragile, et qui passait pour douée et spirituelle. Il semble que M. de Corday soit

---

* *Supra,* p. 130 et p. 197.
** Cf. l'« Épître à mon frère » que, selon E. Albert-Clément, elle aurait écrite, en vers, à son frère aîné.

demeuré plus attentif à sa fille Éléonore qu'à Charlotte ; nous savons qu'Éléonore ne cessera de vivre avec lui, après qu'elle eut quitté l'Abbaye-aux-Dames ; elle restera toujours fidèle à l'affection qu'elle lui portait*.

Charlotte fut-elle proche de Mme de Bretteville ? Leur relation demeure très incertaine. Sans doute Mme de Bretteville voulut-elle bien accueillir sa « lointaine cousine » en 1791, puis la faire vivre, s'attacher à elle, si même les goûts de Charlotte, sa culture, ses modes de vie lui demeurèrent étrangers. Quand Charlotte décida soudain de s'en aller, un jour de juillet 1793, quel souvenir emporta-t-elle de cette vieille dame qui l'avait si gentiment reçue et qu'elle quittait si brutalement ? Charlotte Corday n'a jamais parlé de Mme de Bretteville. Mais elle a si peu parlé ! Sans doute éprouva-t-elle, pour cette parente qui l'avait accueillie comme sa fille lorsqu'elle était venue lui demander asile, la gratitude et peut-être le respect qu'elle lui devait. Mais Mme de Bretteville était pieuse, attachée aux traditions religieuses et monarchiques, elle aimait recevoir, être reçue, fréquenter les vieilles familles. Tout cela n'était pas fait pour séduire Charlotte qui, semble-t-il, ne lui parla jamais de rien, convaincue qu'elles étaient trop lointaines. Ne doit-on penser que leur relation fut à la fois attentive, aimable, mais fort éloignée ?

---

* Cf. Annexe I, 2.

Tournons-nous un instant vers les amies de Charlotte. Nous n'en connaissons que deux auxquelles son histoire a consenti une belle place. Publiant son article de la *Revue des Deux Mondes* sur « La jeunesse de Charlotte Corday », Casimir-Perier nous a fait connaître les pages que Mme de Maromme lui avait remises, « fixant le souvenir de ses relations avec Charlotte Corday son amie d'enfance », lui recommandant de les publier[4]. Mlle Armande Loyer – celle qui deviendra Mme de Maromme – a bien connu « l'arrière-petite-fille du grand Corneille, la fille de M. de Corday d'Armont, gentilhomme de race », à Caen, d'abord sur la Butte-Saint-Gilles où habitèrent un temps les Corday, puis à l'Abbaye-aux-Dames, enfin chez Mme de Bretteville, fidèle amie de la famille Loyer. Armande Loyer raconte qu'elle vit bientôt Mlle d'Armont – son aînée de plusieurs années – tous les jours ou presque, que son amie Charlotte était « très grande et très belle », mais qu'elle ne « cherchait nullement à faire valoir ses avantages personnels », « que les vertus antiques excitaient son admiration et son enthousiasme » et qu'« elle méprisait les mœurs faciles et relâchées », « qu'elle rêvait d'une République aux vertus austères, aux dévouements sublimes, aux actions généreuses » que les Français n'étaient pas dignes de réaliser. « Notre Nation est trop légère... » Mais on sait que ces souvenirs, Mme de Maromme les rapportera, au soir de sa vie, à Casimir-Perier qui les publia, en 1862, alors que Charlotte Corday était depuis fort longtemps entrée dans l'histoire. Tenait-elle vraiment de tels propos ? De toute manière, expliquera Mme de Maromme, Charlotte « pensait plus qu'elle ne parlait. Elle gardait volontiers le silence, et souvent, quand on lui adressait la parole, elle semblait sortir [...] de sa rêverie habituelle ». Mais, dès qu'elle parlait, sa discussion était « serrée, rapide, lumineuse[5] ». Charlotte silencieuse et soudain bavarde ? Rêveuse et enflammée ?

Faut-il évoquer son autre amie, Alexandrine de Forbin ? À cette amitié Catherine Decours a consacré un beau livre, *La Lettre à Alexandrine,* longue missive, évidemment imaginaire, qu'aurait rédigée Charlotte aux prisons de l'Abbaye et achevée avant qu'elle fût emmenée à la guillotine, lettre à son amie si chère[6] :

« Ma chère Alexandrine,

Quand vous recevrez cette lettre, j'aurai vécu, pour parler le langage romain. À vrai dire, j'ignore même à quoi ressemblera le mot commencé dans l'instant et jusqu'où on me laissera l'écrire. J'espère au moins que, lorsqu'ils viendront, ces messieurs ne seront pas aussi pressés qu'ils ne me laissent finir ma phrase et, comme j'aurai à cœur de ne point les faire attendre, ne vous étonnez pas si mon épître doit tourner court, il ne m'appartient pas de la faire dans le temps que j'aurais souhaité avoir pour m'entretenir avec vous. Aussi, pour tout prévenir, et à l'inverse de ce qu'il se fait d'habitude, je vais vous dire adieu dès maintenant et vous assurer que je vous aime et vous embrasse de tout mon cœur. Je vous demande aussi de m'oublier ou, ce qui me rendrait plus heureuse, de vous réjouir de mon sort puisque la cause est belle. Voilà, mon amie, bien peu de mots et pas assez de politesses pour une séparation peut-être longue, mais, pour le reste, vous connaissez mon cœur, il ne convient pas que je le répande. »

Alexandrine de Forbin d'Oppède, avec qui elle avait été élevée à l'Abbaye-aux-Dames, fut sans doute la plus proche amie de Charlotte. Elle fut, tout au long de son séjour là-bas, un exemple de piété et d'attention aux autres. On se souvient qu'elle partit en 1787 pour être dame chanoinesse de l'abbaye de Troarn, puis que ses parents voulurent qu'elle se réfugiât en Suisse*. Nous savons que c'est pour rendre service à sa chère Alexandrine que Charlotte décida de rendre visite au Girondin Barbaroux, réfugié à Caen** : ce beau et jeune député connaissait la famille de Forbin, originaire d'Avignon, et pouvait soutenir le projet de Charlotte. Ainsi Alexandrine de Forbin a-t-elle joué – malgré elle, car elle ne fut pas tenue au courant – un rôle important sur le chemin qui conduira à l'assassinat de Marat : c'est pour Alexandrine que Charlotte vit et revit Barbaroux à Caen ; c'est pour aider Alexandrine qu'elle reçut de

---

* Revenue en France après un séjour de plusieurs années en Suisse, elle se fixera à Avignon. *Infra*, Annexe I, 2.

** *Supra*, p. 124.

Barbaroux la lettre destinée à Duperret, et qu'elle partit pour Paris, où trois fois elle rencontra celui-ci *. La pension due à Alexandrine fut-elle, pour Charlotte, une raison d'abord, un prétexte ensuite, fut-elle les deux à la fois ? Et qu'a su, plus tard, Alexandrine de ce que son amie avait fait pour elle, avait fait d'elle ? On sait que, dans la seconde partie de sa lettre à Barbaroux – celle qu'elle écrira au citoyen Barbaroux de la Conciergerie le mardi 16 juillet –, Charlotte lui dira : « J'espère que vous n'abandonnerez point l'affaire de Mme de Forbin [...]. Je vous prie de lui dire que je l'aime de tout mon cœur[7]. » Mais dans sa prison, Charlotte ne peut se faire d'illusions : elle sait que si cette lettre parvient un jour à Barbaroux, il ne pourra pas s'occuper de « l'affaire de Mme de Forbin ». Par ces mots étranges, Charlotte voulait-elle dire adieu à son amie ?

On ne cessera, pour la justifier ou la confondre, de lui prêter des amoureux, des amants, des hommes qui auraient influencé son destin. Henry de Belsunce, ce bel et courageux officier du régiment de Bourbon-infanterie **, massacré à Caen le 12 août 1789, n'avait-il pas été aimé de Charlotte Corday ? Rien ne soutient cette hypothèse. N'avait-elle pas été aimée de Bougon-Longrais, qu'elle vit souvent dans les derniers mois de sa présence à Caen et qui, avant d'être exécuté à Rennes le 5 janvier 1794, écrira à sa

---

* *Supra*, p. 139 et s.
** *Supra*, p. 27 et s.

mère cette lettre où il parlait de Charlotte en termes qui semblaient dire un sentiment amoureux* ? Nous nous souvenons que, dans sa dernière lettre à Barbaroux, Charlotte demandait à celui-ci de prévenir Bougon-Longrais : si elle n'écrit pas directement à Bougon-Longrais, explique-t-elle à Barbaroux, c'est « qu'elle n'est pas sûre qu'il soit à Évreux » et surtout qu'elle redoute qu'il ne soit trop affligé de sa mort**. Parlant ainsi de Bougon-Longrais, voulait-elle, dans cette lettre qui risquait fort d'être publiée, lui dire, une dernière fois, sa sympathie affectueuse, comme le pensera Charles Vatel[8], ou dissimulait-elle derrière les mots un sentiment plus fort ? De même, certains auteurs imaginèrent que Charlotte, rencontrant Barbaroux le 20 juin 1793 à l'hôtel de l'Intendance, se serait éprise de lui. Une belle jeune fille aurait rendu visite à un beau et séduisant jeune homme qui menait du reste « une vie de dissipation et de plaisirs[9] ». Mais rien ne conforte cette légende... Demeure l'aventure – déjà évoquée – qui fut parfois prêtée à Charlotte Corday, notamment par Charles Vatel, et qu'a contée Catherine Decours*** : Charlotte aurait été amoureuse du jeune et bel aristocrate Émeric du Maingré qui l'aurait passionnément aimée. Ils se seraient secrètement fiancés, mais, à l'automne 1790, Émeric du Maingré aurait annoncé à sa bien-aimée que son devoir était

---

* *Infra,* Annexe I, 2.
** *Infra,* Annexe I, 3.
*** *Supra,* p. 61 et s.

d'émigrer. Il l'aurait alors suppliée de l'épouser et de le suivre aussitôt[10]. Elle aurait refusé. « Il partit comme partent les soldats, en protestant que nos malheurs finiraient et qu'il reviendrait[11]. » Puis elle aurait appris en 1792 qu'Émeric du Maingré, émigré, avait été fusillé. Mais Catherine Decours, si elle croit que cette idylle a existé, ne conteste pas qu'elle n'est qu'une hypothèse[*].

Nous nous souvenons aussi qu'au lendemain de l'exécution de Charlotte Corday Fouquier-Tinville, qui voulait à tout prix lui trouver des complices[**], demanda que le corps décapité de la criminelle fût soumis à une autopsie. Il s'avéra malheureusement que Charlotte Corday était vierge[***][12]. Plusieurs médecins et romanciers se poseront plus tard la question de savoir si la chasteté créait ou non un état morbide et ne provoquait pas des troubles – dont la promptitude à rougir – que l'on aurait pu observer chez Charlotte Corday[13]. Elle n'aurait pas eu d'amant, pas eu de complice ? Mais cette provocante vertu n'aurait-elle pas exalté son esprit et peut-être décidé de son geste ?

Ainsi Charlotte semble-t-elle entourée de mystère : qui a-t-elle vraiment aimé de ses parents, de ses

---

* *Supra,* p. 62.
** Il lui avait demandé, durant son interrogatoire, combien elle avait d'amants, et combien elle avait fait d'enfants.
*** Cf. papiers de Vatel cités par le docteur Cabanès. Le procès-verbal d'autopsie ne paraît pas avoir été retrouvé.

amies, de ceux qu'elle a rencontrés au hasard de sa
brève vie ? Demeure mystérieuse aussi sa relation
véritable avec la foi et la religion catholique. Dans la
maison du Ronceray où elle a grandi, elle a été élevée pieusement par sa maman, et aussi par l'abbé
Amédée de Corday, son oncle, nommé curé de
Vicques en 1777, chez qui elle fit de fréquents
séjours. Quand la famille de Corday se fut installée
à Caen, non loin de l'église Saint-Gilles et de l'abbaye
de la Sainte-Trinité, Charlotte continua de recevoir
de sa mère une éducation très religieuse. Lorsque
celle-ci mourut, en 1781, Charlotte, on s'en souvient,
et sa sœur Éléonore furent admises à l'Abbaye-aux-
Dames. Charlotte avait reçu le 8 mai 1781, un mois
après le décès de sa mère, l'extrait de son acte de
baptême qu'elle portera dans son corsage quand elle
tuera Marat[14]. Élevée pendant cinq ans par les religieuses bénédictines qui l'entourèrent, elle fut soumise à une vie très pieuse, rythmée par les offices,
par les prières et par les cloches. La piété de Charlotte pendant les années qu'elle passa au couvent
semble ne faire aucun doute[15]. « La religion, écrit
E. Albert-Clément, était la clef de voûte de l'éducation qu'elle recevait à l'abbaye et la principale de ses
occupations[16]. » Elle communiait tous les matins,
elle priait beaucoup, le visage volontiers caché dans
les mains. Par surcroît, elle était dévouée, charitable,
comme le voulaient ses abbesses. Décida-t-elle, au
cours des années 1789 et 1790, de prendre le voile
et de consacrer sa vie à Dieu, ce que croient certains

de ses biographes [17] ? Elle aimait lire la vie des saints, elle s'intéressait à leur mort souvent tragique. Dans « l'épître à son frère », qu'elle lui aurait écrite en vers, elle lui disait de s'appliquer à plaire à Dieu :

« Hâte-toi donc, Corday, fais ce qu'il te demande,
Du printemps de tes jours, va lui faire une offrande ;
Ne cherche donc partout qu'à suivre ses désirs,
Ne pousse que vers lui tes plus ardents soupirs,
Prends en tout son esprit, travaille pour sa gloire, ˎ
Fuis l'excès des plaisirs, modère ta colère [18]... »

Donneuse de leçons ? Charlotte ne cessera de l'être. Mais ici, elle parlait à son frère, et elle voulait servir Dieu.

En revanche, des opinions de Charlotte après qu'elle eut quitté l'abbaye, on ne sait à peu près rien [19]. La volonté de devenir religieuse semble lui être passée. Prie-t-elle, communie-t-elle encore ? On racontera qu'elle serait venue, en cachette, au Mesnil-Imbert avant de « mettre son projet à exécution » pour entendre la messe et « communier dans une chaumière où un prêtre s'était réfugié ». Mais ce témoignage sera recueilli par Charles Vatel en octobre 1860 [20], et peut difficilement être retenu. En réalité, Charlotte est de plus en plus troublée, déchirée même par les drames que vit la religion catholique : la Constitution civile du clergé, la division des prêtres entre assermentés et insermentés, le départ de beaucoup d'entre eux, les souffrances subies par d'autres, notamment à Caen. Sa détestation de Fauchet en est un signe. En outre, l'histoire, nous rappelle Catherine Decours, a sans doute négligé l'importance qu'a pu prendre, dans la vie de Charlotte Corday, la mort du curé Gombault, guillotiné le 5 avril 1793. Charlotte l'aimait beaucoup : il lui avait fait faire sa première communion, il avait aidé sa mère jusqu'à son décès. Mais de sa religion, encore présente ou effacée, Charlotte Corday ne parlera plus. Dieu l'a-t-il soutenue dans son projet, ou a-t-elle dû Le tenir à distance ? Quand le président Montané lui demandera, au cours de son interrogatoire, si elle se confessait à un prêtre constitutionnel ou à un prêtre réfractaire, elle lui répondra : « Ni à l'un ni à l'autre. » Que pouvait-elle dire d'autre ? Quand l'abbé Lothringer – prêtre assermenté – se présentera à elle, dans sa cellule, avant qu'elle n'allât à l'échafaud, elle lui répondra, courtoisement, qu'elle n'avait pas besoin de son ministère. Mais pouvait-elle, à ce moment, accepter de se confesser, de se repentir ? « Après l'assassinat de Marat, écrit Bernardine Melchior-Bonnet, elle montrera des sentiments dignes d'une Spartiate, ou d'une Romaine, mais fort éloignés de la morale évangélique[21]. » Pense-t-elle encore à Dieu ? Lui parle-t-elle ?

Ainsi ne savons-nous à peu près rien de ce qu'est devenue la foi religieuse de Charlotte, dans les derniers mois de sa vie. De même nous reste largement ignorée la culture qui fut la sienne. Sans doute savons-nous que sa culture lui vint par morceaux très divers, sans projet ni continuité : mais l'époque et les circonstances où elle vécut ne permettaient guère qu'il en fût autrement. « Élevée dans une certaine liberté », nous dit Eugène Defrance – dans une liberté où l'indifférence et aussi l'ignorance jouèrent un grand rôle –, Charlotte put donner « pleine carrière au goût qu'elle avait manifesté de bonne heure pour les lectures sérieuses[22] ». De sa famille, et notamment de l'abbé de Corday, qui souvent l'aida, elle reçut l'amour de la lecture, et la fréquentation de Pierre Corneille, l'aïeul très respecté, dont les héros – et notamment Cinna – la captivèrent. Elle en évoquera plusieurs, au long de sa brève vie. C'est dans l'hérédité cornélienne, nous assure E. Albert-Clément[23], de cette « Vierge guerrière » qu'il faudrait rechercher sa vraie vocation morale : « Il suffit d'ouvrir les tragédies de Pierre Corneille, de son aïeul, œuvres dont la jeune fille était imprégnée depuis l'enfance » ; « ces Romains inflexibles, ces martyrs, ces forcenés de l'abnégation et du devoir, ces femmes d'une fierté parfois inhumaine » se sont tenus autour d'elle. E. Albert-Clément nous cite quelques-unes des fameuses répliques de l'Émilie de *Cinna*, du Clindor de *L'illusion* et encore de Chimène, d'Andromède, d'Ildione et de Dircé qui pouvaient sembler lui dicter son destin. « Mourir pour le pays n'est pas un triste sort », a proclamé Chimène, « c'est s'immortaliser par une belle mort[*][24] ». « Il est beau

---

* « Mourir pour la patrie est un si digne sort qu'on briguerait en foule une si belle mort », dira de même Horace. Phi-

que ma main venge tout l'univers ! » s'est écriée Ildione. « Ta vertu met ta gloire au-dessus de ton crime », dit à Horace le roi Tulle. « Meurs, s'il y faut mourir, en citoyen romain. Et par un beau trépas couronne un beau dessein », ose dire Émilie à Cinna. Et Dircé, nous dit E. Albert-Clément, a inscrit au front de Charlotte ce beau vers cornélien : « Qui ne craint point la mort ne craint point les tyrans [25]. »

Plusieurs auteurs ont observé que *L'Adresse aux Français* * qu'avait rédigée Charlotte Corday à l'hôtel de La Providence avant de se rendre chez Marat et qu'elle avait placée dans son corsage au côté de son acte de baptême, avait repris quelques-uns des thèmes principaux qui avaient inspiré Corneille, et même parfois ses propres mots :

« Français ! Vous connaissez vos ennemis. Levez-vous ! Marchez ! Que la Montagne anéantie ne laisse plus que des frères et des amis ! J'ignore si le ciel nous réserve un gouvernement républicain, mais il ne peut nous donner un Montagnard pour maître que dans l'excès de ses vengeances...

Ô ma Patrie ! Tes infortunes déchirent mon cœur ; je ne puis t'offrir que ma vie, et je rends grâce au ciel de la liberté que j'ai d'en disposer. Personne ne perdra par ma mort. Je n'imiterai point Pâris en me tuant ; je

---

lippe Contamine a étudié, dans *Les Lieux de mémoire*, l'histoire du « Mourir pour la patrie » dans la tradition française.

* *Supra*, p. 140.

veux que mon dernier soupir soit utile à mes concitoyens, que ma tête, portée dans Paris, soit un signe
de ralliement pour tous les amis des lois ; que la Montagne chancelante voie sa perte écrite avec mon sang ;
que je sois leur dernière victime, et que l'univers vengé
déclare que j'ai bien mérité de l'humanité. [...]

"Qu'à l'univers surpris, cette grande action
Soit un objet d'horreur ou d'admiration,
Mon esprit, peu jaloux de vivre en la mémoire,
Ne considère point le reproche ou la gloire :
Toujours indépendant et toujours citoyen,
Mon devoir me suffit, tout le reste n'est rien.
Allez, ne songez plus qu'à sortir d'esclavage* !" »

« Mon devoir me suffit tout le reste n'est rien »...
Sans doute sont-ce des vers de Voltaire que cite
l'héroïne. Mais le Brutus de Voltaire parle comme un
héros de Corneille : « Ô ma patrie ! écrit Charlotte
Corday, tes infortunes déchirent mon cœur ; je ne
puis t'offrir que ma vie »... Voici une très cornélienne
proclamation, que retrouvera souvent l'histoire. Mais
nous savons aussi que si l'œuvre de son aïeul fut sans
doute la lecture qu'elle préféra à toutes**, elle lut
aussi Plutarque dont elle aima de nombreux héros [26],

---

* Les vers cités sont de Voltaire, et ils sont tirés de sa tragédie *Mort de César* (acte III, scène 2).

** Quoiqu'elle citera un vers de Thomas Corneille dans la
dernière lettre qu'elle adressera à son père, *supra*, p. 197.

notamment Brutus qui lui fut si cher, et *L'Histoire philosophique des Deux Indes* de l'abbé Raynal qu'elle ne cessera d'admirer, et Voltaire et Rousseau surtout dont elle a répété souvent les enseignements. Si l'on veut pousser jusqu'à la synthèse l'histoire de Marat et celle de Charlotte Corday, écrira Édouard Herriot, achevant son ouvrage par « Un couteau de quarante sous [27] », on doit dire : « Ainsi finirent deux victimes de Rousseau. »

Que connut-elle d'autre ? Nous ne le savons pas. Sans doute lut-elle au hasard les livres que lui prêta son père, que lui prêta l'abbé de Corday, ou qu'elle trouva à l'abbaye, puis chez Mme de Bretteville. Elle lut aussi, probablement, de nombreux ouvrages religieux : elle lut et relut la Bible, et fut, dit-on, passionnée par le personnage de Judith tuant Holopherne. Nous savons aussi qu'elle aimait écrire, rédiger quelques vers, commencer des poèmes. René Trintzius a sans doute raison de dire que, dans les temps bouleversés de l'histoire où elle vécut, elle ne cessa de regarder obstinément le passé [28]. « Quand on ne peut vivre dans le présent, et qu'on n'a pas d'avenir, écrivait-elle à son amie Armande Loyer, il faut se réfugier dans le passé et chercher dans l'idéal de la vie tout ce qui manque à sa réalité. » Cela ne l'empêchait pas de jouer avec les enfants, ou de leur apprendre à faire de la dentelle, de témoigner sa tendresse aux infirmes et aux malheureux, de crayonner des portraits, de se moquer des privilèges, des droits acquis, des dogmes, de tout ce qui lui semblait pouvoir abriter la tyrannie, et encore de rendre des services à ceux qui lui en demandaient, d'écrire des lettres pour les religieuses qui en avaient besoin, de servir d'intendante et aussi de professeur s'il devenait nécessaire. Nul respect de la monarchie et de l'ordre traditionnel ne se voit en elle, et elle n'est plus de ces « tristes aristocrates » dont elle a parlé dans son *Adresse aux Français*. Elle dira sans doute sa vérité quand elle déclarera à ses juges : « J'étais républicaine bien avant la Révolution. » Mais cette république n'était-elle pas un rêve, un mythe que les Français n'étaient pas capables de comprendre ou de réaliser[29] ?

Beaucoup d'auteurs ont observé chez Charlotte Corday le mépris de la mort, la tranquille certitude de sa propre immortalité. Quand elle comparaîtra devant le Tribunal criminel, elle semblera ne plus parler que pour la postérité[30]. Mais déjà, dans les textes qu'elle écrivit avant de mourir – son *Adresse aux Français*, sa longue lettre à Barbaroux, sa dernière lettre à son père –, nous voyons qu'elle vit désormais au-delà de sa mort*[31]. Elle semble y aller sans plus regarder la vie. On se souvient qu'elle

---

* Les docteurs Cabanès et Nass ont écrit dans *La Névrose révolutionnaire* sur ceux qu'ils appellent les « fanfarons de la guillotine », tels que Charlotte Corday, Mme Roland, Bailly, Danton, Barnave, Chénier, qui ont marché au supplice « le front haut ».

insista pour que Hauer, qui avait commencé son portrait lors de l'audience, fût autorisé à l'achever dans sa cellule avant qu'elle ne fût conduite à l'échafaud, et qu'elle lui donna, pour le remercier, une mèche de ses cheveux. Voulait-elle être peinte pour que fût préservé le souvenir de sa beauté ? Mais était-elle aussi belle qu'elle le crut peut-être à ce moment suprême*[32] ? N'est-il pas plus probable qu'elle voulait ce portrait pour que l'histoire le gardât ?

On se souvient aussi que, jusqu'au moment de mourir, elle fut implacablement sévère à l'égard de ceux dont elle estimait qu'ils s'étaient mal conduits. Elle dit au tribunal son mépris de l'évêque Fauchet, pourtant arrêté à cause d'elle, comme elle dit son mépris de Doulcet de Pontécoulant, l'avocat qu'elle avait désigné et qui n'était pas venu, qui était donc un lâche. « Devant la mort, écrit Albert-Émile Sorel, à quelques pas d'elle, cette fière Normande ne désarme pas. Le pardon ne monte pas à ses lèvres hautaines[33]. » Lorsque le président Montané lui parle de l'accueil que lui a accordé Marat – Marat qui, répondant à sa requête, s'était peut-être montré envers elle humain –, elle riposte fermement : « Que m'importe qu'il se montre humain envers moi, si c'est

---

* Sur la « beauté » de Charlotte Corday on peut lire l'intéressant article du docteur Cabanès dans *Le Cabinet secret de l'histoire : la vraie Charlotte Corday*, le chapitre « Charlotte Corday était-elle jolie ? ». On sait que sa « beauté » lui fut disputée.

un monstre envers les autres. » De ce monstre elle a débarrassé la France et l'humanité.

Remarquons enfin qu'elle n'abandonna à aucun moment ce goût de l'ironie qu'ont observé chez elle ceux qui l'ont bien connue, ce don de la plaisanterie qu'elle gardera jusqu'à l'échafaud, et qui surprit son bourreau. Quand ils débouchèrent sur la place de la Révolution, que Sanson se leva et se plaça devant elle pour lui cacher la guillotine, elle se pencha en avant pour regarder, et elle dit au bourreau : « J'ai bien le droit d'être curieuse. » « Il me semblait impossible, écrira Sanson, qu'elle restât jusqu'à la fin aussi douce, aussi courageuse que je la voyais [...], mais pendant les deux heures qu'elle a été près de moi, ses paupières n'ont pas tremblé, je n'ai pas surpris un mouvement de colère ou d'indignation sur son visage [34]. » Ainsi semblait-elle, comme en toute circonstance, extérieure à son destin et volontiers spirituelle. N'était-ce qu'un signe parmi les autres de son grand courage ? Voulait-elle se réconforter ? Ou plaire à son bourreau ? Était-ce plus simplement qu'elle allait à la mort sans inquiétude et même joyeusement ? Elle avait accompli son devoir, tenu son rôle, voulu mourir. Pourquoi n'eût-elle pas plaisanté ?

Telle fut celle dont Lamartine fit « la sublime libératrice de son pays », « la généreuse meurtrière de la tyrannie [35] ». Près d'un siècle plus tard, Georges Lenotre nous décrira encore une « sublime » héroïne, mais trop sublime, selon lui, pour être attendrissante. « Son ancêtre Corneille [...] n'eût point inventé avec tout son génie la contenance et les répliques qu'elle trouva sans effort dans son propre naturel. » « Le drame, conclut Lenotre, serait poignant s'il était humain, mais il ne l'est point ; il se passe au-dessus des réalités. Pour comprendre et aimer Charlotte, il faudrait l'égaler en héroïsme ou en folie[36]. » Héroïsme ou folie ? Serait-ce forcément une alternative ? Et ces mots nous parlent-ils vraiment d'elle ? Et ne pourrait-on tenter de comprendre Charlotte Corday sans devoir « l'égaler » ? Mais elle demeure, de livre en livre, aussi solitaire, aussi mystérieuse. Si secrète, si courageuse, tant orgueilleuse, vite hostile, méprisante, emportée par l'enthousiasme ou la fureur, n'attendant sans doute rien de personne sinon d'elle, hantée par la mort et par la gloire... Au bout du chemin, de son chemin, l'a-t-on rencontrée ?

CHAPITRE XVII

Qu'a-t-elle fait ?

Beaucoup de questions se sont posées à tous ceux qui ont voulu raconter, tenter d'expliquer ce crime, beaucoup de questions dont la solution reste incertaine. Et d'abord celle-ci : pourquoi Charlotte a-t-elle frappé Marat, quand et comment l'a-t-elle décidé ? Elle n'en a rien dit ou presque, si ce n'est à son procès, et dans son *Adresse aux Français*. « Ô amis de l'humanité, vous ne regretterez pas une bête féroce, engraissée de votre sang*. » « Ô France, ton repos dépend de l'exécution de la loi, je n'y porte point atteinte en tuant Marat, condamné par l'univers, il est hors la loi... ». Comment lui vint cette terrible certitude : pour la France et pour l'humanité elle devait tuer Marat ? Interrogée par le président Montané, elle a dit à son procès quels étaient les journaux qu'elle lisait : *Perlet, Le Courrier français, Le Courrier universel* et encore beaucoup d'autres brochures dont

---

* *Supra,* p. 140.

elle n'a pas cité pas les noms. Sans doute eut-elle parfois connaissance de ce qu'écrivait Marat dans *L'Ami du peuple,* et aussi Hébert dans *Le Père Duchesne,* grâce à Augustin Leclerc qui la pourvoyait, pour qu'elle fût bien informée, en lectures « révolutionnaires ». Marat était devenu pour elle un monstre, qui ne cessait d'exprimer, de toutes les manières, sa soif de sang versé. « Je savais qu'il pervertissait la France. J'ai tué un homme pour en sauver cent mille. » Elle l'a tué pour punir tous les crimes qu'il avait commis. Ces crimes, elle les avait résumés lors de son premier interrogatoire par le président Montané :

> « D. Quels sont les motifs qui ont pu la déterminer à une action aussi horrible ?
>
> R. Que c'est tous ses crimes.
>
> D. Quels sont les crimes qu'Elle lui reproche ?
>
> R. La désolation de la France, la guerre civile qu'il a allumée dans tout le royaume.
>
> D. Sur quoi Elle se fonde pour avancer la réponse ci-dessus ?
>
> R. Que ses crimes passés sont un indice de ses crimes présents, que c'est lui qui a fait massacrer au mois de septembre, que c'est lui qui entretient le feu de la guerre civile, pour se faire nommer dictateur ou autre chose, et que c'est encore lui qui a attenté à la souveraineté du peuple en faisant arrêter et enfermer les députés à la Convention le 31 mai dernier.

D. Quelle preuve Elle a que Marat fut l'auteur des maux dont Elle parle ?

R. Qu'on ne peut en faire la preuve ; mais que c'est l'opinion de la France, que l'avenir l'apprendra, et que Marat avait un masque sur la figure. »

Cette certitude lui était venue de tout ce qu'elle avait lu, dans les trois dernières années. Elle lui était venue de tous les drames qui avaient secoué la ville de Caen et dont elle avait été plusieurs fois le témoin horrifié. Elle lui était venue aussi, peut-être, de l'influence des députés girondins proscrits – les députés « transfuges », dira le président Montané – qui s'étaient réfugiés à Caen. Sans doute était-ce cette source d'information qui devait le plus intéresser le président du Tribunal criminel, car elle pouvait révéler les influences que l'accusée avait subies, à Caen, dans les jours qui avaient précédé le meurtre[*][1]. Mais Charlotte ne voulut pas risquer de compromettre les proscrits, et elle s'appliqua à minimiser leur rôle. « Elle ignorait s'ils tenaient des séances publiques, elle n'y aurait point assisté [...] Plusieurs d'entre eux font circuler des adresses, des proclamations, et même des chansons pour rappeler

---

* M. Blanchard, de Verson, dira à Charles Vatel... en 1860 : « J'ai connu Charlotte Corday chez sa tante. Les Girondins qui s'étaient réfugiés à Caen lui avaient fait voir Marat comme un monstre, comme principal auteur des malheurs qui affligeaient la France. »

l'unité de la République*. » Peut-on pourtant imaginer que tout ce qu'elle entendit de ces députés dans les premiers jours de juillet 1793 fut sans influence ? C'est Marat qui avait fait mettre en accusation les Girondins, c'est Marat qui les poursuivait de sa haine et rêvait de leur sang versé. Elle avait été voir Barbaroux plusieurs fois, elle avait reçu de lui un paquet destiné à Duperret. À Paris, elle avait rencontré Duperret trois fois. Enfin elle laissait, dans sa cellule, comme dernier message, une longue lettre à Barbaroux : que cette fanatique eût été inspirée et commandée par les Girondins, quel accusateur, quel tribunal l'eût mis en doute, en un temps qui s'intéressait beaucoup plus aux soupçons qu'aux preuves ?

Mais rien ne permet de déterminer à quel moment l'idée vint à Charlotte Corday d'assassiner Marat, et pas davantage à quel moment cette idée devint un projet puis se transforma en décision. On sait que, le 5 avril 1793, l'abbé Gombault, que sa mère et elle avaient beaucoup aimé, fut guillotiné à Caen dans des conditions affreuses, et que ce fut sans doute pour elle une terrible épreuve. On sait que, le 8 avril – trois jours plus tard –, elle demandait un passeport pour Argentan afin d'aller voir son père, et que, le 23 avril, elle demandait un visa pour Paris. Pourtant rien ne dit qu'elle eût, à cette date, décidé d'aller à Paris. Il serait possible qu'elle eût alors envisagé de

---

* Premier interrogatoire par le président Montané, *supra*, p. 185 et s.

quitter Caen, sa ville qui lui semblait devenir folle. Rien ne permet non plus de croire qu'elle avait déjà formé le projet d'assassiner Marat.

C'est dans le mois de juin que, semble-t-il, le projet a pu naître et devenir de jour en jour plus précis et plus convaincant. L'arrivée des Girondins proscrits, qui se présentaient comme les « sauveurs de la Patrie » accrut évidemment l'agitation de la ville. Ils multiplièrent les adresses, les affiches, les proclamations pour soulever le cœur de la population contre la Montagne. Sans doute Charlotte n'assista-t-elle pas, comme elle le dit au président Montané, aux réunions qu'ils organisèrent[2], mais elle rencontra Pétion, Louvet, ici et là, et plusieurs autres qui ne cessaient de s'agiter. Le 13 juin, a eu lieu à Caen « l'assemblée des Départements réunis » : vingt départements avaient juré de tirer vengeance « des tyrans, des bandits, et des monstres ». Le général Wimpffen s'appliquait à recruter des troupes pour marcher sur Paris[*3]. Le 18 juin, un manifeste était apposé sur les murs de Caen vouant l'infâme Marat à l'exécration publique et à la vengeance. « Que celui-là périsse, maudit du ciel avec toute sa race ! » Le manifeste était signé de Charles Jean-Marie Barbaroux, « député des Bouches-du-Rhône à la Convention nationale, expulsé par les forces du poste auquel la volonté du peuple l'avait élu ». C'est le

---

* *Supra*, p. 114 et s.

20 juin que Charlotte se présente à l'hôtel de l'Intendance, accompagnée d'Augustin Leclerc, et demande audience au citoyen député Barbaroux pour lui parler de Mlle de Forbin[4]. On sait que, sans nouvelles de Barbaroux, elle reviendra le voir une semaine plus tard. A-t-elle, ce 20 juin, déjà pris la décision d'aller à Paris, et d'y tuer Marat ? A-t-elle déjà, comme le diront plusieurs auteurs, écrit sur un papier qu'elle détruira : « Le ferai-je ? Ne le ferai-je pas ? » ou encore brodé ces mots sur un morceau d'étoffe qu'elle aurait glissé derrière une glace du salon de Mme de Bretteville[5] ? « Faute d'une véritable détermination, écrit Catherine Decours, prêtant ces mots à Charlotte Corday, je débutais donc la préparation de l'affaire, mais ce fut en priant le Ciel à chaque instant que les hommes fassent leur devoir afin de me délivrer de l'obligation de faire le mien[6]. »

Il semble à la plupart des biographes de Charlotte Corday que, dès la fin du mois de juin, elle prépara son voyage et son crime. Tuer Marat ? Comment le tuer ? Où le tuer ? Et comment mourir après l'avoir tué ? Devrait-elle le tuer au Champ de Mars, ou à la Convention, pour être aussitôt massacrée par la foule ? Où pourrait-elle, par miracle, tenter de s'enfuir, d'aller en Angleterre, de disparaître ?

Viennent les premiers jours de juillet. Déjà la chaleur de l'été est devenue insupportable. Le 5 juillet est organisée à Caen une manifestation des mères de famille[7]. Les épouses des membres de la municipalité et quelques femmes de Carabot se rendent

devant l'arbre de la Liberté et chantent « plaintive-
ment » quelques couplets que l'on avait composés sur
l'air du *Chant du départ*. Le dimanche 7 juillet devait
avoir lieu la grande revue des troupes qu'avait
ordonnée le général de Wimpffen. On sait l'échec
que ce fut : on avait réussi à rassembler... dix-sept
hommes[8] ! C'est ce jour, semble-t-il, que Charlotte
vit son ami Bougon-Longrais pour la dernière fois ;
elle lui murmura un adieu, et la foule les sépara[9].

Sa décision est-elle prise ? Dès le 6 juillet, elle a
commencé de ranger ses livres et de rendre ceux
qu'elle avait empruntés. Elle a annoncé à Mme de
Bretteville qu'elle doit, hélas, faire un voyage... Le
lundi 8 juillet, elle se lève tôt le matin, elle brûle les
brochures et les journaux accumulés qui pourraient
compromettre sa vieille parente, elle brûle aussi les
lettres reçues de ses proches*, tout ce que des mains
étrangères ne devront en aucun cas saisir. Elle écrit
à son père, elle lui annonce son départ pour l'Angleterre : « Adieu, mon cher papa, embrassez ma sœur
pour moi et ne m'oubliez pas**. » Encore fait-elle une
promenade en voiture avec Mme de Fauville, car
Mme de Bretteville, déprimée et malade, ne voulait
plus quitter son fauteuil, et peut-être rend-elle une

---

* Les biographes de Charlotte Corday ne s'accordent pas
pour déterminer ce qu'elle fit le 6 juillet, puis le 8 juillet, veille
de son départ. Peut-être travailla-t-elle à préparer celui-ci
durant les trois jours qui le précédèrent. *Supra,* p. 132.

** La lettre écrite le 8 juillet sera datée du 9, jour de son
départ.

dernière visite à une lointaine amie, Mme Malfi-lâtre : « Je pars en voyage, je viens vous faire mes adieux[10]. » Elle remplit sa malle de tout ce qui lui sera nécessaire jusqu'à la mort, cette malle que Leclerc portera au bureau des diligences. La diligence pour Lisieux partira le lendemain à deux heures de relevée. Ce 9 juillet, Charlotte prendra rapidement son dernier repas avec sa vieille tante. « Rassurez-vous ma chère tante, je vais voir mon père, il n'y a pas de danger. » Tout est terminé...

« Sa décision était prise », pensent la plupart des auteurs qui ont réfléchi sur ces derniers jours de Charlotte Corday. Elle part pour tuer Marat[11]. Nul ne sait jusqu'à quand elle a pu hésiter, mais il paraît sûr que, lorsqu'elle monte dans la diligence, elle est fermement résolue à assassiner le monstre. « On ne peut même pas dire, écrira René Trintzius[12], qu'elle a pris sa décision. Cette décision s'est emparée d'elle, de son corps, de son âme. »

La vérité est peut-être plus complexe. « Charlotte Corday, nous dit Catherine Decours, est partie de Caen avec une résolution très ferme, mais jusqu'au bout elle n'a pas été certaine de la tenir[13]. » Elle ne sait encore ni où ni comment elle détruira le monstre. Cette indifférence aux circonstances qui viendront, cette improvisation du meurtre ont parfois étonné les historiens. Portant sur elle son extrait baptistaire – exigé des autorités britanniques – son passeport et une certaine somme d'argent, imagine-t-elle qu'elle garde une chance de se réfugier en

Angleterre[14] ? Elle ignore où elle pourra « rencontrer » Marat. C'est à Paris, peut-être à l'hôtel de La Providence, qu'elle apprendra que Marat, trop malade pour se rendre à la Convention, vivait enfermé chez lui. C'est d'un cocher qu'elle apprendra l'adresse de l'Ami du peuple, sans qu'elle eût rien fait pour s'en informer au préalable. Ce n'est que le 13 juillet – le matin du meurtre – qu'elle se rendra au Palais-Royal devenu Palais-Égalité, pour acheter un couteau : elle entrera dans la première boutique qui s'ouvrira, elle achètera un couteau de cuisine, très ordinaire, qu'elle cachera dans un fichu, un couteau qui se révélera un excellent instrument sans évidemment qu'elle sût rien de cette arme. Trois fois elle se rendra chez Marat et elle aura sans doute cette chance imprévisible que, la troisième fois, Marat entendra le tapage des conversations, qu'on la laissera entrer dans la salle de bains, qu'il choisira de rester seul avec elle.

Ce sont les mots de Marat : « Je les ferai tous guillotiner », expliquera-t-elle dans sa dernière lettre à Barbaroux, « qui décideront de son sort[15] ». Celui-ci n'était-il pas décidé ? Attendait-elle un ultime encouragement ? Elle tuera Marat d'un coup brutal, fort bien placé, sans qu'elle se fût jamais préparée ; les médecins diront sa précision et son habileté. Ainsi Charlotte n'avait-elle à peu près rien prévu. Avait-elle compté sur ses dons prodigieux, et aussi sur la sublime mission qu'elle devait remplir, au nom de Dieu, de la France, et de l'humanité ? « Mon devoir me suffit, tout le reste n'est rien », avait-elle écrit, citant Voltaire, dans son *Adresse aux Français*. Rarement sans doute un crime aussi redoutable aura été commis dans des circonstances aussi improvisées, tant hasardeuses ! La manière dont Charlotte Corday a assassiné Marat révèle peut-être ce qu'elle était, exaltée, si consciente de ses dons, si fière d'elle ! Vouée à l'immortalité, amoureuse de la gloire et de la mort – la mort donnée, la mort reçue –, elle ne pouvait échouer. Elle ne pouvait se décevoir elle-même. Peut-être Charlotte et Judith ne cesseront-elles de se parler, de se dire tant de mutuelle admiration, et leur parfaite complicité *[16] !

Faut-il enfin se poser cette ultime question, que sans doute Charlotte Corday ne pouvait se poser à elle-même ? « Ô ma patrie, avait-elle écrit dans son *Adresse aux Français*, je ne puis t'offrir que ma vie [...]. Je veux que mon dernier soupir soit utile à mes concitoyens, que ma tête, portée dans Paris, soit un signe de ralliement pour tous les amis des lois [...] et que l'univers vengé déclare que j'ai bien mérité de l'humanité. » Qu'avait-elle fait, tuant Marat ? Qu'avait-elle fait pour que « le règne des lois succède à l'anarchie », pour que « la paix, l'union, la fraternité effacent pour jamais toute idée de factions » ?

---

* Dans le dernier numéro du *Publiciste de la République*, daté du 13 juillet 1793, jour de la mort de Marat, celui-ci reprochait à Carra de n'avoir pas poignardé le roi de Prusse : « Où était le poignard de Brutus ? »

300

Ce crime, qui sera tant exalté, avait-il « anéanti » la Montagne, mis fin au règne des « monstres assoiffés de sang », changé le destin de la Révolution ?

En réalité, il est probable que ce crime « admirable » fut inutile*. Solitaire, anarchiste, fou peut-être, les mains couvertes de sang, Marat ne conduisait pas la Révolution, si même il était capable de la faire trembler. Beaucoup de Montagnards – dont Charlotte Corday croyait avoir détruit le pire – furent sans doute soulagés de voir disparaître ce personnage qu'ils ne pouvaient maîtriser, auquel ils ne faisaient nulle confiance. Dès la mort de Marat, Robespierre cacha à peine que l'événement ne le bouleversait pas, et l'on sait que le corps de Marat ne sera transporté au Panthéon qu'après thermidor. Danton dissimula mieux sa satisfaction. Mais l'un et l'autre étaient débarrassés d'un révolutionnaire furieux et solitaire dont ils pouvaient tout redouter. « La popularité de Marat, écrit Catherine Decours, gênait la plupart de ses collègues de la Convention, ses violences le faisaient redouter ; aussi ce n'est pas sans une certaine satisfaction qu'on le vit disparaître. On le traita avec d'autant plus d'honneur qu'on se sentait soulagé [17]. »

L'« inutilité » du crime commis par Charlotte Corday sera souvent reconnue par les Girondins eux-mêmes, notamment par ceux qui l'avaient rencontrée

---

* « Charlotte, écrit France Huser terminant son livre sur *Charlotte Corday ou L'Ange de la colère*, ne sut jamais que son acte fut inutile... »

à Caen. En outre, il sera pour eux vite évident que Charlotte Corday leur faisait, malgré elle, porter le poids de son crime. « Croyez, dira Buzot à Salle quand les Girondins seront réfugiés à Saint-Émilion *, que le meurtre de Marat a bien servi la cause de Robespierre, de Barère et de Danton. » Cela n'empêchera pas Salle d'écrire, dans sa cachette, une tragédie sur Charlotte Corday, l'héroïque meurtrière, une tragédie très lyrique qu'il soumettra à ses amis **. Mais tous ils redouteront les effets de ce geste sublime. « Je déclare, j'affirme, écrira Louvet dans ses *Mémoires*, que jamais elle ne dit à aucun de nous un mot de son dessein. Et si de pareilles actions se conseillaient, et qu'elle nous eût consultés, est-ce donc sur Marat que nous eussions dirigé ses coups [18] ? » Ce qui n'empêchera pas Louvet de l'admirer, et d'admirer son geste. « Elle a mal choisi sa victime », écrira Mme Roland de sa prison [19]. Mais Charlotte avait-elle réfléchi aux conséquences de ce crime, qui devait punir un monstre assoiffé de sang ? Certains soutiendront même qu'elle a servi la cause de Marat devant l'Histoire. « Qu'a-t-il fallu », écrira Rétif de la Bretonne, auquel ne cessera de plaire « cet hostile physicien, médecin intelligent, ardent patriote », pour restituer à Marat « toute la pureté de sa réputation [20] » ? Il a fallu « la mort, la mort patriotique qu'il a reçue le 13 juillet 1793 entre sept heures

---

* *Infra,* Annexe I, 3.
** *Infra,* Annexe I, 3.

et huit heures du soir » et cette « mort glorieuse », Marat l'a reçue non d'un mauvais sujet, d'un homme méprisable, mais d'une « femme héroïque et vertueuse ». Ainsi Charlotte Corday aurait-elle été, malgré elle, une héroïque inspiratrice du culte de Marat...

Cette autre question peut être posée : l'assassinat de Marat n'a-t-il pas précipité, facilité cette grande Terreur qui s'installera en France dès l'été 1793, puis se renforcera au cours des mois qui viendront ? On sait que l'aventure girondine était tragiquement achevée. Le jour même où Marat avait été tué, ce 13 juillet 1793, la petite armée conduite par le général de Wimpffen avait été battue et dispersée à Pacy-sur-Eure. Ceux des Girondins qui n'avaient pas été arrêtés avaient été contraints de fuir, de se cacher. La plupart seront exterminés. Par surcroît l'assassinat de Marat, par une jeune femme venue de Caen, faisait peser sur eux une nouvelle accusation. Le 30 octobre, les vingt et un Girondins détenus à Paris seront condamnés à mort : parmi eux Brissot et Vergniaud, et les deux « complices » de Charlotte Corday, Fauchet et Duperret. Valazé, ayant entendu le verdict, se suicidera, les autres seront guillotinés le 31 octobre : « Charlotte Corday nous tue, mais elle nous apprend à mourir », dira Vergniaud avant de monter à l'échafaud. Le 7 novembre viendra la condamnation, puis la mise à mort de Mme Roland, « l'égérie » des Girondins.

Hébert, le fameux animateur du journal du *Père Duchesne*, était ainsi débarrassé de Marat et de son journal. Sans doute avaient-ils partagé, tous deux, beaucoup de haines et de colères. Dès le 14 juillet, Hébert avait exprimé « la grande douleur du Père Duchesne » reçue de la mort de Marat, « assassiné par une garce du Calvados[21] ». Dans la matinée du 13 juillet – ce jour où Marat fut assassiné – Hébert était venu rendre visite à l'Ami du peuple pour réclamer son appui : il fallait à tout prix débarrasser la France du ci-devant comte de Custine, commandant en chef de l'armée du Nord, et l'on attendait de Marat qu'il se joignît à Hébert pour faire accuser et guillotiner ce perfide général, sans doute royaliste*. L'Ami du peuple disparu, le père Duchesne ne devait-il pas prendre sa place ? « S'il faut un successeur à Marat, écrira Hébert quelques jours après l'assassinat, s'il faut une seconde victime à l'aristocratie, elle est toute prête, c'est moi[22] ! » Mais Hébert n'était pourvu d'aucun mandat électif. Il ne se faisait entendre qu'aux Jacobins, et par l'audience de son journal. Marat, lui, avait été un homme politique, député à la Convention, capable d'y user de son influence, certes beaucoup plus redoutable qu'Hébert. Quand tomberont les têtes de Vergniaud et de Brissot, de tous les Girondins condamnés à mort, le père Duchesne, héritier de Marat, exultera, au comble de la joie : « Tonnerre de Dieu que de

---

* La tête de Custine tombera en août 1793.

besogne nous avons fait depuis cinq mois ! » « Ainsi passeront tous les traîtres... Marat, je profiterai de tes leçons. Oui, foutre, ombre chérie, je te jure de braver toujours les poignards et le poison, et de suivre toujours ton exemple. Guerre éternelle aux conspirateurs, aux intrigants, aux fripons ! Voilà ma devise, foutre ! Ce fut aussi la mienne, me dit le fantôme [de Marat] en se séparant de moi : tiens ta parole ! Oui, foutre, je la tiendrai[23]. » Mais la dictature du Comité de salut public ne pourra supporter longtemps cet anarchiste qui n'obéissait à quiconque et ne rêvait, comme autrefois Marat, que de dénoncer, de menacer, de massacrer. Camille Desmoulins se donnera beaucoup de mal pour débarrasser la Révolution de ce sinistre personnage qui ne cessera de se présenter comme l'héroïque successeur de Marat. Le procès des Hébertistes s'ouvrira le 21 mars 1794, et la tête du père Duchesne tombera le 24 mars.

Dès le 10 juillet 1793 – trois jours avant l'assassinat de Marat –, la Convention nationale avait renouvelé le Comité de salut public, composé de douze membres, qui gouvernera la France de juillet 1793 jusqu'au 9 thermidor an II. Danton et Cambon en avaient été éliminés. Robespierre n'y siégeait pas. Mais il y entrera triomphalement le 27 juillet, et il en sera le véritable maître. Commence l'histoire des « Douze » qui vont organiser « le gouvernement de la Terreur » pendant près d'un an, de septembre 1793 au 24 juillet 1794 (9 thermidor), ce jour où Robespierre sera mis à mort. Parmi beaucoup d'autres historiens, l'Américain Robert Palmer a fort bien décrit, dans son ouvrage *Le Gouvernement de la Terreur. L'année du Comité de salut public*[24], ce que fut, pendant ces quelques mois, la dictature du comité des Douze, et plus précisément le pouvoir suprême de Robespierre qui désormais incarnait la Révolution française. Il y avait, selon François Furet, entre la Révolution et Robespierre « comme un mystère de connivence[25] ». Il semblait parfaitement confondu avec elle. « Robespierre, a observé François Furet, est un prophète. Il croit tout ce qu'il dit et exprime tout ce qu'il dit dans le langage de la Révolution ; aucun contemporain n'a intériorisé comme lui le codage idéologique du phénomène révolutionnaire[26]. [...] Quand il sera abattu en 1794 (9-Thermidor), la Révolution mourra avec lui[27]. »

On ne saurait énumérer ici ce que furent les nombreuses étapes de cette terrible année, depuis ce 13 juillet 1793 où la Révolution fut privée de Marat. Le 26 juillet 1793, la Convention, soumise à son comité des Douze, votait la loi sur les « accapareurs » : étaient désormais accapareurs, passibles de la peine de mort, tous ceux qui stockaient des denrées et les laissaient périr : car toutes les difficultés économiques que subissaient les Français semblaient venir de l'égoïsme des paysans, des spéculateurs, des profiteurs, des ennemis de la Révolution[28].

Tout au long du mois d'août la Convention ne cessera, pour faire face aux menaces étrangères sur toutes les frontières et aux victoires des Vendéens, de prendre des mesures de plus en plus sévères pour défendre la République menacée. Dès le 1er août, elle décide de « détruire la Vendée ». Le 23 août, pour faire face aux immenses périls qui menacent la France, elle décrète « la levée en masse » de tous les Français. « Les femmes feront des tentes ou serviront dans les hôpitaux ; les enfants mettront le vieux linge en charpie ; les vieillards se feront porter sur la place publique pour exciter le courage des guerriers, prêcher la haine des rois et l'unité de la République. » Tous les jeunes gens, de dix-huit à vingt-cinq ans, non mariés ou veufs, sans enfants, formeront la « première réquisition » : ils devront partir immédiatement pour sauver la France. Le 5 septembre, la Convention, répondant à la demande des Jacobins et aux manifestations des sans-culottes, décidera de mettre la Terreur à l'ordre du jour. La Convention pourra s'employer à paraître garder le contrôle des événements, mais c'est son Comité de salut public, et aussi son Comité de sûreté générale qui désormais gouvernent la France. La Terreur n'est certes pas une nouveauté, mais, ainsi que l'observe Robert Palmer, elle est désormais « organisée » comme un moyen nécessaire pour gouverner[29]. Le 17 septembre, l'Assemblée vote la loi des « suspects ». Sont déclarés suspects les « partisans de la tyrannie ou du fédéralisme », toutes les personnes à qui un certificat de civisme aura été refusé, les fonctionnaires publics suspendus ou destitués, et encore les anciens nobles, les parents d'émigrés, les prêtres réfractaires. Les comités révolutionnaires locaux seront chargés de dresser la liste des suspects et de les faire arrêter. Le 10 octobre, Saint-Just fera voter un texte, lourd de conséquences politiques : « Le gouvernement provisoire de la France est révolutionnaire jusqu'à la paix. » La Constitution adoptée le 24 juin 1793 ne pourra donc être appliquée. Ainsi se trouve justifiée, légitimée, la dictature du Comité de salut public : « Tout ce qui est hors le souverain est ennemi », avait proclamé Saint-Just dans son pathétique discours [30].

Le Tribunal révolutionnaire, réorganisé dès septembre, tâchera de « mieux remplir ses tâches » : à partir d'octobre, le nombre des victimes de la Terreur révolutionnaire s'accroîtra brutalement [31]. On comptera à Paris près de deux cents guillotinés dans la fin de l'année 1793, parmi lesquels Marie-Antoinette, Philippe Égalité, les Girondins arrêtés depuis le printemps. Comme l'observera François Furet [32] : « La guillotine liquide en même temps l'Ancien Régime et les premières années de la Révolution. » La ville de Lyon – que les Girondins avaient un temps contrôlée, puis qui était passée aux royalistes et avait été, en octobre, reprise par les troupes de la Convention – sera « confiée » à Couthon qui réussira à se faire décharger de sa mission, puis à Collot-d'Herbois et Fouché qui organiseront une répression massive*. « Plusieurs milliers de suspects, écrit François Furet, sont guillotinés, fusillés, ou collectivement mitraillés pour aller plus vite[33]. » En novembre, ce seront, à l'instigation de Carrier et du Comité révolutionnaire local, les noyades de Nantes, qui feront sans doute plus de cinq mille victimes. Plusieurs autres villes devront subir des atrocités collectives : le terrorisme sera terrible à Marseille, à Toulon, à Orange[34]. En janvier 1794 entrera en action le plan conçu par Barère pour détruire la Vendée : le 17 janvier seront organisées les « colonnes infernales » qui dévasteront la région « maudite ».

En vain Danton – qui s'inquiète beaucoup pour lui-même – a-t-il lancé, en novembre, une campagne pour apaiser la Terreur et tenter de sauver ses

---

* Le 12 octobre, le Comité de salut public présentera à la Convention le texte qui, pour effacer le souvenir de la ville de Lyon, en prévoyait la « destruction totale » :

« 3. La ville de Lyon sera détruite. Tout ce qui fut habité par le riche sera démoli. Il ne restera que la maison du pauvre, les habitations des patriotes égorgés ou proscrits, les édifices spécialement employés à l'industrie, et les monuments consacrés à l'humanité et à l'instruction publique.

« 4. Le nom de Lyon sera effacé du tableau des villes de la République. La réunion des maisons conservées portera désormais le nom de "Ville-Affranchie".

« 5. Il sera élevé sur les ruines de Lyon une colonne qui attestera à la postérité les crimes et la punition des royalistes de cette ville, avec cette inscription : "Lyon fit la guerre à la liberté ; Lyon n'est plus. Le dix-huitième jour du premier mois, l'an deuxième de la République française unie et indivisible." ›

quelques amis. Mais rien ne semble plus pouvoir arrêter Robespierre. Après avoir, en décembre 1793, présenté à la Convention son célèbre rapport sur « la théorie du gouvernement révolutionnaire* », Robespierre proclamera le 5 février 1794, ce 17 pluviôse de l'an II selon le nouveau calendrier, « les principes de morale politique qui doivent guider la Convention » : « Le ressort du gouvernement populaire en révolution est à la fois la vertu et la terreur ; la vertu sans laquelle la terreur est funeste, la terreur sans laquelle la vertu est impuissante. » Saint-Just s'appliquera, de jour en jour, à dénoncer tous les ennemis de la République et de la Révolution : notamment les Enragés et les Indulgents. « Toutes les factions doivent périr du même coup », proclamera Robespierre à la Convention le 15 mars 1794 (25 ventôse) [35]. En avril, l'encombrant Danton sera enfin condamné à mort et exécuté. Le 4 juin, l'incorruptible Robespierre sera élu « président de la Convention » à l'unanimité, et, le 8 juin (20 prairial), il présidera, dans son bel habit bleu – une torche à la main pour brûler l'athéisme – la fête de l'Être Suprême dont David sera le grand ordonnateur. Robespierre ne devient-il pas sans cesse plus étrange, investi par Dieu, par la France, par la Liberté, par la

---

* « Le but du gouvernement constitutionnel est de conserver la république, celui du gouvernement révolutionnaire est de la fonder. La Révolution est la guerre de la liberté contre ses ennemis ; la Constitution est le régime de la liberté victorieuse et paisible. »

Sagesse, hors de toute raison ? Veut-il maintenant « terminer la Révolution à son profit et à sa manière, dans l'utopie d'une harmonie sociale accordée à la Nature[36] » ? Mais deux jours plus tard, la réalité de la grande Terreur est retrouvée[37] : Couthon fait voter à la Convention, le 10 juin 1794, la sinistre « loi de Prairial », qui doit renforcer la puissance du Tribunal révolutionnaire, accélérant sa procédure, excluant tout interrogatoire avant l'audience publique, interdisant l'audition de témoins sauf exceptions majeures, éliminant les défenseurs – car les innocents n'en ont pas besoin et les coupables n'y ont pas droit –, et permettant au Tribunal révolutionnaire de statuer quand il lui plaît, et sur des « preuves morales* » : 1376 condamnations à mort seront prononcées et exécutées entre le 10 juin et le 27 juillet 1794, ce jour où tombera Robespierre, où s'achèvera la dictature de la Terreur.

Durant ces mois terribles, Marat et sa mémoire ne furent, semble-t-il, que fort rarement évoqués. On sait que le corps de Marat ne sera conduit au Panthéon que

---

* L'article 6 énumérait les ennemis du peuple qu'il fallait « anéantir » : « Ceux qui auront secondé les projets des ennemis de la France, en persécutant et calomniant le patriotisme, ceux qui auront cherché à inspirer le découragement, à dépraver les mœurs, à altérer la pureté et l'énergie des principes révolutionnaires, tous ceux qui, par quelque moyen que ce soit et de quelque dehors qu'ils se couvrent, auront attenté à la liberté, à l'unité, à la sûreté de la République, ou travaillé à en empêcher l'affermissement. »

311

deux mois après thermidor, le 21 septembre 1794, et que son cercueil en sera retiré le 8 février 1795*. La figure de l'Ami du peuple, son nom même, semblent avoir été effacés par l'histoire de la grande Terreur. Ni Danton ni Robespierre ne parlèrent de celui dont Charlotte Corday les avait délivrés. Pourtant les pensées de Marat, et même ses textes, ne cessant d'appeler au sang versé, eussent pu servir la Terreur, celle des derniers mois de 1793, celle des premiers mois de 1794, cette Terreur que Marat n'a pas connue.

« Ils me font un crime, avait écrit Marat en janvier 1793, d'avoir demandé la tête des traîtres et des conspirateurs. Mais ne les ai-je jamais voués, ces scélérats, aux vengeances du peuple que lorsqu'ils bravaient impunément le glaive de la justice et que les ministres des lois n'étaient occupés qu'à leur assurer l'impunité ? Et puis, où est donc le si grand crime que d'avoir demandé cinq cents têtes criminelles pour en épargner cinq cent mille innocentes ? Ce calcul n'est-il pas un trait de sagesse et d'humanité** ? »

La Terreur semble n'avoir eu aucun besoin de lui. De ce culte exaspéré de soi qu'avait semblé incarner Marat, Robespierre fut un meilleur modèle[38]. L'obsession des monstres et des scélérats qu'il fallait

---

* *Supra,* p. 242 et s.
** Portrait de l'Ami du peuple tracé par lui-même publié le 14 janvier 1793 par le *Journal de la République française.* Cf. Annexe II, 2.

à tout prix dénoncer, la soif toujours insatisfaite de vengeance et de sang, l'exaltation de la mise à mort, tout ce qui inspira et soutint la Terreur se passa du prophète disparu.

Qu'avait été au fond Marat sinon un improvisateur « un rêveur, un fou, un cerveau brûlé, un tigre altéré de sang, un monstre qui ne respire que le carnage », comme le criaient, selon lui, les ennemis de la liberté[*] ? Ceux qui vinrent après lui n'eurent aucun besoin de lui, et sans doute les eût-il dérangés s'il avait vécu. Ce que Charlotte Corday n'avait pas vu, n'avait pas su, c'est que, tuant Marat, elle ne faisait, obéissant à son devoir, que massacrer un symbole.

Mais il nous faut regarder ce qu'elle a voulu, ce qu'elle a rêvé. Sa mission, son devoir ne pouvaient être de sauver la Révolution, de mettre fin aux crimes qu'exaltait Marat. Ils étaient d'exprimer sa haine, de punir le monstre, de venger la France et les Français. Elle l'avait dit fièrement, répondant aux questions du président Montané[**] :

« *Le président.* – Quels sont les motifs qui ont pu vous déterminer à une action aussi horrible ?

L'accusée. – Tous ses crimes. C'est lui qui entretient le feu de la guerre civile pour se faire nommer dictateur ou autre chose.

---

[*] *Ibid.*
[**] *Supra,* p. 176 et s., et p. 203 et s.

Le président. – Quelles sont les personnes qui vous ont conseillé de commettre cet assassinat ?

L'accusée. – Je n'aurais jamais commis un pareil attentat par le conseil des autres, c'est moi seule qui ai conçu le projet et qui l'ai exécuté. Je savais qu'il pervertissait la France. J'ai tué un homme pour en sauver cent mille.

Le président. – Croyez-vous avoir tué tous les Marat ?

L'accusée. – Celui-là mort, les autres auront peur... peut-être. »

Charlotte Corday savait qu'elle n'avait pas assassiné tous les Marat. Elle ne pouvait être assurée que « les autres Marat » auraient peur. Elle ne vivait pas dans l'illusion, si même ses mots l'exaltaient, qu'elle avait sauvé sa patrie, ramené la paix civile. Seulement elle avait accompli son devoir, comme un héros antique. Elle est Judith, et elle a tranché la tête d'Holopherne. Elle a levé sur César le poignard de Brutus. Elle est Cléopâtre, vouée à son devoir, au culte de la gloire, et s'élevant vers la mort. Devant le Tribunal de Dieu, ou celui de l'histoire, ou celui de sa conscience, elle doit être « la meurtrière de la tyrannie ». Elle ne doit penser ni à ses souffrances ni aux souffrances de ceux qu'elle a pu aimer. Elle a « offert sa vie », sûre d'« avoir bien servi l'humanité ».

ANNEXES

ANNEXE I

Sur quelques-uns de ses proches :
un dernier regard

1 – Le père de Marie-Anne Charlotte, Jacques-François de Corday d'Armont, ne reçut jamais la lettre qu'elle lui avait écrite de la Conciergerie. Il apprit l'assassinat de Marat, puis la mort de sa fille par les journaux : il brûla alors ses lettres. Le 20 juillet, il était occupé à rédiger ses *Principes de gouvernement* quand trois membres de la municipalité d'Argentan vinrent l'interroger longuement, rue du Bègle, puis perquisitionner chez lui sans rien trouver qui eût pu le compromettre * 1. Mais il était le frère d'un émigré, Pierre-Jacques de Corday ** 2, ses fils étaient eux

* Sur l'interrogatoire du citoyen Corday, on lira les observations de Charles Vatel. Le père de Charlotte avait répondu à l'officier municipal « qu'elle était née en la paroisse des Ligne-rits canton de Troarn, district d'Argentan, qu'il ne lui connaissait aucun talent. Mais qu'il ne croyait pas qu'il en fut besoin pour commettre un meurtre ». Charles Vatel constate que « le malheureux père, pour défendre sa fille, était réduit à l'abaisser ». Quelques instants après, des larmes s'échappèrent de ses yeux et l'interrogatoire s'arrêta.
** Qui, débarqué dans la Baie de Quiberon le 27 juin 1795, sera jugé et exécuté le 1er août 1795.

aussi émigrés, et surtout il était le père de la criminelle. Il fut surveillé puis arrêté le 19 octobre 1793 en même temps que ses vieux parents âgés de quatre-vingt-trois et quatre-vingt-dix ans. Éléonore seule demeura rue du Bègle*[3]. Au mois d'août 1794, ses parents seront relâchés à raison de leur âge. Le 19 février 1795, après seize mois de détention, le père de Charlotte sera libéré, à raison de son état de santé. Comment fut-il inscrit, à tort, sur la liste des émigrés ? Il dut subir la loi que le Directoire vota, après le coup d'État de Fructidor, stipulant que les individus inscrits sur la liste des émigrés devaient, dans les quinze jours, quitter le territoire français. Il le fit et se réfugia en Espagne, sans doute pour rejoindre son fils aîné. Il mourra à Barcelone, en juin 1798 et le registre de la paroisse Saint-Jean de Barcelone dit qu'il y fut enterré religieusement le 27 juin 1798[4].

Son fils aîné, Jacques-François Alexis de Corday d'Armont, passé en Espagne, fit une belle carrière d'officier au régiment de Naples, puis dans celui d'Infanterie-Bourbon. Il regagnera la France en 1803, épousera l'une de ses cousines, et s'installera à Cauvigny où il restaurera la propriété familiale. Il y mourra en février 1809[5].

Le frère cadet de Charlotte, Charles-Jacques-François, avait émigré dès février 1792. Comme son oncle Pierre-Jacques de Corday, il fit partie de l'expédition de Quiberon. Arrêté, jugé à Auray en 1795, il sera fusillé au bord

---

* Un mois plus tard elle s'introduira dans la prison où était détenu son père, sous un déguisement. Elle sera découverte, emprisonnée, puis relâchée. Elle obtiendra, nous dit Catherine

de la rivière d'Auray, avec beaucoup de ses camarades, au lieudit « le Champ des Martyrs*6 ».

La sœur de Charlotte, Éléonore, resta à Argentan, quittant la rue du Bègle pour un logement plus modeste, rue de La Poterie. Elle s'occupa de ses grands parents et surtout de son père, avec un grand dévouement. Elle tenta de gérer les procès familiaux, notamment celui qui concerna la difficile succession de madame de Bretteville. Cela ne l'empêcha pas de rester fort pauvre et elle fit, pour tâcher de vivre, des travaux de dentelle. Se maria-t-elle ? Eut-elle des enfants ? Elle mourut à Argentan le 13 avril 1813, à l'âge de trente-six ans7.

Quant à l'abbé de Corday, frère cadet de monsieur d'Armont, qui avait si souvent reçu sa nièce, Charlotte, au presbytère de Vicques, il refusa de prêter serment et dut s'exiler en 1792. Réfugié en Angleterre, il reviendra en France en 1801 et mourra curé doyen de Coulibœuf en 1818. Il disait volontiers de sa nièce qu'elle avait été « une nouvelle Judith suscitée par Dieu pour sauver la France8 ».

À Caen, madame de Bretteville apprit l'assassinat de Marat, puis l'exécution de Charlotte, par Augustin Leclerc, qui lisait les journaux. Une perquisition eut lieu

---

Decours, en septembre 1798, la radiation de son père de la liste des émigrés. Mais il était mort depuis trois mois.

 * Son nom et celui de son oncle figurent sur le monument de David d'Angers construit sur la Belle Chartreuse d'Auray.

chez elle et elle dut se cacher chez le menuisier, Lunel. Chaque soir, dans les semaines qui suivirent l'assassinat, des manifestants défilèrent sous ses fenêtres, portant en triomphe le buste de Marat. Augustin Leclerc dut la conduire à Verson où il réussit à la dissimuler dans une grange. Elle put assez vite regagner Caen, mais elle vécut ses vieux jours dans un état de constant affolement. Elle mourra en 1799, âgée de soixante-quinze ans, laissant un héritage qui sera âprement disputé[9]. Augustin Leclerc demeura avec madame de Bretteville jusqu'à sa mort. Pourvu, par elle, d'une belle rente, il se retirera à Verson « menant une vie bourgeoise et studieuse[10] ». Il aura trois enfants*[11]. Il mourra en 1813. Le souvenir de Charlotte ne le quittera pas.

2 – Peut-on se tourner vers les amis de Charlotte ? Hippolyte Bougon-Longrais connut un tragique destin. Le jour du meurtre de Marat – le 13 juillet –, une très petite troupe de fédéralistes avait affronté, entre Pacy-sur-Eure et Vernon, une troupe « aussi peu brillante » envoyée par la Convention. Dès les premiers coups de canon, les deux troupes s'étaient retirées. L'armée d'insurrection – si ces mots pouvaient la qualifier – était repartie vers Lisieux, puis elle était rentrée à Caen le 20 juillet. Alors chacun ne pensa plus qu'à s'enfuir : les Girondins proscrits et les insurgés les plus compromis partirent vers Rennes, espérant trouver les bataillons bretons. Le 23 au soir, l'armée dite de « pacification », c'est-à-dire la troupe parisienne, envoyée par la Convention, arriva sans rencontrer d'ennemis à Caen et à Lisieux. « La répression fut relativement clémente » expose

---

* L'une de ses filles communiquera, à l'historien Charles Vatel, d'intéressants souvenirs.

Catherine Decours, mais il y eut beaucoup de dénonciations et quelques arrestations. Les fonctionnaires les plus compromis furent mis hors la loi : parmi eux Bougon-Longrais, le procureur général-syndic. Il commença par se cacher dans une librairie de Caen, puis, traqué de village en village [12], il s'enfuit vers la Bretagne. Tombé aux mains des Vendéens, il deviendra le secrétaire du prince de Talmont. Ils se cacheront tous les deux et, mourant de faim, ils seront arrêtés près de Fougères. Mis « hors-la-loi » par la Convention nationale, Bougon-Longrais sera exécuté, sans jugement, à Rennes, le 5 janvier 1794. Charlotte Corday lui avait souvent fait confiance, et on se souvient que, dans sa lettre à Barbaroux, elle avait parlé de lui :

> « Je vous prie citoyen de faire part de ma lettre au citoyen Bougon procureur général-syndic du département, je ne la lui adresse pas pour plusieurs raisons, d'abord je ne suis pas sûre que dans ce moment il soit à Évreux, je crains de plus qu'étant naturellement sensible il ne soit affligé de ma mort. Je le crois cependant assez bon citoyen pour se consoler par l'espoir de la paix. Je sais combien il la désire et j'espère qu'en la facilitant j'ai rempli ses vœux [*]. »

Cette lettre aidant, Bougon-Longrais sera souvent cité comme l'un des « amoureux » que la rumeur publique attribuera à Charlotte. Avant d'être exécuté il écrira à sa mère, évoquant le souvenir de celle qu'il avait peut-être

---

[*] Cf. Annexe V.

aimée. « [...] Ô Charlotte Corday ! Ô ma noble et généreuse amie, toi dont le souvenir occupa sans cesse ma
mémoire et mon cœur, attends-moi, je vais te rejoindre.
Le désir de te venger m'avait fait jusqu'à ce jour supporter l'existence. Je crois avoir assez satisfait à ce devoir
sacré ; je meurs content et digne de toi[13]. »

Doulcet de Pontécoulant, le défenseur désigné par Charlotte, mais qui fut prévenu trop tard pour pouvoir assumer
sa mission, connut un tout autre destin. On sait qu'il pro-
testa courageusement, apprenant qu'elle l'avait choisi
comme avocat et qu'il n'avait pas été prévenu*[14]. Il ne cessera de répéter qu'il regrettait d'avoir ignoré le choix de
mademoiselle de Corday et qu'il aurait accepté « le périlleux
honneur de la défendre ». « Tout semble indiquer, écrit
Catherine Decours, que Doulcet eût défendu Marie. »
Député girondin du Calvados, Doulcet de Pontécoulant,
soupçonné d'avoir été l'ami de Vergniaud et de Buzot, sera
mis hors-la-loi. Il devra se réfugier en Suisse et, pour gagner
sa vie, s'installera comme menuisier à Zurich. Rentré en
France après le 9 Thermidor, il retrouvera son siège à la
Convention. Membre du Conseil des Cinq-Cents, en 1796, il
présidera la séance du 8 Messidor an III où sera accordé un
« secours annuel » aux veuves des anciens Girondins proscrits « morts victimes de leur dévouement à la Patrie et de

---

* Charles Vatel a publié dans les *Dossiers du procès criminel de
Marie-Anne-Charlotte de Corday d'Armont devant le Tribunal révolutionnaire* la correspondance échangée entre Doulcet de Pontécoulant et le président Montané. Doulcet ne se contenta pas
d'écrire au président du Tribunal pour protester contre son pré-
tendu refus. Il s'adressa aussi aux journaux.

leur respect pour les Droits de la Nation[15] ». Sénateur en 1805, comte d'Empire en 1808, il fera une brillante carrière, fidèle à Napoléon. Cela ne l'empêchera pas de se rallier à Louis XVIII qui le fera « Pair de France. » Destitué pour avoir accepté de siéger au Sénat napoléonien pendant les Cent-Jours, il réussira à redevenir Pair de France en 1819, et à siéger à la chambre des Pairs jusqu'en 1848. Il mourra en 1853, âgé de près de quatre-vingt-dix ans[16].

Sa tante, l'ancienne abbesse de la Sainte-Trinité, ne voulut pas revoir son neveu. Elle s'éteignit à Caen, en 1806, dans la solitude.

Alexandrine de Forbin, que Charlotte recommandait à Barbaroux dans sa dernière lettre[*][17], vécut en Suisse jusqu'en mars 1794 les années tumultueuses, puis à Bologne et à Florence, auprès de son père. Elle revint en Avignon, partageant son temps entre les œuvres de charité, les prisons, les hôpitaux, et les « filles repenties » pour lesquelles elle fonda en 1819 la « Grande Providence[**][18] ». Sans doute avait-elle pardonné à son amie Charlotte le crime commis en se servant de son nom. Peut-être l'ultime pensée de Charlotte allant au supplice fut-elle pour son amie tant aimée ? Alexandrine mourut en Avignon en novembre 1829.

---

* « J'espère que vous n'abandonnerez point l'affaire de madame Forbin... Je vous prie de lui dire que je l'aime de tout mon cœur ». Cf. Annexe V.

** Catherine Decours écrit qu'Alexandrine ne se maria pas. D'autres biographes disent que l'ancienne chanoinesse de Troarn épousa un lieutenant de douanes, monsieur Millière.

Armande Loyer, l'amie connue à Caen et devenue chère, avec qui Charlotte échangea les lettres qui seront remises à Casimir-Perier *, épousa, en 1798, Jean-Claude Trugard de Maromme, fils d'un conseiller au Parlement de Rouen. Elle rédigea de nombreuses correspondances, écrivit des romans, fréquenta des personnes illustres. Elle mourut à Hautot-sur-Seine le 28 décembre 1860[19], n'ayant cessé d'entretenir dans son cœur le souvenir de son amie Charlotte.

3 – Regardons, avant de les voir tous s'en aller, ces Girondins proscrits venus à Caen en juin 1793, ces traqués que Charlotte Corday avait rencontrés et sans doute écoutés[20]. Promis à un destin tragique, Barbaroux, Pétion, Guadet, Valady, Louvet, Salle et Buzot s'enfuirent au lendemain des événements du 13 juillet. Mis « hors-la-loi » le 28 juillet, ils pouvaient désormais être mis à mort sans être jugés. Un décret avait été pris, disant qu'à Évreux, la maison occupée par Buzot serait « rasée », et qu'une colonne serait élevée, portant cette inscription : « Ici fut l'asile du scélérat Buzot ». La pyramide sera plantée, dès le 9 août, sur l'emplacement de la maison détruite. Les Girondins en fuite se réfugièrent d'abord en Bretagne, puis en Gascogne, au Bec d'Ambès, où ils arrivèrent le 20 septembre. Mais ils furent reconnus et durent partir vers Saint-Émilion où le père de Guadet possédait une maison qui pouvait les accueillir. À nouveau les sept fugitifs, qui vivaient dans les rues et avaient une étrange allure, parurent suspects. En outre, les Jacobins avaient organisé d'étroites surveillances autour de la

---

* *Supra,* p. 69 et s.

maison des Guadet. Après plusieurs jours d'errance, ils furent hébergés, à partir du 12 octobre, par la belle-sœur de Guadet, madame Bouquey, arrivée en hâte de Paris, qui, dans sa maison de campagne de Saint-Émilion, réussit à les dissimuler au fond d'une galerie, à trente pieds sous terre. Elle les cacha de son mieux, mais elle eut beaucoup de difficultés à se procurer, sans éveiller de soupçons, les provisions nécessaires pour les nourrir. Barbaroux, Buzot, Pétion, Louvet ont commencé d'écrire leurs mémoires, qu'ils confieront à madame Bouquey*[21]. Buzot lit, relit secrètement les ultimes lettres d'amour qu'il a pu recevoir de madame Roland emprisonnée. Jean-Baptiste Salle travaille à sa tragédie sur *Charlotte Cordai, Tragédie en cinq actes et en vers par Salle, l'un des proscrits*, qu'il voudrait soumettre à ses amis, et achever avant de mourir**[22].

* Lettre de Barbaroux à madame Bouquey (printemps 1794) lui confiant ses mémoires.

« Voici, femme aimable et sensible, quelques nouvelles feuilles de mes Mémoires que je vais très rapidement achever. Je dois vous dire à cet égard, tant pour mes amis que pour moi, que tous nos Mémoires et nos Écrits ne sont remis qu'à vous, qu'ils n'appartiennent qu'à vous et que vous seule pourrez en disposer, conformément aux notes qui vous ont été ou vous seront remises. C'est un dépôt sacré que vous êtes digne de conserver, mais qui doit l'être dans toute son intégrité. Que dans aucunes circonstances il ne sorte de vos mains, qu'aucune considération, aucun ordre, aucune prière ne vous l'arrache ! Qu'aucune main, quelle qu'elle soit, ne se permette d'en toucher la moindre ligne, fût-ce sous le prétexte de corriger une erreur ! Ces Écrits nous sont plus chers que la vie. »

** La tragédie est reproduite par Charles Vatel dans le tome II de son ouvrage *Charlotte Corday et les Girondins* qui

Dans les grottes de Saint-Émilion, pendant cet affreux mois d'octobre 1793, ils discutent de cette Charlotte Corday qui était venue les écouter à Caen et de l'acte qu'elle avait ensuite accompli. Jean-Baptiste Louvet de Couvrai, écrivain fort doué qui avait été romancier avant la Révolution, auteur de plusieurs romans licencieux dont son *Faublas* qui lui avait valu quelque succès, journaliste aussi, avait imaginé, en 1792, de couvrir deux fois par semaines les murs de Paris d'un placard, en grosses affiches roses, intitulé *La Sentinelle*, série d'allocutions et de harangues, passionnées ou spirituelles. *La Sentinelle* lui avait valu la haine de Robespierre. Mais Louvet ne cessait d'écrire. Il avait fait imprimer, en octobre 1792, un *Acte d'accusation contre Maximilien Robespierre*, où il avait accusé Robespierre d'avoir été, comme Danton, l'un des complices de Marat, de lui avoir procuré de l'argent, d'avoir voulu imposer avec lui un véritable « despotisme

---

publie aussi les observations de ses amis. Au printemps de 1794, Barbaroux, traqué, écrira à Salle pour lui adresser des critiques souvent sévères, « surtout soigne ta versification ; elle est négligée même dans les bons morceaux. Ta facilité se fait trop sentir ; ton goût trop peu ». Les observations des trois amis sont évidemment très différentes. Les critiques de Barbaroux concernent essentiellement l'écriture. Dans celles de Pétion on sent « les colères du proscrit ». Il voudrait avant tout voir ses ennemis odieux. Or ils ne le sont pas assez. La critique de Buzot est celle d'un esprit judicieux, instruit et triste. Ces mots disent ses sentiments : « surtout point d'amour dans une pièce de ce genre ; il n'est jamais bien comme agent secondaire dans une action théâtrale ; mais bannissez le surtout de la vôtre ; il y est petit, il en dépare les beautés. L'inconvenance saute aux yeux ».

d'opinion[23] », d'avoir été, comme lui, un homme de sang. On trouvera dans les mémoires de Louvet un éloge enflammé de Charlotte Corday :

« Charlotte Corday, toi qui seras désormais l'idole des républicains, dans l'Élysée où tu reposes avec les Vergniaud, les Sidney, les Brutus, entends mes derniers vœux, demande à l'Éternel qu'il protège mon épouse, qu'il la sauve, qu'il me la rende ; demande-lui qu'il nous accorde, dans notre honorable pauvreté, un coin de terre libre où nous puissions reposer nos têtes, un honnête métier par lequel je nourrisse Lodoïska, une obscurité complète qui nous dérobe à nos ennemis ; enfin, quelques années d'amour et de bonheur ; et, si mes prières ne sont pas exaucées, si ma Lodoïska devait tomber sur un échafaud, ah ! que du moins je ne tarde point davantage à l'apprendre, et bientôt j'irai, dans les lieux où tu règnes, me réunir avec ma femme et m'entretenir avec toi[24]. »

Dans ces jours tragiques, Louvet continue d'écrire, sur de petits bouts de papier, ses mémoires désespérées. Il rédige des lettres enflammées à la femme qu'il aime, sa Lodoïska, restée à Paris et qui sans doute vit dans la douleur. Quant à Buzot, il ne cesse d'écrire à madame Roland des lettres d'amour dont il sait qu'elles ne lui parviendront jamais. Tous écrivent des poèmes[25], souvent dédiés à Charlotte. Louvet a composé pour elle cette strophe, dans l'hymne de mort qu'il voulait chanter s'il allait à l'échafaud :

« Oui, des bourreaux de l'Abbaye
Les succès affreux seront courts ;
Un monstre effrayait sa patrie :
Une fille a tranché ses jours !
Liberté ! Liberté ! que ton bras sur eux se promène !
Tremblez, Tyrans, vos forfaits appellent nos vertus ! »

Guadet récitait ces vers :

« Quand tu punis Marat de la mort la plus juste,
Corday ! tu fis tomber l'assassin des Vertus !
Tu meurs, mais l'univers écrira sous ton buste :
Plus grande que Brutus. »

Les proscrits apprirent, dans les premiers jours de novembre, que les Girondins détenus à Paris – dont Vergniaud et Brissot – avaient été jugés par le Tribunal révolutionnaire, condamnés à mort et guillotinés le 31 octobre 1793. Parmi eux étaient Duperret, évidemment compromis par ses relations avec Charlotte Corday, et l'évêque Fauchet, également soupçonné d'avoir protégé la criminelle. Valazé entendant le verdict s'était tué d'un coup de couteau. Les autres avaient été autorisés à passer la nuit ensemble avant de mourir. Puis, au petit matin, ils avaient été conduits à la guillotine, avec le cadavre de Valazé.

Apprenant le sort tragique de leurs amis girondins, sachant qu'ils ne pourraient rester ensemble sans être découverts, les fugitifs prirent le parti de se séparer. Salle, Guadet, Louvet et Valady s'en allèrent les premiers, le 15 novembre 1793. Dès le lendemain Valady quittait ses amis. « Je n'en puis écarter le triste souvenir », écrira Louvet, « il avait la mort dans les yeux ». Valady partit pour Périgueux où il sera vite arrêté, condamné, mis à mort. Louvet décida aussi de s'en aller, de tenter de rejoindre sa bien-aimée à Paris, quoiqu'il pût lui arriver : « Je presse Guadet et Salle sur mon cœur ; j'ouvre mon portefeuille et je partage quelques assignats avec celui-ci plus pauvre que moi ; j'embrasse encore une fois mes amis et je pars. » Ce choix, tant audacieux, lui sera heureux. Louvet retrouvera Lodoïska, se cachera, et il sera, après Thermidor, rappelé à la Convention par décret du 8 mars 1795. Alors il commencera une nouvelle carrière, d'abord à la Convention, puis au Conseil des Cinq-Cents, dont il sera exclu le 20 mai 1797 *. Quant à Salle et Guadet ils revinrent à Saint-Émilion et se cachèrent chez le père de Guadet, dans une soupente obscure, sous le toit d'un grenier [26].

Buzot, Barbaroux et Pétion étaient restés dissimulés dans les grottes de madame Bouquey, mais ils redoutaient, heure après heure, d'être dénoncés et arrêtés. À la fin du mois de janvier 1794, ils trouvèrent une autre cachette à Saint-Émilion, chez le perruquier Troquart qui, sur l'insistance de madame Bouquey et de son mari, consentit à les accueillir et à les dissimuler [27]. Madame Bouquey s'était engagée à fournir la nourriture. Chez Troquart, ils continueront d'écrire leurs mémoires [28]. Sous forme d'une déclaration « à leurs concitoyens et à

---

* Il mourra le 25 août 1797. La première édition – partielle – de ses *Mémoires* était parue en 1795.

la postérité » Buzot et Pétion rédigeront un testament politique :

« Maintenant qu'il nous est démontré que la liberté est perdue sans ressource ; que les principes de la morale et de la justice sont foulés aux pieds ; qu'il n'y a plus qu'à choisir entre deux despotismes, celui des brigands, qui déchirent le sein de la France, et celui des puissances étrangères ; que la nation a perdu toute sa dignité et son énergie, qu'elle est aux pieds des tyrans qui l'oppriment, que nous ne pouvons plus rendre aucun service à notre pays ; que loin de pouvoir faire la consolation et le bonheur des êtres, qui nous sont les plus chers, nous attirerons sur eux, tant que nous existerons, la haine et les vengeances, nous avons résolu de quitter la vie, et de ne pas être témoins de l'esclavage qui va désoler notre malheureuse patrie.

Nous vouons au mépris et à l'exécration publique de tous les siècles les vils scélérats qui ont détruit la liberté et plongé la France dans un abîme de maux. Nous recommandons notre mémoire aux gens de bien et aux amis de la vérité et de la liberté [29].

Buzot. Pétion. »

La dernière lettre de madame Roland qui parvint à Buzot, écrite le 7 juillet au soir, s'achevait par ces mots « Adieu ! Mon bien-aimé [30] ! » Buzot a appris, le 13 novembre, que madame Roland était montée sur l'échafaud. Il n'a plus rien à attendre de la vie. Tous ils n'ont plus qu'à mourir. La chasse aux Girondins est organisée à Bordeaux, à Libourne, partout où ils pourraient se cacher.

Le 17 juin 1794, Barbaroux, Buzot et Pétion se sont enfuis dans les bois. Ils se rapprochent de la Dordogne, sans doute pour tenter de franchir le fleuve. Ils sont dans une futaie de pins quand ils se croient soudain poursuivis. Barbaroux, trop faible pour courir encore[31], s'arrête. Il a gardé son pistolet, il se tire un coup de feu dans l'oreille droite. Les soldats qui le pourchassent le retrouveront encore vivant. On le laissera quatre jours à Castillon, dans la salle de la mairie, agonisant. Puis il sera transporté à Bordeaux et guillotiné le 25 juin. Sa tête mutilée, défigurée sera montrée au peuple.

Traqués, épuisés, Buzot et Pétion se sont arrêtés un peu plus loin, dans un bouquet d'arbres, près du hameau de Cafol. Ils sont restés là jusqu'au soir. À la nuit tombante, les paysans voisins entendirent deux coups de feu presque simultanés. Les cadavres seront retrouvés quelques jours plus tard, ventres ouverts, entrailles arrachées, en partie dévorés par les chiens et les loups[32]. Ordre sera donné de les inhumer sans retard, car ces cadavres pestiférés « corrompaient la salubrité de l'air ». Deux fosses de six pieds seront creusées. On y descendra les corps que l'on recouvrira de terre[33].

Quant à Salle et Guadet, ils avaient été découverts chez le père de Guadet, âgé de soixante-dix ans. Envoyés à la guillotine à Bordeaux, ils avaient été exécutés le 19 juin, en même temps que les parents de Guadet et madame Bouquey et son mari, ces quatre criminels qui les avaient dissimulés. « De toute ma famille je reste seul » écrira à Louvet, alors caché à Paris, le troisième frère de Guadet, officier qui combattait dans les troupes républicaines, lorsqu'il reviendra en Gironde et découvrira le massacre de tous les siens :

« Quelle charge je te laisse ! écrira Salle à sa femme quelques heures avant d'être guillotiné*, trois enfants et rien pour les élever !... Mon amie, ne me plains pas ; la mort à ce qu'il me semble, n'aura pas pour moi des angoisses bien douloureuses ; j'en ai déjà fait l'essai... Lolotte renferme tes douleurs, et n'inspire à nos enfants que des vertus modestes. Il est si difficile de faire le bien de son pays ! Brutus en poignardant un tyran, Caton en se perçant le sein pour y échapper, n'ont pas empêché Rome d'être opprimée. Je crois m'être dévoué pour le peuple ; si pour récompense je reçois la mort, j'ai la conscience de mes bonnes intentions ; il est doux de penser que j'emporte au tombeau ma propre estime, et que peut-être un jour l'estime publique me sera rendue...

Baise mes enfants, aime-les, élève-les ; console-toi, console ma mère, ma famille. Adieu pour toujours.

Ton bon ami, Salle[34]. »

---

* Salle avait, en vain, tenté de se tuer. Interrogé, il avait très fièrement répondu. Sa dernière lettre à sa femme est datée du 30 prairial an II, « veille de sa mort, nous voulons dire de son martyr » écrit Charles Vatel.

ANNEXE II

Textes de Jean-Paul MARAT

1. Adresse aux Parisiens
Le Junius Français, n° 1 – mercredi 2 juin 1790

2. Portrait de l'Ami du peuple tracé par lui-même
Journal de la République Française, n° 98 –
lundi 14 janvier 1793

1. *Adresse aux Parisiens*

Ô Parisiens ! hommes légers, faibles et pusillanimes, dont le goût pour les nouveautés va jusqu'à la fureur et dont la passion pour les grandes choses n'est qu'un accès passager, qui raffolez de la liberté comme des modes du jour, qui n'avez ni lumières, ni plan, ni principes, qui préférez l'adroit flagorneur au conseiller sévère, qui méconnaissez vos défenseurs, qui vous abandonnez à la foi ; du premier venu, qui vous livrez à vos ennemis sur leur parole, qui pardonnez aux perfides et aux traîtres au premier signe de contrition, qui dans vos projets ou vos vengeances suivez sans cesse l'impulsion du moment, qui êtes toujours prêts à donner un coup de collier, qui paraissez incapables d'aucun effort soutenu, qui allez au bien par vanité et que la nature eût formé pour les hautes entreprises si elle vous eût inspiré l'amour de la gloire, si elle vous eût donné de la judiciaire et de la constance, faudra-t-il donc toujours vous traiter comme de vieux enfants ?

Les leçons de la sagesse et les vues de la prudence ne sont plus faites pour vous. Des légions de folliculaires

faméliques vous ont blasés à force de sottises et d'atrocités ; les bonnes choses glissent sur vous sans effet : déjà
vous ne prenez plaisir qu'aux conseils outrés, aux traits
déchirants, aux invectives grossières ; déjà les termes les
plus forts vous paraissent sans énergie, et bientôt vous
n'ouvrirez l'oreille qu'aux cris d'alarme, de meurtre, de
trahison. Tant de fois agités pour des riens, comment
fixer votre attention, comment vous tenir en garde contre
toute surprise, comment vous tenir continuellement
éveillés ? Un seul moyen me reste, c'est de suivre vos
goûts et de varier mon ton. Ô Parisiens ! quelque bizarre
que ce rôle paraisse aux yeux du sage, votre ancien ami
ne dédaignera pas de le prendre ; il n'est occupé que du
soin de votre salut ; pour vous empêcher de retomber
dans l'abîme, il n'est point d'efforts qu'il ne fasse, et toujours le Junius Français sera votre incorruptible défenseur, votre défenseur intrépide.

(*Le Junius Français*, n° 1,
du mercredi 2 juin 1790.)

2. Portrait de l'Ami du peuple tracé par lui-même

Je demande pardon à mes lecteurs si je les entretiens aujourd'hui de moi ; ce n'est ni amour-propre ni fatuité, mais simple désir de mieux servir la chose publique. Comment me faire un crime de me montrer tel que je suis lorsque les ennemis de la liberté ne cessent de me dénigrer en me représentant comme un cerveau brûlé, un rêveur, un fou ou comme un anthropophage, un tigre altéré de sang, un monstre qui ne respire que le carnage, et cela pour inspirer l'effroi à l'ouïe de mon nom et empêcher le bien que je voudrais, que je pourrais faire.

Né avec une âme sensible, une imagination de feu, un caractère bouillant, franc, tenace, un esprit droit, un cœur ouvert à toutes les passions exaltées et surtout à l'amour de la gloire, je n'ai jamais rien fait pour altérer ou détruire ces dons de la nature et j'ai tout fait pour les cultiver.

Par un bonheur peu commun, j'ai eu l'avantage de recevoir une éducation très soignée dans la maison paternelle, d'échapper à toutes les habitudes vicieuses de l'enfance qui énervent et dégradent l'homme, d'éviter tous les écarts de la jeunesse et d'arriver à la virilité sans m'être jamais abandonné à la fougue des passions ; j'étais vierge à vingt et un ans et déjà j'étais depuis longtemps livré à la méditation du cabinet.

La seule passion qui dévorait mon âme était l'amour de la gloire, mais ce n'était encore qu'un feu qui couvait sous la cendre.

C'est de la nature que je tiens la trempe de mon âme, mais c'est à ma mère que je dois le développement de mon caractère, car mon père n'aspira jamais à faire autre chose de moi qu'un savant.

Cette femme respectable, dont je déplore encore la perte, cultiva mes premiers ans ; elle seule fit éclore dans mon cœur la philanthropie, l'amour de la justice et de la gloire, sentiments précieux ; bientôt ils sont devenus les seules passions qui dès lors ont fixé les destinées de ma vie. C'est par mes mains qu'elle faisait passer les secours qu'elle donnait aux indigents, et le ton d'intérêt qu'elle mettait en leur parlant m'inspira celui dont elle était animée.

L'amour des hommes est la base de l'amour de la justice, car l'idée du juste ne se développe pas moins par le sentiment que par la raison. J'avais déjà le sens moral développé à huit ans : à cet âge je ne pouvais soutenir la vue de mauvais traitements exercés contre autrui, l'aspect d'une cruauté me soulevait d'indignation et toujours le spectacle d'une injustice fit bondir mon cœur comme le sentiment d'un outrage personnel.

Pendant mes premières années mon physique était très débile, aussi n'ai-je connu ni la pétulance, ni l'étourderie, ni les jeux de l'enfance. Docile et appliqué, mes maîtres obtenaient tout de moi par la douceur. Je n'ai jamais été châtié qu'une fois et le ressentiment d'une humiliation injuste fit en moi une si forte impression qu'il fut impossible de me ramener sous la férule de mon instituteur ; je restai deux jours entiers sans vouloir prendre aucune nourriture. J'avais alors onze ans ; on jugera de la fermeté de mon caractère à cet âge par ce seul trait. Mes parents n'ayant pu me faire fléchir et l'autorité paternelle se croyant compromise, je fus renfermé dans une chambre ; ne pouvant résister à l'indignation qui me suffoquait, j'ouvris la croisée et je me précipitai dans la rue. Heureusement la croisée n'était pas élevée, mais je ne laissai pas de me blesser violemment dans la chute ; j'en porte encore la cicatrice au front.

Les hommes légers qui me reprochent d'être une *tête* verront ici que je l'ai été de bonne heure, mais ce qu'ils refuseront peut-être de croire, c'est que dès mon bas âge j'ai été dévoré de l'amour de la gloire, passion qui changea souvent d'objet dans les diverses périodes de ma vie mais qui ne m'a jamais quitté un instant. À cinq ans j'aurais voulu être maître d'école ; à quinze ans professeur ; auteur à dix-huit ; génie créateur à vingt comme j'ambitionne aujourd'hui la gloire de m'immoler pour la patrie.

Voilà ce que m'a fait la nature et les leçons de mon enfance ; les circonstances et mes réflexions ont fait le reste.

J'étais réfléchi à quinze ans, observateur à dix-huit, penseur à vingt et un. Dès l'âge de dix ans j'ai contracté l'habitude de la vie studieuse ; le travail de l'esprit est devenu pour moi un véritable besoin même dans mes maladies, et mes plus doux plaisirs je les ai trouvés dans la méditation, dans ces moments paisibles où l'âme contemple avec admiration la magnificence du spectacle de la nature, où lorsque, repliée sur elle-même, elle semble s'écouter en silence, peser à la balance du bonheur la vanité des grandeurs humaines, percer le sombre avenir, chercher l'homme au-delà du tombeau et porter une inquiète curiosité sur ses destinées éternelles.

À part le petit nombre d'années que j'ai consacrées à l'exercice de la médecine, j'en ai passé vingt-cinq dans la retraite, à la lecture des meilleurs ouvrages de science et de littérature, à l'étude de la nature, à des recherches profondes et dans la méditation.

Je crois avoir épuisé à peu près toutes les combinaisons de l'esprit humain sur la morale, la philosophie et la politique pour en recueillir les meilleurs résultats. J'ai huit volumes de recherches métaphysiques, anatomiques et physiologiques sur l'homme. J'en ai vingt de découvertes sur les différentes branches de la physique ; plusieurs sont publiés depuis longtemps, les autres sont dans mes cartons. J'ai porté dans mon cabinet le désir sincère d'être utile à l'humanité, un saint respect pour la vérité, sentiment des bornes de l'humaine sagesse, et ma passion dominante de l'amour de la gloire ; c'est elle seule qui a décidé du choix des matières que j'ai traitées et qui m'a fait constamment rejeter tout sujet sur lequel je ne pouvais pas me promettre d'arriver au vrai, à de grands résultats, et d'être original, car je ne puis me résoudre à remanier un sujet bien traité ni à ressasser les ouvrages des autres.

J'oserais me flatter de n'avoir pas manqué mon but à en juger par l'indigne persécution que n'a cessé de me faire pendant dix années l'Académie Royale des Sciences lorsqu'elle se fut assurée que mes découvertes sur la lumière renversaient ses travaux depuis un siècle, et que je me souciai fort peu d'entrer dans son sein. Comme les d'Alembert, les Caritat, les Leroi, les Meunier, les Lalande, les Laplace, les Monge, les Cousin, les Lavoisier et les charlatans de ce corps scientifique voulaient être seuls sur le chandelier et qu'ils tenaient dans leurs mains les trompettes de la renommée, croira-t-on qu'ils étaient parvenus à déprécier mes découvertes dans l'Europe entière, à soulever contre moi toutes les sociétés savantes et à me fermer tous les journaux au point de n'y pouvoir même faire annoncer le titre de mes ouvrages, d'être forcé de me cacher, et d'avoir un prête-nom pour leur faire approuver quelques-unes de mes productions ?

Je gémissais depuis cinq ans sous cette lâche oppression lorsque la révolution s'annonça par la convocation des États Généraux. J'entrevis bientôt où les choses en viendraient et je commençai à respirer dans l'espoir de me voir confier enfin l'humanité vengée, de concourir à rompre ses fers et de me mettre à ma place.

Ce n'était encore là qu'un beau rêve ; il fut à la veille de s'évanouir : une maladie cruelle me menaçait d'aller l'achever dans la tombe. Ne voulant pas quitter la vie sans avoir fait quelque chose pour la liberté, je composai l'*Offrande à la Patrie* sur un lit de douleur. Cet opuscule eut beaucoup de succès ; il fut couronné par la société patriotique du Caveau et le plaisir que j'en ressentis fut la principale cause de mon rétablissement.

Rendu à la vie, je ne m'occupai plus que des moyens de servir la cause de la liberté.

Je ne tardai pas à m'indigner de la mauvaise foi de Necker et de ses efforts criminels pour rendre illusoire la double représentation et arrêter la réforme du gouvernement qu'il avait provoquée.

Je ne tardai pas non plus à m'indigner du manque de zèle des députés du peuple et de la tiédeur de leurs efforts contre les ordres privilégiés qui voulaient dissoudre les États Généraux. Craignant qu'ils ne manquassent de vues ou de moyens, je publiai mon *Plan de constitution* après avoir été pendant six semaines en relation avec ceux qui passaient alors pour les plus chauds patriotes, Chapelier, Sieyès, Rabaud, Barnave, Duport, etc. ; mais j'eus bientôt lieu de reconnaître que leur nullité apparente tenait à toute autre cause qu'à un défaut de lumières et je sentis qu'il fallait bien plus travailler à combattre les vices que les erreurs. Cela ne pouvait se faire qu'au moyen d'une feuille journalière où l'on ferait entendre le langage de l'austère vérité, où l'on rappellerait aux principes le législateur, où l'on démasquerait les fripons, les prévaricateurs, les traîtres, où l'on dévoilerait tous les complots, où l'on éventerait tous les pièges, où l'on sonnerait le tocsin à l'approche du danger.

J'entrepris donc *L'Ami du Peuple* ; on connaît les succès de cette feuille, les coups terribles qu'elle a portés aux ennemis de la révolution et les persécutions cruelles qu'elle a attirées à son auteur.

En portant mes regards sur l'Assemblée Nationale, j'avais bien compris que, composée comme elle l'était en majeure partie d'ennemis de la liberté, il était impossible qu'elle travaillât sincèrement à la faire triompher ; aussi démontrai-je la nécessité d'en exclure les nobles, les prélats, les bénéficiers, les robins, les financiers, les créatures de la cour et les suppôts de la chicane. Les voyant sans cesse machiner en secret pour arrêter la constitution, attendre les événements pour la renverser et feindre d'y travailler loyalement dans les seuls temps de crise, je ne cessai de revenir sur la nécessité indispensable de purger le Sénat national par la proscription de ces ennemis publics de tous les emplois de confiance. Et si, poussé au désespoir à la vue de leurs attentats, de leurs complots sans cesse renaissants et à l'ouïe des meurtres et des massacres de tant de patriotes qu'ils ont fait égorger, l'indignation m'a enfin arraché cette triste vérité qu'il n'y avait point de liberté, de sûreté et de paix à espérer pour nous que ces lâches machinateurs ne fussent retranchés du nombre des vivants, c'est lorsque j'ai été bien convaincu que leur mort était le seul moyen d'assurer le salut public : vérité si bien sentie par tous les peuples qui ont rompu leurs fers que c'est par le sacrifice des ennemis de la liberté qu'ils ont commencé leurs révolutions.

Depuis que j'ai pris la plume pour la défense de la patrie, on n'a jamais pris la peine de réfuter mes opinions, mais chaque jour on a publié contre moi une multitude de libelles atroces. Ceux que le gouvernement a fait imprimer pour contre-balancer l'influence de ma feuille et me diffamer ne tiendraient pas dans l'église Notre-Dame. Qu'ont-ils produit ? Rien, que d'enrichir les libellistes et les imprimeurs. Quant à moi, ils ne m'ont pas fait perdre une ombre de popularité pour ceux qui peuvent m'entendre et qui savent lire.

Je sais bien que mes écrits ne sont pas faits pour rassurer les ennemis de la patrie ; les fripons et les traîtres ne craignent rien tant que d'être démasqués. Aussi le nombre des scélérats qui ont juré ma perte est-il prodigieux. Forcés de couvrir leurs ressentiments, leurs basses vengeances, leur soif de mon sang du manteau de l'amour de l'humanité, du respect pour les lois, ils vomissent du matin au soir contre moi mille impostures atroces et ridicules. Les seules qui ont trouvé des dupes et qu'ils ne se lassent point de répéter, c'est que je suis un cerveau brûlé, un fou atrabilaire ou bien un monstre sanguinaire, ou bien un scélérat soudoyé. Je ne daignerais pas repousser ces absurdes calomnies si un grand nombre de mes collègues encore égarés sur mon compte par des scélérats intéressés n'attendaient de moi une réponse victorieuse. Je puis la leur donner.

Qu'ils lisent les écrits que j'ai publiés au commencement de la révolution, l'*Offrande à la Patrie*, mon *Plan de Constitution*, mon *Code de Législation criminelle* et les cent premiers numéros de *L'Ami du Peuple*, et qu'ils me disent dans quel ouvrage renommé par la sagesse et la philanthropie ils trouvent plus de ménagement, de prudence, de modération, d'amour des hommes, de la liberté et de la justice.

Ils me font un crime d'avoir demandé la tête des traîtres et des conspirateurs. Mais ne les ai-je jamais voués, ces scélérats, aux vengeances du peuple que lorsqu'ils bravaient impunément le glaive de la justice et que les ministres des lois n'étaient occupés qu'à leur assurer l'impunité ? Et puis, où est donc le si grand crime que d'avoir demandé cinq cents têtes criminelles pour en épargner cinq cent mille innocentes ? Ce calcul n'est-il pas un trait de sagesse et d'humanité ?

Ils m'accusent d'être un scélérat vendu. Mais je pouvais amasser des millions en vendant simplement mon silence et je suis dans la misère ; j'ai perdu par la révolution mon état, les restes de ma fortune et il me reste pour patrimoine deux mille écus de dettes que m'ont laissées les fripons à qui j'avais donné ma confiance, qui ont abusé de mon nom et qui m'ont dépouillé.

J'ai développé mon âme tout entière à ceux de mes honnêtes collègues qui semblent ne demander qu'à me connaître à fond pour se rapprocher de moi et travailler enfin au bien du peuple trop longtemps oublié par les cruelles dissensions qui règnent dans l'Assemblée. Je suis prêt à toutes les condescendances qui ne compromettent point le salut public, les droits et les intérêts de la nation ; je n'exige de leur part que de la bonne foi : qu'ils disent un mot et je suis prêt à me concerter avec eux sur les moyens d'assurer la liberté, la paix et le bonheur de la nation. Je ne demande pas mieux que de poser le fouet de la censure pour la règle du législateur, mais si, abusant de ma confiance, ils ne voulaient qu'enchaîner ma plume, qu'ils sachent qu'elle ne le serait qu'un instant ; je m'empresserai de les marquer du sceau de l'opprobre et ils seraient mes premières victimes car je ne consentirai jamais à tromper le peuple.

Journal de la République française,
n° 98, du lundi 14 janvier 1793.

ANNEXE III

Pièces à conviction

*Dossiers du procès criminel de
Marie-Anne-Charlotte de Corday d'Armont
devant le Tribunal révolutionnaire*

Extraits des Archives impériales
publiés par Charles Vatel, avocat

(premier dossier, n° 19 à 26)

N • 19

EXTRAIT DE BATÊME DE Mlle DE CORDAY.

Extrait *du registre des baptêmes, mariages et sépultures de l'Eglise Paroissiale de Saint-Saturnin des Lignerits, Diocèse de Sées.*

Ce vingt-huit de juillet mil sept cent soixante-huit par nous soussigné Curé, a été baptisée Marie–Anne–Charlotte, née d'hier du légitime mariage de Messire Jacques-François de Corday, Ecuyer Seigneur d'Armont et de noble Dame Marie-Jacqueline de Gautier, son épouse, le parain Messire Jean–Baptiste Alexis de Gautier, Ecuyer Seigneur de Mesnival, la maraine noble Dame Françoise-Marie-Anne Levaillant de Corday, le père présent.

> Ont signés : Levaillant de Corday.
> Gautier de Mesnival.
> Corday d'Armont.
> J.-L. Pollard, *curé* de
> cette paroisse des Lignerits.

Nous soussigné certifions le présent conforme à l'original. En foy de quoy nous avons signé :

> J.-Pollard,
> curé des Lignerits.

Ce 8 mai mil sept cent quatre-vingt-deux.

N.º 20.

PASSEPORT DE M.ˡˡᵉ DE CORDAY.

PATRIE. — LIBERTÉ. — ÉGALITÉ.

DÉPARTEMENT DU CALVADOS.

(District de Caën).

Laissez passer la citoyenne *Marie Corday*, natif du *Mesnil-Imbert*, domicilié à *Caën*, municipalité *de Caën*, district *de Caën*, département du *Calvados*, âgé de 24 *ans*, taille de *cinq pieds un pouce*, cheveux et sourcils *châtains*, yeux *gris*, front *elevé*, nez *longe*, bouche *moyenne*, menton *rond*, *fourchu*, — visage *oval*.

Prêtez lui aide et assistance en cas de besoin, dans la route quil va faire pour aller à *Argentan*.

Delivré en la Maison Commune de Caën, le 8 avril 1793, l'an II de la République Française, par nous *Fossey l'aîné*, Officier Municipal.

Expedié par nous, Greffier soussigné, et a le dit citoyenne Corday, signé :

Marie Corday.

Heni, greffier.

On lit au dos. — *Vu en la Maison Commune de Caën pour aller à Paris.*

Le 23 avril 1793, l'an II de la République.

Enguellard, officier-municipal.

N.º 24.

LETTRE DE BARBAROUX A DU PERRET.

Caen, le 7 juillet 1793, l'an de la République,
une et indivisible.

Je t'adresse, mon cher et bon ami, quelques ouvrages intéressants qu'il faut répandre.

L'ouvrage de Salles, sur la Constitution, est celui qui, dans ce moment, produira le plus grand effet ; je t'en enverrai par la 1.ᵉ occasion bon nombre d'exemplaires.

Je t'ai écrit par la voye de Rouen, pour t'intéresser à une affaire qui regarde une de nos concitoyennes ; il s'agit seulement de retirer du Ministère de l'intérieur des pièces que tu me renverras à Caen. La citoyenne qui porte ma lettre s'intéresse à cette même affaire, qui m'a paru tellement juste, que je n'ai pas hésité d'y prendre la plus vive part. Adieu, je t'embrasse et salue tes filles, Marion et les amis. Donne moi des nouvelles de ton fils. Ici tout va bien, nous ne tarderons pas à être sous les murs de Paris.

(La Lettre ne porte pas de signature.)

En tête, on lit écrit de la main de Du Perret :

Je certifie que c'est la lettre de Barbaroux.

LAUZE DE PERRET.

Au pied de la lettre :

Ne varietur : — François CHABOT.

N.° 22.

ADRESSE DE L'HOTEL DE LA PROVIDENCE.

> Madame GROLLIER,
>
> Tient l'Hôtel de la Providence,
>
> *Rue des Vieux-Augustins, N°* 19,
> *près la Place de la Victoire-*
> *Nationale.*
>
> On y trouve des Appartements meublés,
> à tout prix.
> *Corday.*
>
> *A PARIS.*

Cette carte fut remise par Charlotte de Corday, à Du Perret, pour lui faire savoir où elle demeurait. — Elle est signée au crayon du nom de *Corday.*

Au dos on lit la signature : *Lauze de Perret,* signature qui fut apposée par ce dernier lorsqu'il déposa la pièce sur le bureau de la Convention.

N.° 23.

ADRESSE DE MARAT.

Cette adresse avait été écrite par Charlotte de Corday, au crayon, et laissée par elle dans sa chambre; elle fut trouvée lors de la perquisition faite à l'hôtel de la Providence. (V. ci-dessus, n.° 2, p. 8.) Elle ne contient que ces mots :

> Faubourg Saint-Germain, rüe des Cordeliers,
> à l'entrée.

Au dos on lit les signature de : ·

> ROUSSET, CAVANAGH, FIOT, BRUNOT,
> et AUFAUVRE, secretaire-greffier.

N.° 24.

LETTRE DE CHARLOTTE DE CORDAY A MARAT (1).

Je vous ai écrit ce matin, Marat, avés vous reçu ma lettre, puis je espérer un moment d'audience, si vous l'avés reçue, j'espère que vous ne me refuserés pas, voyant combien la chose est intéressante, suffit que je sois bien malheureuse pour avoir droit à votre protection.

(Cette lettre ne porte pas de signature).

On lit au dos :

Au Citoyen Marat,

Faubourg Saint-Germain, rue des Cordeliers,
A Paris.

Au bas est écrit :

La présente n'a point été remise à son adresse, devenue inutile par l'admission de l'assassin, à sa deuxième présentation, vers les sept heures et demie de relevée, à laquelle elle a commencé son forfait.

Signé GUELLARD.

---

(1) L'original de la première lettre que Charlotte adressa par la poste à Marat, n'existe pas au dossier : voici cette lettre, telle qu'elle fut lue par Chabot à la Convention et insérée dans la *Gazette Nationale* (*Moniteur* alors non officiel), n.° 197, du mardi 16 juillet 1793.

« Je viens de Caën. Votre amour pour la Patrie doit vous faire désirer de connoitre les complots qu'on y médite. J'attends votre réponse. »

Chabot n'énonce aucune signature ; il semble cependant, par la teneur même de la lettre, que mademoiselle de Corday avait dû indiquer son adresse, puisqu'elle écrivait par la poste et demandait une réponse.

N.º 25.

ADRESSE AUX FRANÇAIS AMIS DES LOIX ET DE LA PAIX.

« Jusqu'à quand, ô malheureux Français, vous plairés vous dans le trouble et les divisions, assés et trop long temps des factieux et des scélérats ont mis l'intérest de leur ambition à la place de l'intérest générale, pourquoi, ô infortunés (1) victime de leur fureur, pourquoi vous égorger, vous anéantir vous même pour établir l'édifice de leur tyrannie (2) sur les ruines de la France désolée (3).

« Les factions éclatent de toutes parts; la Montagne triomphe par le crime et par l'oppression; quelques monstres, abreuvés de notre sang conduisent ses détestables complots (4) et nous mènent au précipice par mille chemins divers.

« Nous travaillons à notre propre perte avec plus d'énergie que l'on n'en mit jamais à conquérir la Liberté! O Français, encore un peu de temps, et il ne restera de vous que le souvenir de votre existence!

« Déjà les départements indignés marchent sur Paris; déjà le feu de la *Discorde* et de la guerre civile embrâse la moitié de ce vaste Empire, il est encore un moyen de l'éteindre, mais ce moyen doit être prompt. Déjà le plus vil des scélérats, Marat, dont le nom seul présente l'image de tous les crimes, en tombant sous le fer vengeur, ébranle la Montagne et fait pâlir Danton et Robespierre, les autres brigands assis sur ce trône sanglant, environnés de la foudre, que les Dieux vengeurs de l'humanité ne suspendent sans doute que pour rendre leur chûte plus éclatante, et pour effrayer tous ceux qui seraient tentés d'établir leur fortune sur les ruines des peuples abusés!

« Français! vous connaissés vos ennemis, levés vous! marchés! que la Montagne anéantie ne laisse plus que des frères et des amis! J'ignore si le ciel nous réserve un Gouvernement républicain, mais il ne peut nous donner un Montagnard pour maître que dans l'excès de ses vengeances......

« O France, ton repos dépend de l'exécution de la loi, je n'y porte point atteinte en tuant Marat, condamné par l'univers, il est hors la loi.... quel tribunal me jugera? Si je suis coupable, Alcide l'était donc lorsqu'il détruisait les monstres (1); mais en rencontra-t-il de si odieux? O amis de l'humanité, vous ne regretterés point une bête féroce engraissés de votre sang, et vous tristes Aristocrates que la Révolution n'a pas assés ménagés, vous ne le regretterés pas non plus, vous n'avez rien de commun avec lui.

« O ma patrie! tes infortunes déchirent mon cœur, je ne puis t'offrir que ma vie, et je rends grâce au ciel de la liberté que j'ai d'en disposer; personne ne perdra par ma mort, je n'imiterai point Pâris en me tuant, je veux que mon dernier soupir soit utile à mes concitoyens, que ma tête, portée dans Paris, soit un signe de ralliement pour tous les amis des loix, que la Montagne chancelante voye sa perte écrite avec mon sang, que je sois leur dernière victime, et que l'univers vengé déclare que j'ai bien mérité de l'humanité, au reste, si l'on voyait ma conduite d'un autre œil, je m'en inquiétte peu.

> « Qu'à l'univers surpris, cette grande action
> « Soit un objet d'horreur ou d'admiration,
> « Mon esprit, peu jaloux de vivre en la mémoire,
> « Ne considère point le reproche ou la gloire:
> « Toujours indépendant et toujours citoyen,
> « Mon devoir me suffit, tout le reste n'est rien.
> « Allés, ne songés plus qu'à sortir d'esclavage!.. (1).

Mes parents et amis ne doivent point être inquiettés, personne ne savait mes projets. Je joins mon extrait de Baptème à cette Adresse pour montrer ce que peut la plus foible main conduite par un entier dévouement. Si je ne réussis pas dans mon entreprise, Français, je vous ai montré le chemin, vous connaissés vos ennemis, levés vous, marchés et frappés. »

N.° 26.

LETTRE DE CHARLOTTE DE CORDAY AU COMITÉ DE SURETÉ GÉNÉRALE.

Du 15 juillet 1793, 2.° de la République.

Citoyens composant le Comité de sûreté générale,

Puisque j'ai encore quelques instants à vivre, pourais-je, espérer, Citoyens, que vous me permettrés de me faire peindre, je voudrais laisser cette marque de mon souvenir à mes amis, d'ailleurs comme on chérit l'image des Bons Citoyens, la curiosité fait quelquefois rechercher ceux des grands criminels, ce qui sert à perpétuer l'horreur de leurs crimes, si vous daignés faire attention à ma demande, je vous prie de m'envoyer demain un peintre en mignature, je vous renouvelle celle de me laisser dormir seüle, croyés je prie à toute ma Reconnoissance.

Marie CORDAY.

J'entends sans cesse crier dans la rüe l'arrestation de Fauchet, mon complice, je ne l'ai jamais vu que par la fenètre, et il y a plus de deux ans, je ne l'aime ny ne l'estime, je lui ai toujours cru une imagination exaltée et nulle fermeté de caractère; c'est l'homme au monde à qui j'aurais le moins volontiers confié un projet, si cette déclaration peut lui servir, j'en certifie la vérité.

CORDAY.

(Premier dossier n° 19 à 26)

ANNEXE IV

Procès-verbal d'exécution de mort du 17 juillet 1793
(six heures et demi du soir)

Dossiers du procès criminel de
Marie-Anne-Charlotte de Corday d'Armont
devant le Tribunal révolutionnaire

Extraits des Archives impériales
publiés par Charles Vatel, avocat

(deuxième dossier, n° 21)

N° 31.

PROCES-VERBAL D'EXÉCUTION DE MORT.

L'an mil sept cent quatre-vingt-treize deuxième de la République Française,

Le dix-sept juillet six heures et demie du soir,

A la requête du citoyen Accusateur Public près le Tribunal rciminel extraordinaire et révolutionnaire, établi à Paris par la Loi du 10 mars 1793, sans aucun recours au Tribunal de Cassation, lequel fait élection de domicile au Greffe du dit Tribunal séant au Palais,

Nous, huissiers audienciers au dit Tribunal, demeurant à Paris, soussignés,

Nous sommes transportés en la Maison de Justice du dit Tribunal, pour l'exécution du jugement rendu par le Tribunal

Ce jourd'huy contre la nommée Marie-Anne-Charlotte Corday *ci devant* DORMANT,

Qui la condamne à la peine *de mort* pour les causes énoncées au dit jugement et de suite l'avons remis à l'Exécuteur des Jugements criminels et à la gendarmerie, qui l'ont conduite *sur la place de la Révolution de cette ville,* où sur un Echaffaud dressé sur la dite place, la ditte *Marie-Anne-Charlotte* Corday

A en notre présence, subi la peine de mort, et de tout ce que dessus avons fait et rédigé le présent Procès-Verbal, pour servir et valoir ce que de raison, dont acte.

MONET.   TIRRAZ.

Enregistré gratis à Paris, le 20 juillet 1793. — Breuve.

ANNEXE V

Fac-similé de la lettre à Barbaroux, écrite par
Charlotte de Corday à la prison de l'Abbaye,
le lundi 15 juillet 1793, puis achevée à la Conciergerie
le 16 juillet 1793, publié par Charles Vatel
dans les *Dossiers du procès criminel de
Marie-Anne-Charlotte de Corday d'Armont
devant le Tribunal révolutionnaire,*
avec un important commentaire :
« Note et renseignements
sur le fac-similé de la lettre
de Charlotte de Corday à Barbaroux »

aux prisons de labaïe dans la Cidevant Chambre
de Briest le second jour de la preparation
a la paix S'epage Corday
Marianne

vous avez desiré Citoyen le detail de mon voyage, je ne
vous ferai point grâce de la moindre anecdote, jetais avec
de bons montagnard que je laissi parla tout leur Content
et leurs propos aussi sots que leur personnes etaient desagre
=able, ne servirent pas peu a mendormir, je me reveillé
pour ainsi dire qu'a paris, un de nos voyageurs qui aime
sans doute les femmes Dormante, ne prit pour la fille
d'un de ses anciens amis, me Supposa une fortune que
je nai pas, me donna un nom que je navois jamais
entendu, et enfin m'offrit Sa fortune et Sa main, quand
je fus ennuyé de Ses propos = nous jouons parfaitement
la Comedie lui dis-je il est malheureux avec autant de
talent de navoir point de Spectateur je vais Chercher
nos Compagnons de voyage pour quils prenne leur part
du Divertissement je le laissi de bien mauvaise humeur
la nuit il Chanta Des Chansons plaintive propre a
exciter le sommeil, je le quittai enfin a paris refusant de
lui Donner mon adresse ny Celle de mon pere a qui

il voulait me Remander, il me quitta de bien quoiquair humain
ijgnorais que Ses messieurs eussent interogé les Songeurs, courai
Sontiens ne les Connaître aucuns pour ne point leur donner le
desagrement de Sexpliquer, je puisais en Cela mon oracle
Nairal qui Dit quon ne Doit pas la verité a Ses tyrans
Cest par la voyageurs qui était avec moi quils on su que
je vous Connaissais et que javais parlé a Duperret, vous
Conaissés lâme ferme de Duperret il leur a repondu la verité
verité, jai Confirmé Sa Déposition par la mienne, il ny a
rien Contre lui, mais Sa fermeté est un Crime, je craigna
je lavoüé quon ne decouvrit que je lui avais parlé je
men repentit trop tard, je voulu le Reparer en lengageant
a vous aller Retrouver, il st trop decidé pour Se laisser
engager, Sure de Son innocence st de Celle de tout le
monde, je me decidé a lexecution de mon projet. le
Croiriés vous Fauchet st en prison Comme mon Complice
lui qui ignorait mon existance, mais on nest guere Contes
de navoir quune Femme Sans Conséquence a offrir aux
Mânes de Ce grand homme, pardon ô humains Ce mot
deshonore votre Espèce, Cetait une bête feroce qui allait

devrez le reste de la france, j'y parle foi de la guerre
libté, maintenant vive la paix, autant il n'était pas
né français, quatre membre, je trouverai à mon premier
interrogatoire, Chabot avait bien d'un y... le gendre voulait
m'avoir vue le matin Chés lui; moi qui n'ai jamais jugé
a cet homme, je ne lui crois pas d'assez grands moyens
pour être le tyran de son pays, et je ne prétendais pas
punir tout le monde, tous Ceux qui me voyaient pour
la première fois prétendaient me Connaître de long tems.
je crois que l'on a imprimé les dernières paroles de marat
je doute qu'il en ait proféré, mais voila les dernières qu'il
m'a dites, après avoir écrit vos noms à tous et Ceux des
administrateurs du Calvados qui sont à Evreux il me dit
pour me Consoler que dans peu de jours il vous ferait
tous guillotiné à paris, Ces derniers mots décideront de son
Sort, si le departement met sa figure vis a vis Cela de
St. fargeau il pourra faire graver ses paroles en lettres
d'or, je ne vous ferai aucun Detail sur le grand evennement
les journeaux vous en parleront, j'avoüe que Ce qui nous
Decidés tout à fait C'est le Courage avec lequel nos volontaires

Je Sont arollés Dimanche 7 juillet, auriez vous Songrees Comme
jen etirient l'homme, et je me promettais bien de faire
reputtir petion des Soupçons quil manifestor fur mes Sentimens
= est-ce que vous fries fachés fils ne portaient pas me dit-il
enfin donc jai Considéré qua tant de mizares gens venant pour
avoir la tête d'un feul homme quils auraient marqué, ou
qui aurait entrainé Dans fa perte beaucoup de bons Citoyens
il ne meritait pas tout l'honneur, fufinait de la main
d'une femme, jamais que jai employé un artifice perfide
pour l'attirer à moi recevoir tous les moyens font bons dans
une telle Circonstance, je Comptais en partant de Caen le
Sacrifier fur la Cime de fa montagne, mais il eallait plus a
la Convention, je voudrais avoir Consevir votre lettre on aurait
mieux Connu que je n'avais pas de Complice, enfin Cela
feclaircira, nous Sommes fi bons republicains a péri que l'on
ne Concoit pas Comment une femme inutile Dont la plus
Longue vie ferait bonne a rien peut Je Sacrifier de fang
froy pour Sauver tout fon pays, je m'attendais bien a
mourir Dans l'instant, des hommes Courageux et vrayement
au Defus de toute eloge m'ont presevir de la fureur

...secourable des malheureux que j'avais faits l'ordre
...de sang froy je souffris des montane très de quelque,
j'aime, mais qui sauve la patrie ne s'apercoit point de
ce qu'il en coûte, puisse la paix s'établir aussi tôt que
je la désire, voila un grand préliminaire, sans cela nous en
laurions jamais su, je jouis délicieusement de la paix depuis
deux jours, le bonheur de mon pays fait le mien, il n'est
point de dévouement dont on ne retire plus de jouissance
qu'il n'en coûte a s'y décider, je ne doute pas que l'on ou
tourmente un peu mon père qui a déjà bien afisi de
ma perte pour l'affliger, s'il y trouve ses lettres, la
plupart sont son portrait. s'il se trouvait quelques
plaisanteries sur votre compte je vous prie de mes la passo
je suivais la légereté de mon caractère, dans sa dernière
lettre je lui faisais croire que redoutant les horreurs de
la guerre civile je me retirois en angleterre, alors
projet était de garder l'incognito de tuer marat publiquement
et mourant aussi tôt laisser les parisiens chercher inutilement
mon nom, je vous prie citoyen vous et vos collègues de
prendre la défense de mes parens et amis si on les inquiétait

369

je ne dis rien a mes Chers amis aristocrates, je conserve leur
souvenir dans mon Coeur, je n'ai jamais hai personne ...
et j'ai fait voir avec quelle violence, monsieur, mais il s'est ...
que j'aime encore plus que je ne le haissais, une imagination
vive un coeur sensible promettent une vie bien orageuse
je prie ceux qui me regretterais de le Considérer et ils se
réjouiront de me voir jouir du Repos dans les Champs
Elisées avec Brutus et quelques anciens, pour les modernes
il est peu de vrays patriotes qui sachent mourir pour leur
pays presque tout est égoisme, quel triste peuple pour
fonder une République, il faut du moins fonder la paix
et le gouvernement viendra comme il pourra, du moins ...
ne sera pas la montagne qui régnera, je ... mon écrit
je suis on ne peut mieux dans ma prison, les Concierges sont
les meilleurs gens possible, on m'a donné des gendarmes
pour me préserver de l'ennui, j'ai trouvé Cela fort bien pour
le jour et fort mal pour la nuit, je me suis plainte de
Cette indécence le Comité n'a pas jugé a propos d'y faire
attention je Crois que c'est de l'invention de Chabot, il n'y
a qu'un Capucin qui puisse avoir ses idées, je passe
mon tems a écrire des Chansons, je donne le dernier

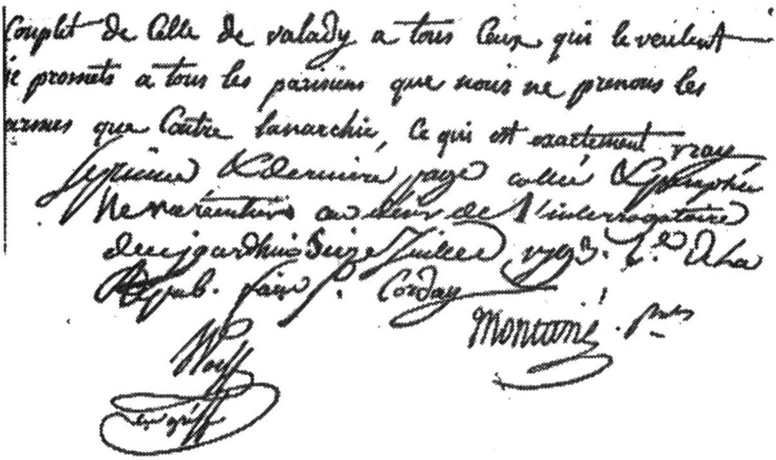
complet de Celle de valady a tous Ceux qui le veulent
je promets a tous les parisiens que nous ne prenons les
armes que Contre lanarchie, Ce qui est exactement vray
Le présent et dernière page collé et paraphé
ne varietur au désir de l'interrogatoire
d'aujourd'hui seize Juillet 1793. l'an 2 de la
Républ. fran. C. Corday
Montané prés.
Wolff
com. greffier

ici l'on m'a transferée a la Conciergerie, & les messieurs du grand
jury m'ont promis de vous envoyer ma lettre, je l'intitule dans
j'ai mis un long interrogatoire, je vous prie de vous le procurer
s'il devient publique, j'avais une adresse, sur moi lors de mon
arestation que accise de la paix je ne puis vous l'envoyer je
demanderai la publication je crois bien ensuite, j'avais eu une idée
hier au soir, de faire hommage de mon portrait au departement
du Calvados, mais le Comité de salut publique a qui je l'aurais
demandé ne m'a point repondu, & maintenant il est trop tard
je vous prie Citoyen de faire part de ma lettre au Citoyen
Morisson Procureur g.t syndic du dep.t je ne la lui adresse pas
pour plusieurs raisons d'abord je ne suis pas sure que dans ce
moment il soit a Evreux je crains de plus quittant naturellement
timide il ne soit afligé de ma mort je le crois Cependant assés
bon Citoyen pour se consoler par l'espoir de la paix je sais
Combien il la desire & j'espere qu'en la facilitant j'ai rempli
ses voeux, si quelques amis demandaient communication de cette
lettre je vous prie de ne la refuser a personne, il peut en
defenseur c'est la regle, j'ai pris le mien, sur la montagne
C'est quitour d'ouleur, j'imagine qu'il refusera Cet honneur
Cela ne lui donnait Cependant guere d'ouvrage, j'ai peur

372

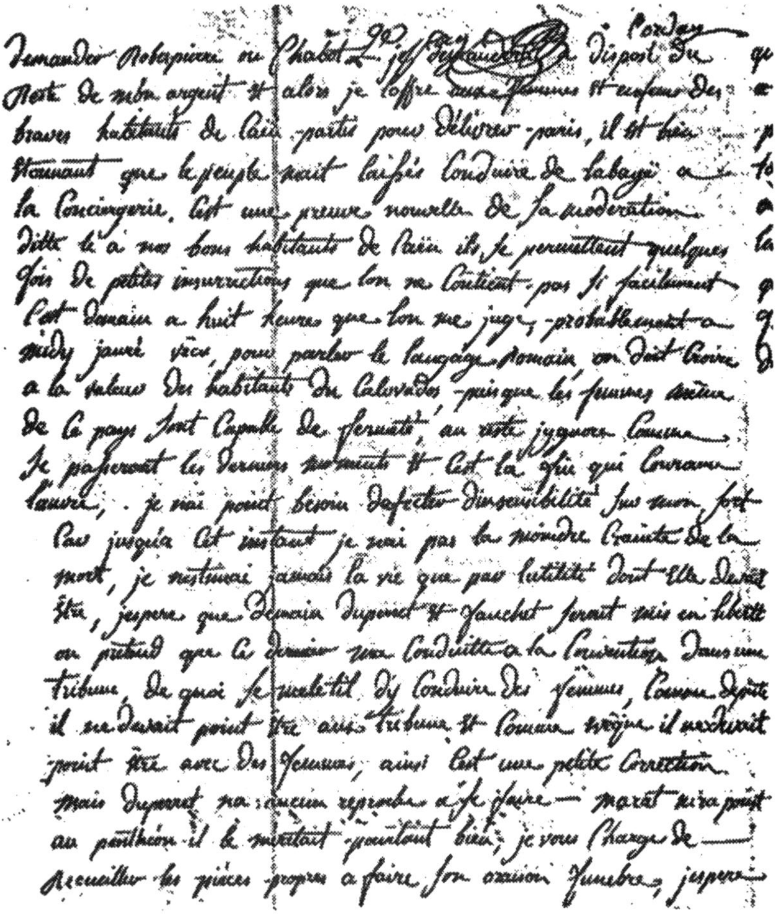

que vous n'abandonnerez point l'affaire de M. forbin, voici son
adresse s'il est besoin de lui écrire. alexandrine forbin a Mandrin
par zurich en suisse. je vous prie de lui Dire que je l'aime de
tout mon coeur, je vais écrire un mot a papa je ne dis rien
à mes autres amis, je ne leurs demande qu'un prompt oubli,
leur affliction deshonoreroit ma mémoire, Dittes au general wimpfen
que je crois lui avoir aidé a gagner plus d'une bataille, en lui
facilitant la paix, adieu citoyen je me Recommande au souvenir
des vrays amis de la paix.

les prisonniers de la Conciergerie loin de m'injurier Comme leur des
nèrs, avaient l'air de me plaindre, le malheur rend toujours
Compatissant, c'est ma Dernière Réflexion.

Mardy 16 a huit
heures du soir.

Au Citoyen Marbarour deputé a la Convention
nationale, Refugié a Caën Rue des Carmes hotel de
l'intendance.

Ecrite et dernière page par Cette Corday
Ceux du Jury ont déterminé de ...
St Lelas? ... par nous Pt ... Lagrofe
Corday

374

ANNEXE VI

ODE À MARIE-ANNE-CHARLOTTE CORDAY
par André CHÉNIER

ODE À MARIE-ANNE-CHARLOTTE CORDAY

Quoi ! tandis que partout, ou sincères ou feintes,
Des lâches, des pervers, les larmes et les plaintes
Consacrent leur Marat parmi les immortels ;
Et que, prêtre orgueilleux de cette idole vile,
Des fanges du Parnasse, un impudent reptile
Vomit un hymne infâme au pied de ses autels ;

La Vérité se tait ! Dans sa bouche glacée,
Des liens de la peur sa langue embarrassée
Dérobe un juste hommage aux exploits glorieux !
Vivre est-il donc si doux ? De quel prix est la vie,
Quand sous un joug honteux la pensée asservie,
Tremblante, au fond du cœur se cache à tous les yeux ?

Non, non, je ne veux point t'honorer en silence,
Toi qui crus par ta mort ressusciter la France,
Et dévouas tes jours à punir des forfaits.
Le glaive arma ton bras, fille grande et sublime,
Pour faire honte aux Dieux, pour réparer leur crime,
Quand d'un homme à ce monstre ils donnèrent les traits.

Le noir serpent sorti de sa caverne impure,
A donc vu rompre enfin sous ta main ferme et sûre
Le venimeux tissu de ses jours abhorrés !
Aux entrailles du tigre, à ses dents homicides,
Tu vins redemander et les membres livides,
Et le sang des humains qu'il avait dévorés !

Son œil mourant t'a vue, en ta superbe joie,
Féliciter ton bras, et contempler ta proie.
Ton regard lui disait : « Va, tyran furieux,
Va, cours frayer la route aux tyrans tes complices.
Te baigner dans le sang fut tes seules délices ;
Baigne-toi dans le tien et reconnais tes Dieux. »

La Grèce, ô fille illustre, admirant ton courage,
Epuiserait Paros, pour placer ton image
Auprès d'Harmodios, auprès de son ami ;
Et des chœurs sur ta tombe, en une sainte ivresse,
Chanteraient Némésis, la tardive Déesse,
Qui frappe le méchant sur son trône endormi.

Mais la France à la hache abandonne ta tête,
C'est au monstre égorgé qu'on prépare une fête,
Parmi ses compagnons, tous dignes de son sort.
Oh ! quel noble dédain fit sourire ta bouche,
Quand un brigand, vengeur de ce brigand farouche,
Crut te faire pâlir aux menaces de mort !

C'est lui qui dut pâlir ; et tes juges sinistres,
Et notre affreux sénat, et ses affreux ministres,
Quand, à leur tribunal, sans crainte et sans appui,
Ta douceur, ton langage et simple et magnanime,

Leur apprit qu'en effet, tout puissant qu'est le crime,
Qui renonce à la vie est plus puissant que lui.

Longtemps, sous les dehors d'une allégresse aimable,
Dans ses détours profonds ton âme impénétrable
Avait tenu cachés les destins du pervers.
Ainsi, dans le secret amassant la tempête,
Rit un beau ciel d'azur, qui cependant s'apprête
À foudroyer les monts, et soulever les mers.

Belle, jeune, brillante, aux bourreaux amenée,
Tu semblais t'avancer sur le char d'hyménée,
Ton front resta paisible, et ton regard serein.
Calme sur l'échafaud, tu méprisas la rage
D'un peuple abject, servile, et fécond en outrage,
Et qui se croit alors et libre et souverain.

La vertu seule est libre. Honneur de notre histoire,
Notre immortel opprobre y vit avec ta gloire,
Seule tu fus un homme, et vengeas les humains.
Et nous, eunuques vils, troupeau lâche et sans âme,
Nous savons répéter quelques plaintes de femme,
Mais le fer pèserait à nos débiles mains.

Non ; tu ne pensais pas qu'aux mânes de la France
Un seul traître immolé suffit à sa vengeance,
Ou tirât du chaos ses débris dispersés.
Tu voulais, enflammant les courages timides,
Réveiller les poignards sur tous ces parricides,
De rapine, de sang, d'infamie engraissés.

Un scélérat de moins rampe dans cette fange.
La vertu t'applaudit. De sa mâle louange
Entends, belle héroïne, entends l'auguste voix.
Ô vertu, le poignard, seul espoir de la terre,
Est ton arme sacrée, alors que le tonnerre
Laisse régner le crime, et te vend à ses lois !

NOTES

CHAPITRE PREMIER
Le doux apprentissage de la liberté

1. Sur la généalogie de la famille Corday, depuis le xıᵉ siècle, Xavier Rousseau, *Les de Corday au Pays d'Argentan*, Argentan, Langlois Imprimeur-Éditeur, juillet 1938, p. 13 *sq.*

2. Jean Gourhand, « Sur les pas de Charlotte Corday », *La Revue culturelle de l'Orne*, 1976, p. 34.

3. E. Albert-Clément, *La Vraie Figure de Charlotte Corday*, Paris, Éditions Émile-Paul Frères, 1936.

4. Martial Debriffe, *Charlotte Corday*, Paris, Éditions France-Empire, 2005, p. 10 *sq.*

5. Xavier Rousseau, *op. cit.*, p. 64 *sq.*

6. Charles Vatel décrit le château de Glatigny, cité dans *Les de Corday au Pays d'Argentan, op. cit.*, p. 50 et s.

7. Joseph Shearing, *Charlotte Corday (1768-1793), Jean-Paul Marat, Jean-Adam Lux : trois disciples de Jean-Jacques Rousseau*, Paris, Payot, 1938, p. 16. Traduit de l'anglais par le commandant A. Sallin.

8. *Ibid.*, p. 15.

9. Fonds Vatel, Bibliothèque municipale de Versailles, fascicule 665.

10. Catherine Decours, *La Lettre à Alexandrine*, Paris, Perrin, 1999, p. 51.

11. Martial Debriffe, *op. cit.*, p. 26.

12. Casimir-Perier, « La Jeunesse de Charlotte Corday », *Revue des Deux Mondes*, 1ᵉʳ avril 1862.

13. Catherine Decours, *La Lettre à Alexandrine*, *op. cit.*, p. 64.

14. *Ibid.*, p. 47 *sq.*

CHAPITRE II

À la Sainte-Trinité

1. Joseph Shearing, *Charlotte Corday*, Paris, Payot, 1938, p. 40. Traduit de l'anglais par le commandant A. Sallin.

2. Catherine Decours, *La Lettre à Alexandrine*, Paris, Perrin, 1999.

3. Xavier Rousseau, *Les de Corday au Pays d'Argentan*, Argentan, Langlois Imprimeur-Éditeur, juillet 1938, p. 105.

4. Martial Debriffe, *Charlotte Corday*, Paris, Éditions France-Empire, 2005, p. 40.

5. Joseph Shearing, *op. cit.*, p. 42.

6. Xavier Rousseau, *op. cit.*, p. 105 *sq.*

7. Eugène Defrance, *Charlotte Corday et La Mort de Marat*, Paris, Mercure de France, 1909, p. 37 *sq.*

8. Albert-Émile Sorel, *Charlotte de Corday, une arrière-petite-fille de Corneille*, Paris, Librairie des Annales, 1910, p. 34.

9. Fonds Vatel, Bibliothèque municipale de Versailles, fascicule 665 *sq.*

10. Édouard Herriot, *Dans la forêt normande*, Paris, Librairie Hachette, 1925, p. 253. Georges Lenotre, *Paris révolutionnaire*, Librairie académique Perrin, 1926, p. 222 *sq.*

11. Fonds Vatel, *op. cit.*, fascicule 665.

12. René Trintzius, *Charlotte Corday, 1768-1793*, Paris, Librairie Hachette, 1941, p. 36 et s.

13. Joseph Shearing, *op. cit.*, p. 52 *sq.*

14. René Trintzius, *op. cit.*, p. 38.

15. Joseph Shearing, *op. cit.*, p. 53.

16. Albert-Émile Sorel, *op. cit.*, p. 32.

17. Édouard Herriot, *op. cit.*, p. 253.

18. Catherine Decours, *op. cit.*, p. 99.

19. *Ibid.*, p. 109.

20. *Ibid.*, p. 105.

21. *Ibid.*, p. 112 *sq.*

22. *Ibid.*, p. 113.

23. *Ibid.*, p. 114.

24. *Ibid.*, p. 116-117.

25. *Ibid.*, p. 132.

26. *Ibid.*, p. 134.

27. Albert-Émile Sorel, *op. cit.*, p. 37.

28. Catherine Decours, *op. cit.*, p. 136.

29. Albert-Émile Sorel, *op. cit.*, p. 37. Catherine Decours, *op. cit.*, p. 136.

30. Catherine Decours, *op. cit.*, p. 137-138.

31. E. Albert-Clément, *La Vraie Figure de Charlotte Corday*, Paris, Éditions Émile-Paul Frères, 1936, p. 90 *sq.*

32. Fonds Vatel, *op. cit.*, dossier F 662.

33. E. Albert-Clément, *op. cit.*, p. 99 *sq.*

34. *Ibid.*, p. 108.

35. Xavier Rousseau, *op. cit.*, p. 135. Charles Vatel, *Dossier historique de Charlotte de Corday. La maison de la rue du Bègle à Argentan*, Paris, chez Rouquette et Aubry, 1872.

36. E. Albert-Clément, *op. cit.*

CHAPITRE III
Le docteur Jean-Paul Marat

1. Édouard Herriot, « Un couteau de quarante sous », *Dans la forêt normande*, Paris, Librairie Hachette, 1925, p. 272 *sq.*

2. *Textes choisis de Jean-Paul Marat*, précédés d'une introduction par Lucien Scheler, Paris, Les Éditions de Minuit, 1945, p. 153.

3. Docteur Cabanès, *Marat inconnu*, Paris, Albin Michel, 1911, p. 39.

4. Édouard Herriot, *op. cit.*, p. 275.

5. Docteur G.S. Juskiewenski, *Jean-Paul Marat*, thèse soutenue à Bordeaux, Bordeaux, Imprimerie-Librairie de l'Université, 1933.

6. *Ibid.*, p. 43.

7. Édouard Herriot, *op. cit.*, p. 276-277.

8. Docteur Cabanès, *op. cit.*, p. 61.

9. *Ibid.*, p. 78 *sq.*

10. Édouard Herriot, *op. cit.*, p. 279. Docteur G.S. Juskiewenski, *op. cit.*, p. 44.

11. *Ibid.*, p. 281.

12. *Ibid.*, p. 281.

13. Gérard Walter, *Marat*, Paris, Albin Michel, 1933, p. 25. Olivier Coquard, *Marat,* Paris, Fayard, 1993, p. 122 *sq.*

14. Docteur G.S. Juskiewenski, *op. cit.*, p. 47.

15. Jean-Paul Marat, docteur en médecine, *De la presbytie accidentelle*, 1776, chez l'éditeur Honoré Champion, février 1891.

16. Docteur G.S. Juskiewenski, *op. cit.*, p. 52. Gérard Walter, *op. cit.*, p. 49.

17. Docteur G.S. Juskiewenski, *op. cit.*, p. 50 *sq.*

18. Cf. liste des mémoires académiques dans G.S. Juskiewenski, *op. cit.*, p. 54.

19. Édouard Herriot, *op. cit.*, p. 284 *sq.*

20. Docteur G.S. Juskiewenski, *op. cit.*, p. 56.

21. *Ibid.*, p. 57.

22. *Textes choisis de Jean-Paul Marat, op. cit.*, p. 41 *sq.*

23. Sur le détail de la procédure, Gérard Walter, *op. cit.*, p. 63.

24. Gérard Walter, *op. cit.*, p. 64.

25. Docteur G.S. Juskiewenski, *op. cit.*, p. 62.

26. *Ibid.*, p. 63.

27. Gérard Walter, *op. cit.*, p. 79.

28. Docteur Cabanès, « La Lèpre de Marat », *Le Cabinet secret de l'histoire*, Paris, Albin Michel, 1906, p. 159 *sq.*

29. *Ibid.*, p. 165.

30. *Ibid.*, p. 163 *sq.*

Chapitre IV
Le seul ami du peuple

1. Édouard Herriot, *Dans la forêt normande*, Paris, Librairie Hachette, 1925, p. 291.

2. *Ibid.*, p. 289-290.

3. Gérard Walter, *Marat*, Paris, Albin Michel, 1933, p. 80.

4. Docteur G.S. Juskiewenski, *Jean-Paul Marat*, Bordeaux, Imprimerie-Librairie de l'Université, 1933, p. 67.

5. Gérard Walter, *op. cit.*, p. 87.

6. *Ibid.*, p. 87.

7. *Ibid.*, p. 89 *sq.*

8. Mona Ozouf, « Marat », dans *Dictionnaire critique de la Révolution française* par François Furet et Mona Ozouf, Paris, Flammarion, 1988, p. 278 *sq.*

9. Gérard Walter, *op. cit.*, p. 92 *sq.*

10. *Ibid.*, p. 96.

11. Édouard Herriot, *op. cit.*, p. 295. Mona Ozouf, *op. cit.*, p. 280.

12. Gérard Walter, *op. cit.*, p. 96.
13. *Ibid.*, p. 96.
14. Mona Ozouf, *op. cit.*, p. 284.
15. *Ibid.*, p. 284.
16. Gérard Walter, *op. cit.*, p. 110 *sq.*
17. Mona Ozouf, *op. cit.*, p. 282.
18. Gérard Walter, *op. cit.*, p. 100.
19. *Ibid.*, p. 100.
20. Olivier Coquard, *Marat*, Paris, Fayard, 1993, p. 231.
21. Gérard Walter, *op. cit.*, p. 103-104.

Chapitre v
« Personne ne perdra en me perdant »

1. E. Albert-Clément, *La Vraie Figure de Charlotte Corday*, Paris, Éditions Émile-Paul Frères, 1936, p. 112-113.
2. *Ibid.*, p. 112.
3. René Trintzius, *Charlotte Corday, 1768-1793*, Paris, Librairie Hachette, 1941, p. 54.
4. Casimir-Perier, « La Jeunesse de Charlotte Corday. Souvenirs de Mme de Maromme », *Revue des Deux Mondes*, 1er avril 1862. La *Revue hebdomadaire* du 12 mars 1898 publiera, sous le titre « Souvenirs sur Charlotte Corday par une amie d'enfance », avec une préface de Pierre Calmettes, le manuscrit de Mme Loyer de Maromme, précisant que dans sa publication de 1862 Casimir-Perier avait « travesti le style » et « réduit de plus de moitié » le texte de Mme de Maromme.
5. E. Albert-Clément, *op. cit.*, p. 115.
6. Pierre-Théodore Chéron de Villiers, *Marie-Anne-Charlotte de Corday d'Armont. Sa vie, son temps, ses écrits, son procès, sa mort*, Paris, Amyot Libraire éditeur, 1865, p. 47 *sq.*
7. Catherine Decours, *La Lettre à Alexandrine*, Paris, Perrin 1999, p. 521.

8. Joseph Shearing, *Charlotte Corday (1768-1793), Jean-Paul Marat, Jean-Adam Lux : trois disciples de Jean-Jacques Rousseau*, traduit de l'anglais par le commandant A. Sallin, Paris, Payot, 1938, p. 93.

9. Casimir-Perier, *art. cit.*, p. 606. Pierre-Théodore Chéron de Villiers, *op. cit.*, p. 77.

10. Catherine Decours, *op. cit.*, p. 204 *sq.*

11. *Ibid.*, p. 520.

12. René Trintzius, *op. cit.*, p. 62.

13. Albert-Émile Sorel, *Charlotte de Corday, une arrière-petite-fille de Corneille*, Paris, Hachette, 1930, p. 69 *sq.*

14. « Souvenirs sur Charlotte Corday par une amie d'enfance », *Revue hebdomadaire*, 17 avril 1895, p. 196 *sq.*

15. *Revue hebdomadaire*, 12 mars 1898, *art. cit.*, p. 198.

16. E. Albert-Clément, *op. cit.*, p. 117.

17. Albert-Émile Sorel, *op. cit.*, p. 57.

18. *Ibid.*, p. 61.

19. Alphonse de Lamartine, *Histoire des Girondins*, Livre 44, Paris, Furne, 1848, p. 160 *sq.*

20. Casimir-Perier, *art. cit.*, p. 608.

21. *Ibid.*, p. 610.

22. *Ibid.*

23. *Ibid.*

24. Albert-Émile Sorel, *op. cit.*, p. 66.

25. Rita Herman-Belot, *L'Abbé Fauchet*, colloque sur les Girondins,

26. « La Jeunesse de Charlotte Corday », *Revue des Deux Mondes*, *art. cit.*, p. 611.

27. *Ibid.*, p. 612.

28. *Ibid.*

29. *Ibid.*, p. 614-615.

30. *Ibid.*, p. 615-616.

31. *Ibid.*, p. 612.

32. *Ibid.*, p. 613-614.

CHAPITRE VI
Faire couler le sang

1. Olivier Coquard, *Marat*, Paris, Fayard, 1993, p. 230 *sq.*

2. Jacques Castelnau, *Marat, l'Ami du peuple, 1744-1793*, Paris, Hachette, 1939, p. 65 *sq.*

3. Gérard Walter, *Marat*, Paris, Albin Michel, 1933, p. 102.

4. Olivier Coquard, *op. cit.*, p. 237.

5. Gérard Walter, *op. cit.*, p. 105.

6. *Ibid.*, p. 135.

7. *Ibid.*, p. 138.

8. Baron de Staël, *Œuvres complètes de M. Necker. De la Révolution française*, tome IX, Paris, Treuttel et Würtz, 1821.

9. Gérard Walter, *op. cit.*, p. 185.

10. *Ibid.*, p. 176.

11. E. Albert-Clément, *La Vraie Figure de Charlotte Corday*, Paris, Éditions Émile-Paul Frères, 1936, p. 177.

12. Gérard Walter, *op. cit.*, p. 201.

13. *Ibid.*, p. 201.

14. *Ibid.*, p. 202.

15. *Ibid.*, p. 209.

16. *Ibid.*, p. 205.

17. *Ibid.*, p. 206.

18. Olivier Coquard, *op. cit.*, p. 294. Docteur Cabanès, *Marat inconnu*, Paris, Albin Michel, 1911, p. 469.

19. Gérard Walter, *op. cit.*, p. 211.

20. François Furet, « La Terreur », dans *Dictionnaire critique de la Révolution française*, par François Furet et Mona Ozouf, Paris, Flammarion, 1988, p. 158.

21. Jacques Castelnau, *op. cit.*, p. 140.

22. Gérard Walter, *op. cit.*, p. 245.

23. Édouard Herriot, *Dans la forêt normande*, Paris, Librairie Hachette, 1925, p. 307.

24. Cité par Édouard Herriot, *op. cit.*, p. 308.

25. Gérard Walter, *op. cit.*, p. 244 *sq.*

26. Jacques Castelnau, *op. cit.*, p. 136.

27. *Mémoires* de Buzot, cités par Gérard Walter, *op. cit.*, p. 249.

28. Édouard Herriot, *op. cit.*, p. 310.

CHAPITRE VII
« Voulez-vous m'égorger ? Égorgez-moi ! »

1. Gérard Walter, *Marat*, Paris, Albin Michel, 1933, p. 277 *sq.*

2. *Ibid.*, p. 281.

3. *Ibid.*, p. 292.

4. *Ibid.*, p. 319.

5. *Ibid.*, p. 320.

6. Édouard Herriot, *Dans la forêt normande*, Paris, Librairie Hachette, 1925, p. 323.

7. Gérard Walter, *op. cit.*, p. 377.

8. Édouard Herriot, *op. cit.*, p. 324 *sq.* Gérard Walter, *op. cit.*, p. 379.

9. Gérard Walter, *op. cit.*, p. 383.

10. *Ibid.*, p. 290.

11. *Ibid.*, p. 395.

12. *Ibid.*, p. 399.

13. *Ibid.*, p. 402.

14. Pierre-Théodore Chéron de Villiers, *Marie-Anne-Charlotte de Corday d'Armont. Sa vie, son temps, ses écrits, son procès, sa mort*, Paris, Amyot Libraire éditeur, 1865, p. 130.

15. *Ibid.*, p. 131.

16. Gérard Walter, *op. cit.*, p. 410.

17. *Ibid.*, p. 417 *sq.*

18. Docteur G.S. Juskiewenski, *Jean-Paul Marat*, Bordeaux, Imprimerie-Librairie de l'Université, 1933, p. 81.

19. Olivier Coquard, *Marat*, Paris, Fayard, 1993, p. 406.

20. Édouard Herriot, *op. cit.*, p. 329.

21. Docteur Cabanès, *Le Cabinet secret de l'histoire*, « La lèpre de Marat », Paris, Albin Michel, 1905, p. 159 *sq.*

22. Docteur Cabanès, *Marat inconnu*, Paris, Albin Michel, 1911, p. 352. Docteur G.S. Juskiewenski, *op. cit.*, p. 84 et s.

23. Docteur Cabanès, *Marat inconnu, op. cit.*, p. 360 *sq.*

24. Olivier Coquard, *op. cit.*, p. 407.

CHAPITRE VIII
La France n'est pas dans Paris...

1. E. Albert-Clément, *La Vraie Figure de Charlotte Corday*, Paris, Éditions Émile-Paul Frères, 1936, p. 146 *sq.*

2. Xavier Rousseau, *Les de Corday au Pays d'Argentan*, Argentan, Langlois Imprimeur-Éditeur, juillet 1938, p. 133 *sq.*

3. Charles Vatel, *Dossier historique de Charlotte de Corday. La maison de la rue du Bègle à Argentan*, Paris, chez Rouquette et Aubry, 1872, « Tentative de meurtre contre M. de Corday d'Armont », p. 40 *sq.*

4. Xavier Rousseau, *op. cit.*, p. 136. Charles Vatel, *op. cit.*, p. 16 *sq.*

5. Albert-Émile Sorel, *Charlotte de Corday, une arrière-petite-fille de Corneille*, Paris, Hachette, 1930, p. 106 *sq.*

6. E. Albert-Clément, *op. cit.*, p. 156 *sq.*

7. René Trintzius, *Charlotte Corday, 1768-1793*, Paris, Librairie Hachette, 1941, p. 104 *sq.*

8. E. Albert-Clément, *op. cit.*p, . 158 *sq.*

9. *Ibid.*, p. 161.

10. Catherine Decours, *La Lettre à Alexandrine*, Paris, Perrin, 1999, p. 523.

11. E. Albert-Clément, *op. cit.*, p. 192-193.

12. *Ibid.*, p. 196-197.

13. Albert-Émile Sorel, *op. cit.*, p. 111.

14. E. Albert-Clément, *op. cit.*, p. 194-195.

15. Fonds Vatel, Bibliothèque municipale de Versailles, fascicule 670.

16. E. Albert-Clément, *op. cit.*, p. 195.

17. *Ibid.*, p. 198.

18. Albert-Émile Sorel, *op. cit.*, p. 111-112.

19. *Ibid.*, p. 113.

20. E. Albert-Clément, *op. cit.*, p. 202.

21. Albert-Émile Sorel, *op. cit.*, p. 114.

22. Jacques Herissay, *Un Girondin, François Buzot, député de l'Eure, 1760-1794*, Paris, Librairie académique Perrin, p. 317 *sq.*

23. Pierre Cornut-Gentille, *Madame Roland*, Paris, Perrin, 2004.

24. Cl. Perroud et Alfred Chabaud, *Correspondances et Mémoires de Barbaroux*, Paris, Société de l'histoire de la Révolution française, Librairie Rieder & Cie, 1923, p. 380.

25. *Ibid.*, p. 399.

26. Albert-Émile Sorel, *op. cit.*, p. 118-119.

27. *Ibid.*, p. 120.

28. *Ibid.*, p. 121.

29. Charles Vatel, *Charlotte Corday et Les Girondins*, pièces classées et annotées, tome I, Paris, Plon, 1864, p. XX *sq.*

30. Joseph Shearing, *Charlotte Corday (1768-1793), Jean-Paul Marat, Jean-Adam Lux : trois disciples de Jean-Jacques Rousseau*, traduit de l'anglais par le commandant A. Sallin, Paris, Payot, 1938, p. 132.

31. *Ibid.*, p. 132.

Chapitre IX
« Adieu, mon cher papa... et ne m'oubliez pas »

1. Albert-Émile Sorel, *Charlotte de Corday, une arrière-petite-fille de Corneille*, Paris, Hachette, 1930, p. 127.

2. Cl. Perroud et Alfred Chabaud, *Correspondances et Mémoires de Barbaroux*, Paris, Société de l'histoire de la Révolution française, Librairie Rieder & Cie, 1923, p. 480 *sq.*

3. Joseph Shearing, *Charlotte Corday (1768-1793), Jean-Paul Marat, Jean-Adam Lux : trois disciples de Jean-Jacques Rousseau*, traduit de l'anglais par le commandant A. Sallin, Paris, Payot, 1938, p. 134.

4. *Correspondances et Mémoires de Barbaroux*, *op. cit.*, p. 377.

5. Martial Debriffe, *Charlotte Corday*, Paris, Éditions France-Empire, 2005, p. 112.

6. Pierre-Théodore Chéron de Villiers, *Marie-Anne-Charlotte de Corday d'Armont. Sa vie, son temps, ses écrits, son procès, sa mort*, Paris, Amyot Libraire éditeur, 1865, p. 142.

7. Albert-Émile Sorel, *op. cit.*, p. 131.

8. Pierre-Théodore Chéron de Villiers, *op. cit.*, p. 149 *sq.*

9. Joseph Shearing, *op. cit.*, p. 138.

10. *Ibid.*, p. 138.

11. Eugène Defrance, *Charlotte Corday et La Mort de Marat*, Paris, Mercure de France, 1909, p. 94.

12. René Trintzius, *Charlotte Corday, 1768-1793*, Paris, Librairie Hachette, 1941, p. 140 *sq.*

13. Albert-Émile Sorel, *op. cit.*, p. 133. Eugène Defrance, *op. cit.*, p. 94.

14. Eugène Defrance, *op. cit.*, p. 97.

15. *Ibid.*, p. 98.

16. Pierre-Théodore Chéron de Villiers, *op. cit.*, p. 154-155. Charles Vatel, *Dossier historique de Charlotte de Corday, op. cit.*, p. 55-56.

17. E. Albert-Clément, *La Vraie Figure de Charlotte Corday,* Paris, Éditions Émile-Paul Frères, 1936, p. 224.

18. Georges Lenotre, *Paris révolutionnaire,* Paris, Librairie académique Perrin, 1926, p. 202.

19. *Ibid.,* p. 201.

20. Alphonse de Lamartine, *Histoire des Girondins,* tome VI, Livre 44, Paris, Furne Libraire Éditeur, 1848, p. 175. Joseph Shearing, *op. cit.,* p. 146.

21. Joseph Shearing, *op. cit.,* p. 147. Albert-Émile Sorel, *op. cit.,* p. 141. Eugène Defrance, *op. cit.,* p. 102.

22. Eugène Defrance, *op. cit.,* p. 102.

CHAPITRE X
« Ô ma patrie ! Tes infortunes déchirent mon cœur, je ne puis t'offrir que ma vie... »

1. Bernardine Melchior-Bonnet, *Charlotte Corday,* Paris, Librairie académique Perrin, 1969, rééd. 1989, p. 149 *sq.* France Huser, *Charlotte Corday ou L'Ange de la colère,* Paris, Robert Laffont, 1993, p. 110 *sq.* Martial Debriffe, *Charlotte Corday,* Paris, Éditions France-Empire, 2005, p. 119 *sq.*

2. Albert-Émile Sorel, *Charlotte de Corday, une arrière-petite-fille de Corneille,* Paris, Hachette, 1930, p. 158.

3. Michel Corday, *Charlotte Corday,* Paris, Flammarion, 1929, p. 224-225. Pierre-Théodore Chéron de Villiers, *Marie-Anne-Charlotte de Corday d'Armont. Sa vie, son temps, ses écrits, son procès, sa mort,* Paris, Amyot Libraire éditeur, 1865, p. 285.

4. Georges Lenotre, *Paris révolutionnaire,* Paris, Librairie académique Perrin, 1926, p. 204-205.

5. Albert-Émile Sorel, *op. cit.,* p. 167.

6. France Huser, *op. cit.,* p. 117.

7. Charles Vatel, *Dossiers du procès criminel de Marie-Anne-Charlotte de Corday d'Armont devant le Tribunal révolutionnaire*, pièce n° 25, p. 60 *sq.*, Observations de Charles Vatel, p. 62 *sq.* Eugène Defrance, *Charlotte Corday et La Mort de Marat*, Paris, Mercure de France, 1909, p. 112. E. Albert-Clément, *La Vraie Figure de Charlotte Corday*, Paris, Émile-Paul Frères, 1936, p. 239.

8. Georges Lenotre, *op. cit.*, p. 210.

9. Eugène Defrance, *op. cit.*, p. 124.

10. *Ibid.*, p. 214.

11. *Ibid.*, p. 123.

12. Catherine Decours, *La Lettre à Alexandrine*, Paris, Perrin, 1999, p. 458-459.

13. Albert-Émile Sorel, *op. cit.*, p. 180-181.

CHAPITRE XI

« J'ai rempli ma tâche. Les autres feront le reste »

1. Gérard Walter, *Marat*, Paris, Albin Michel, 1933, p. 419.

2. *Ibid.*, p. 421.

3. *Ibid.*, p. 422.

4. *Ibid.*, p. 425.

5. *Ibid.*

6. Georges Lenotre, *Paris révolutionnaire*, Paris, Librairie académique Perrin, 1926, p. 216.

7. Édouard Herriot, *Dans la forêt normande*, Paris, Librairie Hachette, p. 338-339.

8. Catherine Decours, *La Lettre à Alexandrine*, Paris, Perrin, 1999, p. 460.

9. Alphonse de Lamartine, *Histoire des Girondins*, Paris, 1848, rééd. 3 vol., Hachette, Paris, 1908, tome I, p. 485.

10. Archives nationales, W 277, n° 82. *Dossiers du procès criminel de Marie-Anne-Charlotte de Corday d'Armont devant le Tribunal révolutionnaire*, Premier dossier, n° 15 et 17.

11. *Ibid.*, Jugement du 17 juillet 1793.

12. Albert-Émile Sorel, *Charlotte de Corday, une arrière-petite-fille de Corneille*, Paris, Hachette, 1930, p. 186 *sq.* Eugène Defrance, *Charlotte Corday et La Mort de Marat*, Paris, Mercure de France, 1909, p. 136 *sq.*

13. Docteur Cabanès, *Marat inconnu*, Paris, Albin Michel, 1911, p. 405.

14. Bernardine Melchior-Bonnet, *Charlotte Corday*, Paris, Librairie académique Perrin, 1972, p. 212.

15. Eugène Defrance, *op. cit.*, p. 150 *sq.*

16. *Ibid.*, p. 153.

17. *Ibid.*, p. 154.

18. Charles Vatel, *Dossiers du procès criminel de Marie-Anne-Charlotte de Corday d'Armont devant le Tribunal révolutionnaire*, p. 16.

19. Cité par Martial Debriffe, *Charlotte Corday*, Paris, Éditions France-Empire, 2005, p. 148.

20. Michel Corday, *Charlotte Corday*, Paris, Flammarion, 1929, p. 125 *sq.*

CHAPITRE XII
« Adieu mon cher papa,
je vous prie de m'oublier... »

1. Eugène Defrance, *Charlotte Corday et La Mort de Marat*, Paris, Mercure de France, 1909, p. 286. Pierre Cornut-Gentille, *Madame Roland*, Paris, Perrin, 2004, p. 308 *sq.*

2. Charles Vatel, *Dossiers du procès criminel de Marie-Anne-Charlotte de Corday d'Armont devant le Tribunal révolutionnaire*, Paris, 1861, n° 2, p. 8.

3. Joseph Shearing, *Charlotte Corday (1768-1793), Jean-Paul Marat, Jean-Adam Lux : trois disciples de Jean-Jacques Rousseau,* traduit de l'anglais par le commandant A. Sallin, Paris, Payot, 1938, p. 193.

4. *Ibid.,* p. 193.

5. Charles Vatel, *op. cit.,* n° 26, p. 64.

6. Cf. Henri-Robert, *Les Grands Procès de l'histoire,* Paris, Payot, 1925.

7. Charles Vatel, *op. cit.,* n° 15, 16 et 17, p. 25 *sq.*

8. Archives nationales, Dossier W 277, pièce n° 32. Charles Vatel, *op. cit.,* n° 18, p. 39 *sq.*

9. Eugène Defrance, *op. cit.,* p. 332.

10. Michel Corday, *Charlotte Corday,* Paris, Flammarion, 1929, p. 139.

11. Charles Vatel, *op. cit.,* 2ᵉ dossier, document n° 9, p. 73-74.

12. Joseph Shearing, *op. cit.,* p. 204.

13. Catherine Decours, *La Lettre à Alexandrine,* Paris, Perrin, 1999, p. 468. Eugène Defrance, *op. cit.,* p. 349 *sq.*

14. Jacqueline Dauxois, *Charlotte Corday,* Paris, Albin Michel, 1988, p. 270 *sq.*

15. Charles Vatel, *op. cit.,* document n° 17, p. 87.

16. *Ibid.,* document n° 18, p. 89.

17. Eugène Defrance, *op. cit.*, p. 365, citant les notes de Chauveau-Lagarde publiées en 1821 par le vicomte de Ségur.

18. Henri-Robert, *Les Grands Procès de l'histoire. Le procès de Charlotte Corday,* Paris, Payot, 1925, p. 163 *sq.*

19. *Ibid.,* p. 163.

20. *Ibid.,* document n° 19, jugement du Tribunal révolutionnaire.

21. Joseph Shearing, *op. cit.,* p. 211.

22. Eugène Defrance, *op. cit.,* p. 372.

23. Alphonse de Lamartine, *Histoire des Girondins,* Paris, 1848, rééd. 3 vol., Paris, Hachette, 1908, p. 208.

Chapitre XIII
L'échafaud

1. Albert-Émile Sorel, *Charlotte de Corday, une arrière-petite-fille de Corneille,* Paris, Librairie des Annales, 1910, p. 234.

2. *Ibid.,* p. 235.

3. Jules Michelet, *Histoire de la Révolution française,* tome IV, Paris, 1847-1853, rééd. Paris, Robert Laffont, 1979, p. 477, cité par Eugène Defrance, *Charlotte Corday et La Mort de Marat,* Paris, Mercure de France, 1909, p. 382.

4. Eugène Defrance, *op. cit.,* p. 387.

5. *Ibid.,* p. 387.

6. H. Sanson, *Mémoires des Sanson, sept générations d'exécuteurs, 1688-1847,* tome IV, Paris, Librairie Décembre-Alonnier, p. 387 *sq.*

7. H. Sanson, *op. cit.,* tome IV, p. 395 *sq.*

8. *Ibid.,* p. 396.

9. Albert-Émile Sorel, *op. cit.,* p. 238.

10. H. Sanson, *op. cit.,* p. 396.

11. *Ibid.,* p. 396.

12. *Ibid.,* p. 396.

13. Eugène Defrance, *op. cit.,* p. 401 *sq.* Docteur Cabanès, *Le Cabinet secret de l'histoire,* Paris, Albin Michel, 1905, p. 202. Michel Corday, *Charlotte Corday,* Paris, Flammarion, 1929, p. 158.

14. Jules Michelet, *op. cit.,* p. 527.

15. Docteur Cabanès, *op. cit.,* p. 206.

16. Catherine Decours, *La Lettre à Alexandrine,* Paris, Perrin, 1999, p. 481.

17. Charles Vatel, *Dossiers du procès criminel de Marie-Anne-Charlotte de Corday d'Armont devant le Tribunal révolutionnaire,* Paris, Librairie Poulet-Malassis, 1861, document n° 21, p. 94.

18. Rétif de la Bretonne, cité par le docteur Cabanès, *op. cit.,* p. 210.

19. Alphonse de Lamartine, *Histoire des Girondins,* Paris, 1848, rééd., Paris, Hachette, 1908, Livre 44, p. 213.

20. Eugène Defrance, *op. cit.,* p. 407.

21. Charles Vatel, *Dossiers du procès criminel de Marie-Anne-Charlotte de Corday d'Armont devant le Tribunal révolutionnaire,* Lettre du 22 juillet 1793, *op. cit.,* p. 96.

CHAPITRE XIV
Le culte de Marat

1. *La Mort de Marat,* ouvrage collectif animé et coordonné par Jean-Claude Bonnet, Paris, Flammarion, 1986, p. 48 *sq.*

2. Charles Vatel, *Dossiers du procès criminel de Marie-Anne-Charlotte de Corday d'Armont devant le Tribunal révolutionnaire,* extrait des Archives impériales, procès-verbal de flagrant délit n° 1, Paris, Librairie Poulet-Malassis, 1861.

3. Eugène Defrance, *Charlotte Corday et La Mort de Marat,* Paris, Mercure de France, 1909, p. 176.

4. *Ibid.,* p. 184.

5. Édouard Herriot, *Dans la forêt normande,* Paris, Librairie Hachette, 1925, p. 343.

6. Eugène Defrance, *op. cit.,* p. 201. Bernardine Melchior-Bonnet, *Charlotte Corday,* Paris, Librairie académique Perrin, 1972, p. 228 *sq.*

7. Eugène Defrance, *op. cit.,* p. 213.

8. Édouard Herriot, *op. cit.,* p. 343.

9. Eugène Defrance, *op. cit.,* p. 216 *sq.*

10. Bernardine Melchior-Bonnet, *op. cit.,* p. 236 *sq.* Jacqueline Dauxois, *Charlotte Corday,* Paris, Albin Michel, 1988, p. 220.

11. Docteur Cabanès, *Marat inconnu,* Paris, Albin Michel, 1911, p. 411.

12. Jacques Guilhaumou, « La Mort de Marat à Paris », dans *La Mort de Marat,* dirigé par Jean-Claude Bonnet, Paris, Flammarion, 1986, p. 54 *sq.*

13. *La Mort de Marat, op. cit.,* p. 54.

14. Michel Corday, *Charlotte Corday,* Paris, Flammarion, 1929, p. 167.

15. Eugène Defrance, *op. cit.,* p. 237.

16. *La Mort de Marat, op. cit.,* p. 69.

17. Eugène Defrance, *op. cit.,* p. 238.

18. *Ibid.,* p. 240.

19. *La Mort de Marat, op. cit.,* p. 76 *sq.*

20. Eugène Defrance, *op. cit.,* p. 243.

21. *Ibid.,* p. 243.

22. *Ibid.,* p. 254 *sq.*

23. Jean-Claude Bonnet, « Le Culte de Marat », *La Mort de Marat, op. cit.,* p. 101 *sq.*

24. Michel Corday, *op. cit.,* p. 169 *sq.* Catherine Decours, *La Lettre à Alexandrine,* Paris, Perrin, 1999, p. 488 *sq.* Docteur Cabanès, *op. cit.,* p. 420 *sq.*

25. Docteur Cabanès, *op. cit.,* p. 451.

26. Charles Vatel, *Bibliographie dramatique de Charlotte Corday,* tome 1, Paris, 1872, p. 17. Eugène Defrance, *op. cit.,* p. 256 *sq.* Jean-Claude Bonnet, « Le Culte de Marat », *op. cit.,* p. 101 *sq.*

27. Eugène Defrance, *op. cit.,* p. 265.

28. *Ibid.,* p. 271.

29. Docteur Cabanès, *op. cit.,* p. 465 *sq.* Fonds Vatel, Bibliothèque municipale de Versailles, fascicule 676.

30. Bernardine Melchior-Bonnet, *op. cit.,* p. 336-337. Olivier Coquard, *Marat,* Paris, Fayard, 1993, p. 419.

31. Catherine Decours, *op. cit.,* p. 491. Docteur Cabanès, *op. cit.,* p. 466.

32. Docteur Cabanès, *op. cit.,* p. 464.

CHAPITRE XV
D'un culte à l'autre ?

1. Édouard Herriot, *Dans la forêt normande*, Paris, Librairie Hachette, 1925, p. 368-369.

2. Bernardine Melchior-Bonnet, *Charlotte Corday*, Paris, Librairie académique Perrin, 1972, p. 329 *sq.* E. Albert-Clément, *La Vraie Figure de Charlotte Corday*, Paris, Éditions Émile-Paul Frères, 1936, p. 312 *sq.* Pierre-Théodore Chéron de Villiers, *Marie-Anne-Charlotte de Corday d'Armont. Sa vie, son temps, ses écrits, son procès, sa mort*, Paris, Amyot Libraire éditeur, 1865, p. 413 *sq.* Michel Corday, *Charlotte Corday*, Paris, Flammarion, 1929, p. 172 *sq.*

3. *La Mort de Marat*, ouvrage collectif animé et coordonné par Jean-Claude Bonnet, Paris, Flammarion, 1986.

4. Bernardine Melchior-Bonnet, *op. cit.*, p. 326.

5. *Ibid.*, p. 327.

6. H. Sanson, *Mémoires des Sanson, pour servir à l'histoire de la Révolution*, Paris, Librairie centrale, 1829, p. 435.

7. *Ibid.*, p. 435.

8. Bernardine Melchior-Bonnet, *op. cit.*, p. 328.

9. *Mémoires des Sanson, op. cit.*, p. 435.

10. Bernardine Melchior-Bonnet, *op. cit.*, p. 387 *sq.*

11. *Mémoires des Sanson, op. cit.*, 397.

12. Cité par E. Albert-Clément, *op. cit.*, p. 313.

13. Rétif de la Bretonne, *L'Année des Dames nationales, histoire de Charlotte Corday*, Paris, Mercure de France, 1925, p. 302.

14. Docteur Cabanès, *Marat inconnu*, Paris, Albin Michel, 1911, p. 475.

15. *Ibid.*, p. 476-477.

16. Yves Chastagnaret, « La Légende de Marat et de Charlotte Corday dans le théâtre du xixᵉ siècle », dans *La Mort de Marat, op. cit*, p. 289 *sq.*

17. Charles Vatel, *Charlotte Corday et Les Girondins,* Paris, Plon, 1864, tome 1, p. 161, *Bibliographie dramatique de Charlotte de Corday*, Paris, 1872.

18. Yves Chastagnaret ; la liste du corpus dramatique est donnée, par ordre chronologique, dans *La Mort de Marat*, p. 309-310.

19. *Ibid.,* p. 294 *sq.*

20. *Ibid.,* p. 292.

21. *Ibid.,* p. 296-297.

22. *Ibid.,* p. 302.

23. *Ibid.,* p. 304.

24. *Ibid.,* p. 306.

25. Georges Benrekassa, « Histoire d'un assassinat : la mort de Marat dans l'historiographie du xixe siècle », dans *La Mort de Marat, op. cit.,* p. 311 *sq.*

26. François Vincent Raspail, *Étude impartiale sur Jean-Paul Marat,* Paris, 1836.

27. Georges Benrekassa, *op. cit.,* p. 315.

28. Adolphe Thiers, *Histoire de la Révolution française,* Paris, 1828, cité dans *La Mort de Marat, op. cit.,* p. 315.

29. Alphonse de Lamartine, *Histoire des Girondins,* Paris, 1848, rééd., Paris, Hachette, 1908, Librairie Poulet-Malassis, 1861, p. 213 *sq.*

30. Jules Michelet, « Mort de Charlotte Corday », *Histoire de la Révolution française,* Paris, 1847-1853, rééd., 2 vol. Paris, Robert Laffont, 1979, tome II, p. 527 *sq.*

31. Edgar Quinet, *La Révolution,* préface de Claude Lefort, Paris, Belin, p. 399 *sq.*

32. *Ibid.,* p. 399.

33. *Mémoires d'outre-tombe,* cité dans « Histoire d'un assassinat », de Georges Benrekassa, *op. cit.,* p. 318.

34. Georges Benrekassa, *op. cit.*

35. *Ibid.,* p. 333.

36. Docteur Cabanès, *Le Cabinet secret de l'histoire*, Paris, Albin Michel, 1905.

37. Docteurs Cabanès et Nass, *La Névrose révolutionnaire*, Paris, Albin Michel, 1906, p. 355-356.

38. Docteur G.S. Juskiewenski, *Jean-Paul Marat*, Bordeaux, Imprimerie-Librairie de l'Université, 1933.

39. Cf. Éric Walter, « Vies et Maladies du docteur Marat », dans *La Mort de Marat*, p. 365 *sq.*

40. Élisabeth Roudinesco et Henry Rousso, *Le Juif Marat. Antisémitisme et contre-révolution (1886-1944)*.

41. *Ibid.*, p. 56.

42. Nicolas Weill, « Il y a deux cents ans, l'assassinat de Marat », *Le Monde*, 18-19 juillet 1993.

43. Tanguy L'Aminot, « Marat et Charlotte Corday vus par la droite, 1933-1944 », *La Mort de Marat*, p. 368 *sq.*

44. Funck-Brentano, *Marat ou Le Mensonge des mots*, Paris, Grasset, 1941.

45. Cf. les citations de Funck-Brentano rapportées dans « Marat et Charlotte Corday vus par la droite », *op. cit.*, p. 396.

46. Jean de La Varende, *Mademoiselle de Corday*, Rouen, Éditions Henri Defontaine, 1946.

47. Professeur Armand Bernardini, *Le Juif Marat*, Paris, Éditions Études et Documents, 20 mai 1944, p. 91-92.

48. Tanguy L'Aminot, *La Mort de Marat*, p. 41.

49. P. Frantz, « Dernières Apparitions », dans *La Mort de Marat, op. cit.*, p. 413 *sq.*

CHAPITRE XVI
Qui fut-elle ?

1. Jacqueline Dauxois, *Charlotte Corday*, Paris, Albin Michel, 1988, p. 52.
2. *Ibid.*, p. 52.

3. E. Albert-Clément, *La Vraie Figure de Charlotte Corday*, Paris, Éditions Émile-Paul Frères, 1936, p. 57-58.

4. Casimir-Perier, *Revue des Deux Mondes*, 1ᵉʳ avril 1862. Cf. *Revue hebdomadaire* du 12 mars 1898.

5. *Ibid.*, p. 606-607.

6. Catherine Decours, *La Lettre à Alexandrine*, Paris, Perrin, 1999, p. 170 *sq.*

7. Eugène Defrance, *Charlotte Corday et La Mort de Marat*, Paris, Mercure de France, 1909, p. 329.

8. Charles Vatel, *Bibliographie dramatique de Charlotte Corday*, tome I, Paris, 1872, p. ccxi. Docteur Cabanès, *Le Cabinet secret de l'histoire*, Paris, Albin Michel, 1905, p. 170-171. Sur « Les Correspondances entre Bougon-Longrais et Charlotte », cf. E. Albert-Clément, p. 196 *sq.*

9. Docteur Cabanès, *op. cit.*, p. 168-169.

10. Catherine Decours, *op. cit.*, p. 208-209.

11. *Ibid.*, p. 211.

12. Docteur Cabanès, *op. cit.*, p. 208 *sq.* Pierre-Théodore Chéron de Villiers, *Marie-Anne-Charlotte de Corday d'Armont. Sa vie, son temps, ses écrits, son procès, sa mort*, Paris, Amyot Libraire éditeur, 1865, p. 411.

13. Michel Corday, *Charlotte Corday*, Paris, Flammarion, 1929, p. 240 *sq.*

14. E. Albert-Clément, *op. cit.*, p. 53.

15. *Ibid.*, p. 55.

16. *Ibid.*

17. Joseph Shearing, *Charlotte Corday (1768-1793), Jean-Paul Marat, Jean-Adam Lux : trois disciples de Jean-Jacques Rousseau*, traduit de l'anglais par le commandant A. Sallin, Paris, Payot, 1938, p. 63.

18. E. Albert-Clément, *op. cit.*, p. 58.

19. Bernardine Melchior-Bonnet, *Charlotte Corday*, Paris, Librairie académique Perrin, 1972, p. 134.

20. Fonds Vatel, Bibliothèque municipale de Versailles, fascicule 665.

21. Bernardine Melchior-Bonnet, *op. cit.*, p. 134.

22. Eugène Defrance, *op. cit.*, p. 34.

23. E. Albert-Clément, *op. cit.*, p. 211 *sq.*

24. Sous la direction de Pierre Nora, *Les Lieux de mémoire*, tome II, *La Nation*, Gallimard, 1984, Philippe Contamine, « Mourir pour la patrie, x^e-xxe siècle », p. 11 *sq.*

25. E. Albert-Clément, *op. cit.*, p. 214-215.

26. Plutarque, *Les Vies parallèles*, publiées par Gallimard, 1951, sous le titre *La Vie des hommes illustres*, édition établie et annotée par Gérard Walter.

27. Édouard Herriot, *Dans la forêt normande*, Paris, Librairie Hachette, 1925, p. 369.

28. René Trintzius, *Charlotte Corday, 1768-1793*, Paris, Hachette, 1941, p. 30-31.

29. *Ibid.*, p. 34.

30. Albert-Émile Sorel, *Charlotte de Corday, une arrière-petite-fille de Corneille*, Paris, Hachette, 1930, p. 228 *sq.*

31. Docteurs Cabanès et Nass, *La Névrose révolutionnaire*, Paris, Albin Michel, 1924, p. 208.

32. Docteur Cabanès, *Le Cabinet secret de l'histoire, op. cit.*, p. 175.

33. Albert-Émile Sorel, *op. cit.*, p. 236.

34. H. Sanson, *Mémoires des Sanson, pour servir à l'histoire de la Révolution*, Paris, Librairie centrale, 1829, p. 396.

35. Alphonse de Lamartine, *Histoire des Girondins*, Paris, Hachette, 1848, p. 213-214.

36. Georges Lenotre, *La Vie à Paris pendant la Révolution*, Paris, Calmann-Lévy, 1936.

CHAPITRE XVII

Qu'a-t-elle fait ?

1. Fonds Vatel, Bibliothèque municipale de Versailles, fascicule 665.

2. Joseph Shearing, *Charlotte Corday (1768-1793), Jean-Paul Marat, Jean-Adam Lux : trois disciples de Jean-Jacques Rousseau,* traduit de l'anglais par le commandant A. Sallin, Paris, Payot, 1938, p. 128 *sq.*

3. *Ibid.,* p. 131 *sq.*

4. *Ibid.,* p. 133-134.

5. France Huser, *Charlotte Corday,* Paris, Robert Laffont, 1993, p. 134. Catherine Decours, *La lettre à Alexandrine,* Paris, Perrin, 1999, p. 421.

6. Catherine Decours, *op. cit.,* p. 420 *sq.*

7. *Ibid.,* p. 429.

8. *Ibid.,* p. 434.

9. *Ibid.,* p. 434-435.

10. Joseph Shearing, *op. cit.,* p. 143.

11. Pierre-Théodore Chéron de Villiers, *Marie-Anne-Charlotte de Corday d'Armont. Sa vie, son temps, ses écrits, son procès, sa mort,* Paris, Amyot Libraire éditeur, 1865, p. 15. Joseph Shearing, *op. cit.,* p. 154. Jacqueline Dauxois, *Charlotte Corday,* Paris, Albin Michel, 1988, p. 191. France Huser, *op. cit.,* p. 103-105. Bernardine Melchior-Bonnet, *Charlotte Corday,* Paris, Librairie académique Perrin, 1972, p. 174.

12. René Trintzius, *Charlotte Corday, 1768-1793,* Paris, Librairie Hachette, 1925, p. 142.

13. Catherine Decours, *op. cit.,* p. 525.

14. *Ibid.,* p. 525.

15. *Ibid.,* p. 525.

16. Michel Corday, *Charlotte Corday,* Paris, Flammarion, 1929, p. 212-213.

17. Catherine Decours, *op. cit.,* p. 487.

18. *Mémoires* de Louvet, première édition complète avec préface, notes et table par F.A. Aulard, Paris, Librairie du Bibliophile, 1889, tome I, Paris, Desjonquière, p. 114 *sq.*

19. Pierre Cornut-Gentille, *Madame Roland,* Paris, Perrin, 2004. C.A. Dauban, *Étude sur Madame Roland et son temps,* Paris, Henri Plon, 1864.

20. Rétif de la Bretonne, *Les Nuits révolutionnaires,* Paris, Le Livre de Poche, 1978, p. 368.

21. Catherine Decours, *op. cit.,* p. 487.

22. Albert-Émile Sorel, *Charlotte de Corday, une arrière-petite-fille de Corneille,* Paris, Hachette, 1930, p. 306.

23. Ernest Lavisse, *Histoire de France contemporaine,* Paris, Librairie Hachette, 1920, tome II, p. 153.

24. Robert R. Palmer, préface de François Furet, *Le Gouvernement de la Terreur. L'année du Comité de salut public,* Paris, Armand Colin, 1989.

25. François Furet, *Penser la Révolution française,* Paris, Gallimard, 1975, p. 82 *sq.*

26. *Ibid.,* p. 84-85.

27. *Ibid.,* p. 82.

28. Robert R. Palmer, *op. cit.,* p. 47.

29. *Ibid.,* p. 59.

30. *Ibid.,* p. 75.

31. François Furet, *La Révolution française (1770-1814),* tome I, Paris, Hachette, Collection « Pluriel », 1988, p. 237 *sq.*

32. *Ibid.,* p. 237.

33. *Ibid.,* p. 230.

34. Ernest Lavisse, *op. cit.,* tome II, p. 204 *sq.*

35. Jacques Godechot, *La Révolution française,* Paris, Librairie académique Perrin, 1988, p. 159.

36. François Furet, *op. cit.,* p. 254.

37. Ernest Lavisse, *op. cit.,* p. 197.

38. François Furet, *op. cit.,* p. 245.

Annexe I
Sur quelques-uns de ses proches : un dernier regard

1. Catherine Decours, *La Lettre à Alexandrine,* Paris, Perrin, 1999, p. 492 *sq.* Michel Corday, *Charlotte Corday,* Paris, Flammarion, 1929, p. 159 *sq.* Martial Debriffe, *Charlotte Corday,* Paris, Éditions France-Empire, 2005, p. 191 *sq.* Charles Vatel, *Dossier historique de Charlotte de Corday. La maison de la rue du Bègle à Argentan,* Paris, chez Rouquette et Aubry, 1872.

2. Catherine Decours, *op. cit.,* p. 494.

3. *Ibid.,* p. 493.

4. *Ibid.,* p. 494.

5. *Ibid.,* p. 495.

6. *Ibid.,* p. 496.

7. *Ibid.*

8. Michel Corday, *op. cit.,* p. 164-165.

9. Catherine Decours, *op. cit.,* p. 497.

10. *Ibid.,* p. 497.

11. Catherine Decours, *op. cit.,* p. 497.

12. Michel Corday, *op. cit.,* p. 160.

13. *Ibid.,* p. 160-161.

14. *Ibid.,* p. 162.

15. Charles Vatel, *Charlotte de Corday et Les Girondins,* tome II, *Documents,* Paris, Plon, 1864, p. 270.

16. Catherine Decours, *op. cit.,* p. 500.

17. *Ibid.,* p. 501.

18. Michel Corday, *op. cit.,* p. 163.

19. *Ibid.,* p. 503.

20. Charles Vatel, *Charlotte de Corday et Les Girondins,* pièces classées et annotées, tomes I, II, III, Paris, Plon, 1864-1872.

21. Armand Ducos, *Les Trois Girondines et Les Girondins,* Paris, Librairie Chevalier-Marescq, 1895. C.A. Dauban, *Mémoires inédits de Pétion, Mémoires de Buzot et Barbaroux.*

Jacques Herissay, *Un Girondin, François Buzot, deputé de l'Eure, 1760-1794*, Paris, Librairie académique Perrin. Cl. Perroud et Alfred Chabaud, *Correspondances et Mémoires de Barbaroux*, Paris, Société de l'histoire de la Révolution française, Librairie Rieder & Cie, 1923. Edmond Biré, *La Légende des Girondins*, Genève, Henri Tremblay, 1881.

22. *Mémoires* de Louvet de Couvrai, tome II, avec préface par F.A. Aulard, Librairie des Bibliophiles, 1889.

23. *Ibid.*, tome I, p. 115-116.

24. Charles Vatel, *op. cit.*, tome I, p. 22-23.

25. *Mémoires* de Louvet de Couvrai, *op. cit.*, tome I, p. 223.

26. Jacques Herissay, *op. cit.*, p. 356 *sq.*

27. Cl. Perroud et Alfred Chabaud, *op. cit.*, p. 416.

28. *Ibid.*, p. 417.

29. Jacques Herissay, *op. cit.*, p. 363.

30. C.A. Dauban, « Lettres de Madame Roland à Barbaroux », *Étude sur Madame Roland et son temps*, Paris, Plon, 1864, p. 51.

31. Pierre Cornut-Gentille, *Madame Roland*, Paris, Perrin, 2004, p. 345.

32. Jacques Herissay, *op. cit.*, p. 369.

33. *Ibid.*, p. 370.

34. Charles Vatel, *op. cit.*, tome I, Préface..., p. CXXVI *sq.*

BIBLIOGRAPHIE

Bibliothèques et musées

Archives nationales, WI. n° 277, dossier 82 ; dossier D XXVIII-5 ; dossier LXV ; AD VIII-36 ; série X, carton 19.

Bibliothèque de l'Institut de France.

Bibliothèque Mazarine.

Bibliothèque de l'Arsenal.

Bibliothèque Marguerite-Durand.

Bibliothèque de la Ville de Paris, 15.018 A, 18235.

Bibliothèque municipale de Versailles, papiers de Charles Joseph Vatel, avocat à la cour, 1356 (F.652 à F.697, 45 cartons).

Bibliothèque universitaire de Caen.

Bibliothèque municipale de Caen.

Bibliothèque municipale d'Alençon.

Bibliothèque de l'abbaye Notre-Dame d'Argentan.

Bibliothèque municipale de Lyon. Fonds Lacassagne.

Musée Carnavalet, Paris.

Musée Lambinet, à Versailles.

Livres et revues

Actes du Tribunal révolutionnaire, *Le Procès de Charlotte Corday. Le temps retrouvé*, Paris, Mercure de France.

ALBERT-CLÉMENT Édouard, *La Vraie Figure de Charlotte Corday*, Paris, Éditions Émile-Paul Frères, 1936.

AULARD Alphonse, *Histoire politique de la Révolution française*.

AULARD Alphonse, *Mémoires de Louvet de Couvrai sur la Révolution française*, tomes I et II, Paris, Librairie des Bibliophiles, 1889.

BERNARDINI Armand, *Le Juif Marat*, Paris, Éditions Études et Documents, 1944.

BIRÉ Edmond, *La Légende des Girondins*, Paris, Victor Palmé, Bruxelles, J. Albanel, Genève, Henri Trembley, 1881.

BRASILLACH Robert, « La Commune et nous », *Je suis partout*, 31 mai 1943.

CABANÈS Augustin (Dr.), *Le Cabinet secret de l'histoire*, Paris, Albin Michel, 1905.

CABANÈS Augustin (Dr.), *Marat inconnu*, Paris, Albin Michel, 1911.

CABANÈS A. et NASS L. (Drs), *La Névrose révolutionnaire*, Paris, Albin Michel, 1906 ; 2ᵉ éd. 1924.

CABANÈS Augustin (Dr.), *Le Cabinet secret de l'histoire. La vraie Charlotte Corday*, Paris, Albin Michel, 1920.

CAMPARDON, *Histoire du Tribunal révolutionnaire de Paris*, Paris, Hachette, 1862.

CASIMIR-PERIER, « La Jeunesse de Charlotte Corday. Souvenirs de Mme Loyer de Maromme », *Revue des Deux Mondes*, 1ᵉʳ avril 1862.

CASTELNAU Jacques, *Marat, l'Ami du peuple, 1744-1793,* Paris, Hachette, 1939.

CHASTAGNARET Yves, « La légende de Marat et de Charlotte Corday dans le théâtre du XIXᵉ siècle », *La Mort de Marat.*

CHÉNIER André, « Ode à Charlotte Corday », *Œuvres complètes,* éd. G. Walter, Paris, Gallimard, « Bibliothèque de la Pléiade », 1940.

CHÉRON DE VILLIERS Pierre-Théodore, *Marie-Anne-Charlotte de Corday d'Armont. Sa vie, son temps, ses écrits, son procès, sa mort,* Paris, Amyot Libraire éditeur, 1865.

COLET Louise, *Charlotte Corday et Madame Roland,* Paris, Berquet et Petion, 1842.

COQUARD Olivier, *Marat,* Paris, Fayard, 1993.

CORDAY Michel, *Charlotte Corday,* Paris, Flammarion, 1929.

CORNUT-GENTILLE Pierre, *Madame Roland,* Paris, Perrin, 2004.

D'ALMERAS Henri, *Charlotte Corday d'après des documents contemporains,* Paris, Librairie des Annales, 1910.

DAUBAN C.A., *Étude sur Madame Roland et son temps,* Paris, Henri Plon, 1864.

DAUXOIS Jacqueline, *Charlotte Corday,* Paris, Albin Michel, 1988.

DEBRIFFE Martial, *Charlotte Corday,* Paris, Éditions France-Empire, 2005.

DECOURS Catherine, *La Lettre à Alexandrine,* Paris, Orban, 1985, Perrin, 1999.

DEFRANCE Eugène, *Charlotte Corday et La Mort de Marat,* Paris, Mercure de France, 1909.

DRIEU LA ROCHELLE, *Charlotte Corday,* Paris, Gallimard, N.R.F. 1944.

411

Épois Jean, *L'Affaire Corday-Marat, prélude à la Terreur*, Les Sables d'Olonne, Le Cercle d'or, 1980.

Fanet Valérie, *Charlotte Corday à Caen*, Revue illustrée du Calvados, mai 1912.

Fleischmann Hector, *La Guillotine en 1793*.

Funck-Brentano, *Marat ou Le Mensonge des mots*, Paris, Grasset, 1941.

Furet François et Ozouf Mona, *Dictionnaire critique de la Révolution française*, Paris, Flammarion, 1988.

Furet François, *La Révolution française (1770-1814)*, tome I, Histoire de France, Paris, Hachette, Collection « Pluriel », 1988.

Furet François, *Penser la Révolution française*, Paris, Gallimard, N.R.F., 1975.

Godechot Jacques, *La Révolution française*, Paris, Librairie académique Perrin, 1988.

Harmand de La Meuse, *Histoire jour par jour de l'année 1793*, C.A. Dauban, Paris, Plon, 1968.

Henri-Robert, *Les Grands Procès de l'histoire*, Paris, Payot, 1925.

Herissay Jacques, *Un Girondin, François Buzot, député de l'Eure, 1760-1794*, Paris, Librairie académique Perrin, 1907.

Herriot Édouard, *Dans la forêt normande*, Paris, Librairie Hachette, 1925.

Huart Suzanne (d'), *Brissot*, Paris, Robert Laffont, 1980.

Huser France, *Charlotte Corday ou L'Ange de la colère*, Paris, Robert Laffont, 1993.

Juskiewenski G.S. (Dr.), *Jean-Paul Marat*, Bordeaux, Imprimerie-Librairie de l'Université, 1933.

412

LA VARENDE Jean (de), *Mademoiselle de Corday*, Rouen, Éditions Henri Defontaine, 1939.

LAMARTINE Alphonse (de), *Histoire des Girondins*, tomes VI et VII, Paris, Furne Libraire Éditeur, 1848, rééd. 3 vol., Paris, Hachette, 1908.

LAVISSE Ernest, *Histoire de France contemporaine*, tome II, Paris, Librairie Hachette, 1920.

LENOTRE Georges, *La Guillotine et Les Exécuteurs des arrêts criminels pendant la Révolution*, Paris, Librairie académique Perrin, 1918.

LENOTRE Georges, *La Vie à Paris pendant la Révolution*, Paris, Calmann-Lévy, 1936.

LENOTRE Georges, *Le Tribunal révolutionnaire (1793-1795)*, Paris, Librairie académique Perrin, 1908.

LENOTRE Georges, *Paris révolutionnaire*, Paris, Librairie académique Perrin, 1926.

MAROMME (Mme de), « Souvenirs sur Charlotte Corday par une amie d'enfance », présentés par Pierre Calmettes, *Revue hebdomadaire*, 12 mars 1898.

MELCHIOR-BONNET Bernardine, *Charlotte Corday*, Paris, Librairie académique Perrin, 1969, rééd. 1989.

MICHELET Jules, *Histoire de la Révolution française*, tome IV, Paris, F. Rouff éditeur, 1847-1853, rééd. Paris, Robert Laffont, 1979.

MICHELET Jules, *Les Femmes de la Révolution*, Paris, Flammarion,

STAËL (Mme de) *Des circonstances actuelles qui peuvent terminer la Révolution*, Paris-Genève, Droz, 1979.

NORA Pierre, *Les Lieux de mémoire*, tome II, *La Nation* ; « Mourir pour la patrie, X^e-XXe siècle », par Philippe Contamine, Paris, Gallimard, 1986.

PALMER Robert L., *Le Gouvernement de la Terreur. L'année du Comité de salut public*, préface de François Furet, Paris, Armand Colin, 1989.

PERROUD Cl. et CHABAUD Alfred, *Correspondances et Mémoires de Barbaroux*, Paris, Société de l'histoire de la Révolution française, Librairie Rieder & Cie, 1923.

QUINET Edgar, *La Révolution*, préface de Claude Lefort, Paris, Belin, 1987.

RÉTIF DE LA BRETONNE, *L'Année des Dames nationales, Histoire de Charlotte Corday*, Paris, Mercure de France, 1925.

RÉTIF DE LA BRETONNE, *Les Nuits révolutionnaires*, Le Livre de Poche, Librairie générale française, 1978.

RIBES Jeanine, *Charlotte Corday, une Romaine de Basse-Normandie*, Paris, Éditions de la Nouvelle France, 1944.

ROUDINESCO Élisabeth et ROUSSO Henry, *Le Juif Marat. Antisémitisme et contre-révolution (1886-1944)*, L'Infini, n° 27, 1989.

ROUSSEAU Xavier, *Les de Corday au Pays d'Argentan*, Argentan, Langlois Imprimeur-Éditeur, juillet 1938.

SHEARING Joseph, *The Angel of Assassination : Marie-Charlotte de Corday d'Armont, Jean-Paul Marat, Adam Lux, a study of three disciples of Jean-Jacques Rousseau*, Londres, 1935.

SHEARING Joseph, *Charlotte Corday (1768-1793), Jean-Paul Marat, Jean-Adam Lux : trois disciples de Jean-Jacques Rousseau*, traduit de l'anglais par le commandant A. Sallin, Paris, Payot, 1938.

SICOTIÈRE (de la) Charles, *Monsieur de Corday d'Armont, père de Charlotte Corday*, Bulletin de la Société archéologique de l'Orne, 1888.

SOBOUL Albert, *La Révolution française*, Paris, Gallimard, 1982.

SOPRANI Anne, *La Révolution et Les Femmes de 1789 à 1796*, Paris, M.A. Éditions, 1988.

414

SOREL Albert-Émile, *Charlotte de Corday, une arrière-petite-fille de Corneille,* Paris, Hachette, 1930.

STAËL (Baron de), *Œuvres complètes de M. Necker. De la Révolution française,* tome IX, Paris, Treuttel et Würtz, 1821.

THIERS Adolphe, *Histoire de la Révolution française,* tome V, Paris, 1828.

TRINTZIUS René, *Charlotte Corday, 1768-1793,* Paris, Librairie Hachette, 1941.

TULARD Jean, *Les Révolutions,* tome IV, Paris, Fayard, 1985.

VATEL Charles, *Bibliographie dramatique de Charlotte de Corday,* Paris, 1872.

VATEL Charles, *Charlotte de Corday et Les Girondins*, 3 volumes, Paris, Plon, 1864-1872.

VATEL Charles, *Dossiers du procès criminel de Marie-Anne-Charlotte de Corday d'Armont devant le Tribunal révolutionnaire,* Paris, Versailles, Caen, 1861.

VATEL Charles, *Dossier historique de Charlotte de Corday. La maison de la rue du Bègle à Argentan,* Paris, chez Rouquette et Aubry, 1872, 1 volume.

VOVELLE Michel, *Marat. Textes choisis,* Paris, Éditions sociales, 1963 et 1989.

VOVELLE Michel, *Mémoires de Louvet*, Paris, Desjonquières, 1988.

WALTER Gérard, *Hébert et Le Père Duchesne,* Paris, J.-B. Janin, 1946.

WALTER Gérard, *Marat,* Paris, Albin Michel, 1933, 1960.

WELSCHINGER Henri, *Adam Lux et Charlotte Corday*, Revue de la Société des études historiques, 1888.

COLLECTIFS

La Mort de Marat, ouvrage collectif animé et coordonné par Jean-Claude Bonnet, Paris, Flammarion, 1986.

Les Trois Girondines et Les Girondins, étude de critique historique par Armand Ducos, Bordeaux, Imprimerie du Midi Paul Cassignol, 1895.

Girondins et Montagnards, Actes du colloque sous la direction d'Albert Soboul, Paris, Bibliothèque d'histoire révolutionnaire, n° 19, 1980.

La Gironde et les Girondins, François Furet et Mona Ozouf, Paris, Payot, 1991.

Les Femmes de la Révolution française, tomes I, II et III, Toulouse, Presses universitaires du Mirail, 1989, 1990, 1991.

Mémoires des Sanson, sept générations d'exécuteurs, 1688-1847, mis en ordre, dirigés et publiés par H. Sanson, Paris, Librairie Décembre-Alonnier.

Mémoires de Madame Roland, Paris, Mercure de France, 1966 et 1986.

Mémoires inédits de Pétion, et *Mémoires de Buzot et de Barbaroux,* introduction par C.A. Dauban, Paris, Henri Plon, 1866.

Œuvres politiques de Charlotte Corday, réunies par un bibliophile normand, Caen, Legost, 1863-1864.

Au pays d'Argentelles, La Revue culturelle de l'Orne, oct-déc. 1976, Jean Gourhand, « Sur les pas de Charlotte Corday ».

REMERCIEMENTS

Je remercie tous ceux qui m'ont aidé, au long de ce patient travail sur Marie Charlotte Corday et sur Jean-Paul Marat. Je remercie mon confrère et ami André Damien qui voulut bien m'ouvrir la voie de la bibliothèque municipale de Versailles, laquelle contient le fort important « fonds Vatel », instrument de recherches essentiel. Je remercie Madame Marie-Françoise Rose qui dirige cette remarquable bibliothèque et m'a si utilement aidé.

Je remercie Madame Mireille Pastoureau, directeur de la Bibliothèque de l'Institut, qui a bien voulu mettre à ma disposition les ouvrages détenus par la bibliothèque de l'Institut et par la bibliothèque Mazarine. Je lui dis ma très reconnaissante amitié.

Je remercie Sœur Marie Agnès de l'Abbaye Notre-Dame d'Argentan, qui, sur la recommandation de Madame Catherine Decours, voulut bien me prêter l'ouvrage de Xavier Rousseau sur *Les de Corday au Pays d'Argentan*.

Je remercie vivement Madame de Boisdeffre, directrice des Archives nationales, qui voulut bien me permettre de consulter les dossiers détenus par les Archives, et je dis ma reconnaissance aux personnes attachées au Centre historique des Archives qui m'ont aidé de toute leur compétence le leur gentillesse dans la consultation de ces dossiers, si fragiles qu'ils soient.

Je remercie Monsieur Yves Ozanam, archiviste de l'Ordre des Avocats, qui, une fois encore, m'a éclairé dans mes recherches. Je lui redis l'expression de ma fidèle et amicale gratitude.

Je remercie Madame Catherine Decours – qui connait si bien Charlotte Corday – et qui eut la gentillesse de me soutenir et me conseiller dans mon projet. Je remercie le Professeur Serge Juskiewenski qui voulut bien me confier la thèse de doctorat sur Jean-Paul Marat soutenue par son père le Docteur Georges Juskiewenski. Je remercie mon ami Pierre Cornu-Gentille, auteur d'une excellente biographie de Madame Roland, qui me prêta beaucoup d'ouvrages fort utiles sur les Girondins, leurs destins collectifs et individuels. Je remercie mon ami Étienne du Mesnil du Buisson qui me conseilla dans mes recherches sur les lieux où naquit et vécut Charlotte Corday.

Je remercie ma très chère nièce Marie-Pierre Prévost qui voulut bien rechercher et trouver, pour moi, beaucoup d'ouvrages. Je dis ma vive reconnaissance et mon amitié à Madame Michèle Seck qui voulut bien transcrire le manuscrit de ce livre plusieurs fois corrigé. Pour ce livre, comme pour chacun de ceux qui l'ont précédé, Madame Françoise Briquet n'a cessé, à toutes les étapes, de m'apporter son aide. Je voudrais savoir lui dire ma reconnaissance et ma très fidèle affection.

Je remercie les éditions Fayard qui ont soutenu ce long projet. Je remercie en particulier Claude Durand de son amitié si vigilante, en cette occasion comme en toutes, et Denis Maraval qui a eu la patience de relire le projet de ce livre avec autant d'attention que de compétence.

Devrais-je remercier aussi tous les auteurs des livres, si nombreux, qui ont traité de Charlotte Corday, de Jean-Paul Marat, des événements révolutionnaires qui les ont entourés, qui en ont parlé très souvent avec beaucoup de talent, et parfois avec émotion ? Mais ces remerciements risqueraient de ne pas s'achever... À eux tous va ma gratitude.

J.-D. B.

INDEX

Adam, abbé : 73
Albert-Clément, E. : 29, 56n, 58, 64, 110n, 116, 132, 272n, 280, 283, 284
Arago, François : 40
Artois, Charles, comte d', futur Charles X : 40, 41

Babeuf, Gracchus : 264
Badin, coutelier : 144
Bailly, Jean Sylvain, maire de Paris : 79, 80, 287n
Barbaroux, Charles Jean-Marie, conventionnel girondin : 61, 91, 117, 121, 123-127, 129, 130, 133, 136, 138, 139, 168-170, 174, 178, 181, 185, 188, 189, 191, 192, 194, 197, 205, 219, 221, 225, 228, 250, 276-278, 287, 294-296, 299

Barbaroux, Mme : 118
Barère de Vieuzac, Bertrand : 93, 99, 302, 309
Barnave, Antoine : 49, 287n
Bas, Laurent, commission-naire : 154, 157, 175, 229
Bassal, abbé, curé de Saint-Louis de Versailles : 78
Bayeux, Georges, procureur général-syndic : 107, 108, 113
Bayeux, Mme : 107
Beaumont, Mlle : 185
Bellaunay, maréchal-ferrant : 106
Belleau, Marie de, dame de La Motte : 8
Belsunce, Cécile Geneviève-Émilie de, abbesse de la Sainte Trinité : 17, 22
Belsunce, vicomte Henry de : 27, 28, 61, 250, 277

Benrekassa, Georges : 256, 260
Berger : 233, 234
Bergœing, François : 181
Bernardini, Armand : 266
Billaud-Varenne, Jacques Nicolas Billaud, dit : 84, 89
Boichard, imprimeur : 154
Bonnet, Jean-Claude : 238n, 253
Bosquaire, Anne : 57
Bourdon, Léonard : 180
Bougon-Longrais : 59, 61, 64, 107, 111-116, 181, 194, 277, 278, 297
Brard, peintre : 251
Bréguet, opticien : 44, 45
Bretteville, M. de : 56
Bretteville-Gouville, Mme de : 31, 55-61, 65, 66, 68, 71, 117, 121, 122, 128, 133, 160, 176, 273, 274, 286, 296, 297
Brissot, Jacques Pierre, député girondin : 41, 43, 47n, 51, 87, 96, 105, 118, 167, 170, 303, 304
Brook, Peter : 268n
Bruneau, Louis : 175
Brutus, Marcus Junius : 22, 173, 258, 259, 314
Burke, Edmund : 96n
Buzot, François-Nicolas, girondin : 87, 94, 116, 117n, 181, 228, 302

Cabanès, médecin : 44, 103, 260, 279n, 287n, 288n
Cabrol, Louise, mère de Marat : 33
Cambon, Pierre Joseph : 305
Carra, Jean-Louis : 152, 300n
Carrier, Jean-Baptiste : 309
Casimir-Perier, Auguste : 56n, 60, 69, 70, 274
César, Julius : 22, 314
Chabot, François, membre du Comité de sûreté générale : 87, 89, 90, 147n, 159n, 162, 163-165, 171, 173, 174, 194, 195, 220, 224-226
Chaix d'Estange, curé : 116
Chastagnaret, Yves : 253-255
Chateaubriand, François-René de : 260
Chauveau-Lagarde, Claude François, défenseur : 201, 205, 206, 208, 209
Chénier, André de, dit André Chénier : 245-247, 258, 265, 287n
Chénier, Marie-Joseph de : 229, 241
Chéron de Villiers, Pierre-Théodore : 60n, 127n, 130n, 136n
Cherubini, Luigi : 241
Cheylus, Mgr de, évêque de Bayeux : 26, 68

Pétion de Villeneuve, Jérôme, conventionnel girondin : 84, 87, 92, 94, 117, 122, 129, 171, 181, 295

Pillet, M. : 154

Plutarque : 20, 22, 285

Ponsard, François : 255, 256n

Pontécoulant, Mme de : 15, 17, 18, 22, 23, 25, 28, 128, 194n

Pouchkine, Alexandre : 258

Précorbin, Mlle de : 17, 191

Quinet, Edgar : 259

Raspail, François-Vincent : 257

Raynal, abbé Guillaume : 20, 21, 22, 286

Récamier, Mme : 261

Régis, Roger : 264

Rétif de la Bretonne, Nicolas : 220n, 251, 302

Riboulet, capitaine : 110n

Richard, concierge de la prison de la Conciergerie : 198, 210-212, 214, 215, 216

Robert, Henri : 206n

Robespierre, Maximilien de : 84, 87, 89-94, 96n, 98, 100, 113, 141, 152, 186, 194, 195, 216n, 226, 230, 231, 240, 261, 301, 302, 305, 306, 310-312

Roland de la Platière, Jean Marie, ministre de l'Intérieur : 91, 93, 123

Roland, Mme : 116, 117n, 167, 254, 287n, 302, 303

Rollon : 267

Roudinesco, Élisabeth : 262n

Rouffe, journaliste girondin : 117

Rousseau, Jean-Jacques : 20, 35, 58, 240, 261, 262, 286

Rousseau, Xavier : 8n, 10n, 18

Roussillon, juge au tribunal criminel : 174, 175, 218

Rousso, Henry : 262n

Saint-André, Jean-Bon, président de la Convention : 224

Saint-Just, Louis Antoine Léon de : 263, 308

Salle, conventionnel girondin : 117, 118, 181, 228, 302

Sanson, bourreau : 213-218, 250, 289

Sarcey, Francisque : 256n

Sergent-Marceau, député : 218

Shakespeare, William : 256

Shearing, Joseph : 17, 22, 60, 168, 209

TABLE DES MATIÈRES

Ouvrage composé par Nord Compo
Villeneuve-d'Ascq

Impression réalisée sur CAMERON par
BRODARD ET TAUPIN
La Flèche

pour le compte des Éditions Fayard
en mars 2006

Imprimé en France
Dépôt légal : mars 2006
N° d'édition : 69181 – N° d'impression : 34465
ISBN : 2-213-62850-5
35-14-3050-8/01